R Williams Parry

DAWN DWEUD

Hen gwestiwn mewn beirniadaeth lenyddol yw mater annibyniaeth y gwaith a ddarllenir; ai creadigaeth unigryw yw cerdd neu ysgrif neu nofel, i'w dehongli o'r newydd gan bob darllenydd; neu i ba raddau mae'n gynnyrch awdur unigol ar adeg arbennig yn ei fywyd ac yn aelod o'r gymdeithas y mae'n byw ynddi? Yn y pen draw diau fod gweithiau llenyddol yn sefyll neu'n cwympo yn ôl yr hyn a gaiff darllenwyr unigol ohonynt, ond aelodau o'u cymdeithas ac o'u hoes yw'r darllenwyr hwythau; a'r gweithiau a brisir uchaf yw'r rheini y gellir ymateb iddynt a thynnu maeth ohonynt ymhob cenhedlaeth gyfnewidiol am fod yr oes yn clywed ei llais ynddynt. Ni all y darllenydd na'r awdur ymryddhau'n llwyr o amgylchiadau'r dydd.

Yn y gyfres hon o fywgraffiadau llenyddol yr hyn a geisir yw cyflwyno ymdriniaeth feirniadol o waith awdur nid yn unig o fewn fframwaith cronolegol ond gan ystyried yn arbennig ei bersonoliaeth, ei yrfa a hynt a helynt ei fywyd a'i ymateb i'r byd o'i gwmpas. Y bwriad, felly, yw dyfnhau dealltwriaeth y darllenydd o amgylchiadau creu gwaith llenyddol heb ymhonni fod hynny'n agos at ei esbonio'n llwyr.

Dyma'r ail gyfrol yn y gyfres. Y gyfrol gyntaf oedd y bywgraffiad o W.J. Gruffydd gan T. Robin Chapman. Eraill sy'n cael eu paratoi ar hyn o bryd yw bywgraffiadau llenyddol o Ambrose Bebb, T.H. Parry-Williams, Daniel Owen, Islwyn, Talhaiarn, Iolo Morganwg ac O.M. Edwards.

DAWN DWEUD

R Williams Parry

'Ar y Daith ni Phara'

gan

Bedwyr Lewis Jones

Golygwyd a chwblhawyd gan

Gwyn Thomas

GWASG PRIFYSGOL CYMRU
CAERDYDD 1997

ISBN   0–7083–1412–0

Mae cofnod catalogio'r gyfrol hon ar gael gan y Llyfrgell Brydeinig.

Cynllun y siaced gan Chris Neale, Caerdydd
Cysodwyd yng Ngwasg Prifysgol Cymru, Caerdydd
Argraffwyd yng ngwledydd Prydain gan Cromwell Press, Broughton Gifford

Pwysicach yw'r chwilotwr
Nag awdwr llyfr o gân . . .
('Chwilota', CG, 56)

Cynnwys

Byrfoddau

CG
: *Cerddi'r Gaeaf*, Gwasg Gee, Dinbych, 8fed argraff-iad, 1987.
Defnyddir rhifau'r tudalennau pan gyfeirir at gerddi unigol yn y gyfrol hon.

HChE
: *Yr Haf a Cherddi Eraill*, Gwasg Gee, Dinbych, 1984.
Defnyddir rhifau'r cerddi pan gyfeirir at gerddi unigol yn y gyfrol hon.

Mag. U.C.N.W.
: *Magazine of the University College of North Wales*, Bangor.

W. Outlook
: *The Welsh Outlook*

Rhagair

Am beth amser cyn ei farwolaeth ddisyfyd yn Awst 1992 yr oedd yr Athro Bedwyr Lewis Jones wedi bod yn gweithio ar gofiant i R. Williams Parry. Yr oedd wedi cyhoeddi fersiynau o ddarnau o'i ymchwil mewn cylchgronau, a'i fwriad oedd ysgafnhau ei ddyletswyddau gweinyddol yn Yr Adran Gymraeg, Prifysgol Cymru, Bangor, er mwyn gorffen y cofiant. Ni chafodd gwblhau ei fwriad.

Yr oedd rhannau o'r cofiant wedi eu teipio ar brosesydd geiriau yn yr Adran, ond yr oedd dyddiau'r prosesydd hwnnw wedi dod i ben. Fe gyflawnodd Mrs Gwyneth Williams, ysgrifenyddes yr Adran, gamp yn codi fersiwn o'r darnau hynny i grombil prosesydd newydd. Bu'n rhaid mynd trwy'r fersiwn newydd gan fod rhai ffurfiau rhyfedd iawn ar eiriau'n cael eu bwrw allan o bryd i'w gilydd. Fe geisiais i dacluso'r cyfan oedd ar gael, a chael hyd i fersiynau o ddarnau eraill a oedd yn bod mewn cylchgronau. Fe fu Eleri, gwraig Bedwyr, yn mynd yn ddyfal trwy ei bapurau a rhoes imi'r ffeiliau ar Williams Parry.

Hyd y gallwn i weld yr oedd Bedwyr wedi paratoi fersiwn o'r penodau 1 i 8, gan eu galw yn benodau. Yr oedd ffurf ar bennod 10 ar gael, a fersiwn anorffenedig ar bennod 12. Yr oedd pennod 13 ac 14 yn bod fel fersiynau o erthyglau neu ddarlithoedd. 'Wn i ddim a oedd y penodau na'r erthyglau ar eu ffurf derfynol – rhyw deimlo'r ydw i y byddai Bedwyr wedi newid rhywfaint arnynt, yn ôl ei arfer, ond ddim wedi eu newid yn sylweddol. Yr oedd ffurf lawn ar Lyfryddiaeth R. Williams Parry yn bod, ond bod yn angen ei thacluso.

'Doedd dim pennod ar gyfnod y Rhyfel Mawr, ond yr oedd ffynonellau gwybodaeth wedi eu hel, a bras gynllun wedi ei lunio. Nid oedd pennod 11 ar gael, ac yr oedd angen gorffen pennod 12. Gan mai trueni fuasai gadael bylchau yn y cofiant fe ysgrifennais i'r nawfed bennod, gan ddibynnu ar y defnyddiau oedd ar gael. Fe ddibynnais ar bennod VII o lyfr Saesneg Bedwyr ar R. Williams Parry yn y gyfres

Writers of Wales a llunio fersiwn Gymraeg ohoni yn bennod 11 o'r llyfr hwn. Fe geisiais orffen pennod 12, a llunio pennod 15 i gloi'r llyfr. Fel y nodwyd, fe dacluswyd y Llyfryddiaeth ond gan ddibynnu ar gywirdeb y ffynonellau, heb fynd ati i'w siecio – oherwydd maint y dasg.

Penderfynais gynnwys y braslun o'i hanes ei hun a roes R. Williams Parry yn *Gwŷr Llên* (gol. Aneirin Talfan Davies, 1948) gan i Bedwyr wneud hynny yn ei lyfr yn y gyfres *Writers of Wales*, a rhaid diolch i Christopher Davies Publishers Ltd am roi eu caniatâd i'w ddefnyddio.

Yr oedd Bedwyr wedi cael benthyg lluniau o R. Williams Parry gan nifer o bobl, ac yn enwedig gan y Dr John Llewelyn Williams – yr oedd ei dad, J.O. Williams, wedi tynnu nifer o luniau o Williams Parry. Diolchir yn gynnes am gymwynasgarwch pawb a roddodd fenthyg lluniau ar gyfer llunio'r cofiant hwn, hyd yn oed os na ddefnyddiwyd hwy yn y gyfrol hon.

Fel yr awgrymwyd yn barod ni fuasai wedi bod yn bosibl gwneud fawr o'r defnyddiau y bu Bedwyr yn eu crynhoi mor ddiwyd heb gymorth Eleri, ei wraig, a Mrs Gwyneth Williams. Y mae gennyf le hefyd i ddiolch yn fawr i'r Dr Brynley F. Roberts, Golygydd y gyfres y mae'r gyfrol hon yn rhan ohoni, i M. Helen Davies am lunio Mynegai, ac i Ruth Dennis-Jones am oruchwylio hynt y gyfrol trwy'r wasg.

Yr Adran Gymraeg   Gwyn Thomas
Prifysgol Cymru
Bangor

1

'Yn Nhal-y-sarn Ystalwm'

HEDDIW MAE'R ffordd fawr o Ben-y-groes am Nantlle a Rhyd-ddu yn osgoi Tal-y-sarn. Rhyw gwta filltir ar ôl gadael Pen-y-groes mae darn newydd o lôn yn gwyro i'r dde, gan adael Station Road a phentre Tal-y-sarn mewn encil o'r naill du a brysio rhagddi at Lyn Nantlle Uchaf a'r olwg o'r fan honno tua'r Wyddfa. Ac mae'r chwarel olaf yn y dyffryn wedi cau.

Gan mlynedd yn ôl 'roedd pethau'n wahanol iawn. Yr adeg honno 'roedd rheilffordd a lôn yn cyrchu i Dal-y-sarn, a diwydiant yn ferw drwy'r lle. Yn chwarel Dorothea cyflogid sbel dda dros bum cant. Un chwarel oedd hon, y fwyaf a'r ieuengaf yn y cylch. Yr oedd saith chwarel arall ar waith: chwareli Tal-y-sarn, Penrorsedd a'r Cilgwyn a thros drichant yn gweithio ym mhob un; chwarel Cloddfa'r Lôn a gyflogai ddeucant nes i'r gwaith sefyll yn 1887; chwarel Cloddfa'r Coed a'i chant a hanner; a Cornwall a'r Gloddfa Glai (neu Chwarel Coed Madog) bob un yn cyflogi tua chant. Rhyngddynt, rhoddai'r rhain waith a chynhaliaeth i ddwy fil o chwarelwyr a'u teuluoedd yn y cylch.

Yn gymharol ddiweddar y digwyddodd y newid a greodd yr holl brysurdeb hwn; o fewn cof rhai oedd yn hen yn 1884 mwy neu lai. Ganrif cyn hynny, pan deithiodd Thomas Pennant trwy'r dyffryn yn saithdegau'r ganrif cynt sylwi ar ddau lyn teg yr olwg a wnaeth ef. Erbyn i'r Parchedig G.J. Freeman ddod heibio yn 1825 yr oedd 'dyn wedi difetha pob harddwch a glendid yn llwyr' a thomenni rwbel yn hagru'r lle. 'Roedd y chwyldro wedi cychwyn o ddifri yn y fro. Cynyddodd fwy fyth o 1861 ymlaen. Dyblodd poblogaeth plwyfi Llanllyfni a Llandwrog rhwng 1801 a 1841 o dair i chwe mil. Dyblodd drachefn rhwng 1861 a 1881. Tyrrodd pobl i'r dyffryn, o Eifionydd, o Lŷn, ac o lefydd eraill, ac o dipyn i beth cronnodd a phrifiodd pentrefi Pen-y-groes, Carmel, Cesarea, Nantlle a Thal-y-sarn. 'Pentref eang a chynyddol', oedd disgrifiad yr hanesydd lleol William R. Ambrose o

Dal-y-sarn tua 1872; 'a most important village', meddai'r *Postal Directory* yn 1886. Tyfodd yn Nyffryn Nantlle, mewn cyfnod cymharol fyr, gymdeithas ddiwydiannol boblog a honno'n gymdeithas drwyadl a chwbwl Gymraeg.

Yn 1884 yr oedd y gymdeithas hon yn anterth ei thwf. 'Y mae cynydd ar wneyd llechau eto i ddod', meddai John Hughes, *Alaw Llyfnwy*, wrth ddiweddu traethawd ar 'Hanes Chwarelau Dyffryn Nantlle' ar gyfer Eisteddfod Difiau Dyrchafael 1877 yn Nhal-y-sarn. Nid felly'n hollol y bu hi, mae'n wir. O 1882 ymlaen, am naw mlynedd mwy neu lai, nid oedd pethau cystal ar y diwydiant llechi ag y buasai cynt. Gostyngodd y pris a dalai adeiladwyr am lechi. Clywid sôn bob hyn a hyn am ostwng cyflogau chwarelwyr neu am weithio wythnos fer. Yn *Y Genedl* yn Ionawr 1890 cwynid fod ugeiniau o bobl ifanc yn gadael y Dyffryn am y De. Ond nid oedd hyn i gyd ond crych dros dro ar ddiwydiant yr oedd ei ddyfodol y pryd hynny yn ymddangos yn ddigon sâff. 'Roedd ffydd mewn *cynnydd* yn dal yn gryf.

Y chwareli oedd sail y gymdeithas; arnynt hwy y dibynnai am ei bara a'i byw. Am bopeth arall bron dibynnai ar y capeli. A chynnydd yr un mor sicr fu hi yn eu hanes hwy. Dechreuwyd codi capeli yn Nhal-y-sarn yn nauddegau'r ganrif. Wrth i'r boblogaeth chwyddo, amlhai'r rhain a thyfu o ran maint. 'Y mae naw o gapeli ymneilltuol yn awr ym mhlwyf Llanllyfni,' meddai'r pregethwr gwladaidd Robert Jones adeg agor capel newydd y Bedyddwyr yn Nhal-y-sarn yn 1863, cyn ychwanegu'n hyderus sicr, 'y mae cyfnod newydd pwysig yn dechrau yn y gymdogaeth hon.' Ni siomwyd ef. Erbyn 1884 yr oedd pum capel ym mhentref Tal-y-sarn ei hun, a dau o'r rheini, y ddau fwyaf, yn perthyn i'r Methodistiaid – Capel Tal-y-sarn, neu'r Capel Mawr, capel John Jones, wedi ei ailgodi yn 1877 a lle ynddo i gynulleidfa o 700; a Chapel Hyfrydle, a gychwynnodd yn 1866 yn gangen o'r llall, newydd ei helaethu a'i ail-drin yn 1879. Costiodd y Capel Mawr newydd dros £3,000; costiodd ail-wneud Hyfrydle £1,500. Yn 1884 cododd y Bedyddwyr gapel newydd, Salem, ar gost o £1,250 (a gwerthu eu hen gapel i'r Wesleaid, yr enwad gwannaf yn y pentref, am £385). Dim ond cymdeithas a chanddi ffydd sicr ynddi ei hun ac yn ei dyfodol a allai fentro buddsoddi mewn adeiladau cyhoeddus ar raddfa fel hyn, heb gymorth noddwyr cyfoethog na grant.

O gwmpas y capeli y troai bywyd diwylliannol y fro: yr oedfaon a'r ysgol ar y Sul, y cyrddau noson waith, y cyfarfodydd pregethu – ar gyfer 386 o 'wrandawyr' yn y Capel Mawr a 270 yn Hyfrydle, yn ôl cyfrif am 1882. Ac yna'r holl weithgarwch arall yn ei dro – Cymanfa'r Ysgolion Sul a chyfarfod Urdd yr Odyddion yn Ebrill ac ym Mai a gorymdeithio trwy'r pentref tu ôl i fand, y cyngherddau yn yr *Assembly Rooms*, y darlithoedd cyhoeddus, y cyfarfodydd llenyddol,

Eisteddfod y Temlwyr Da adeg y Nadolig ym Mhen-y-groes, Cylchwyl Lenyddol bob Difiau Dyrchafael yn Nhal-y-sarn. Mae colofn newyddion lleol papurau Caernarfon yn llawn sôn am y pethau hyn, am Gôr Undebol a Chôr Meibion, am y *Tanrallt Glee Singers* a'r *Tal-y-sarn String Band* ac am y *Nantlle Vale Silver Band*. 'Roedd y Band a phedwar côr meibion yn amlwg yn yr eisteddfod 'fawreddog' a gynhaliwyd yn chwarel Pen-y-bryn ar 3 Gorffennaf 1890, yr eisteddfod 'gyntaf i gael ei chynnal mewn chwarel yn y dyffryn'.

Do, fe ddaeth diwydiant y chwareli a diwylliant y capeli i Ddyffryn Nantlle ac mewn ychydig dros hanner canrif gweddnewidiwyd rhan o ddau blwy Llandwrog a Llanllyfni yn llwyr. Llanwodd rwbel o chwarel Dorothea yr isaf o'r ddau lyn a chuddiwyd tir Dolbebin o dan rwbel o Gloddfa'r Lôn:

> Daeth dau wareiddiad newydd i'n dau blwy;
> Ac ni ddaw Lleu i Ddyffryn Nantlleu'n ôl.
>
> (CG, 83)

I ganol y gymdeithas hon ym mlynyddoedd ei hanterth y ganed Robert Williams Parry yn Rhiwafon, Station Road, Tal-y-sarn ar 6 Mawrth 1884. Tŷ teras oedd Rhiwafon uwchlaw'r ffordd o Ben-y-groes i ganol Tal-y-sarn. 'Roedd ysgwydd tomen rwbel y Gloddfa Glai yr ochr draw i wal y ffordd fawr union gyferbyn â drws y tŷ. 'Roedd ei wreiddiau yntau'n ddwfn yn y cylch – ei dad, Robert Parry o Garmel, yr ochr arall i Fynydd y Cilgwyn: ei fam, Jane Parry, o Dal-y-sarn.

'Roedd pedair cenhedlaeth o chwarelwyr, beth bynnag, ar ochr y tad o ddyddiau William Thomas (m. 1807), gor-hendaid Williams Parry, ymlaen. Gweithio yn Chwarel Penrorsedd yr oedd ef, a thrin ei dyddyn, Cae Siôn Dafydd – Ceision ar lafar – yn nhop plwy Llandwrog. Dyna a wnâi ei fab Henry Williams (m. 1855), ar ei ôl, a'i fab yntau Thomas Parry, ond iddo ef symud o'r hen gartref tua 1846 ar ôl priodi i'r Gwyndy, tyddyn bychan tair acer a hanner wedi ei gau o'r mynydd. Thomas Parry, Gwyndy, Carmel ydoedd o hynny allan. Bu farw 17 Ebrill 1888, yn 73 oed. Y Thomas Parry hwn oedd taid Williams Parry. Ei fab hynaf ef, o'i briodas gyntaf, oedd Robert Parry, Rhiwafon, Tal-y-sarn.

Mae gofyn aros ychydig gyda Thomas Parry, y taid, gan iddo briodi dair gwaith a chael plant o'r tair gwraig. Catherine, merch y Garth, Llanwnda, oedd ei wraig gyntaf – nain Williams Parry – ond bu hi farw'n ifanc pan oedd y mab Robert yn fychan iawn. Ailbriododd y tad â Mary Jones, y Dafarn Dywyrch, Llanwnda, a mab o'r ail briodas hon oedd Henry – Henry Parry Williams, Rhyd-ddu yn nes ymlaen, a thad Syr Thomas Parry-Williams. Yn 1866 bu farw'r ail wraig a phriododd

Thomas Parry drachefn, am y trydydd tro. Mab o'r drydedd briodas oedd Richard Parry, Gwyndy, tad Syr Thomas Parry. 'Roedd Williams Parry felly'n gefnder o waed i Syr Thomas Parry-Williams ac i Syr Thomas Parry: y tri'n disgyn o'r un taid, yn feibion i dri hanner brawd. Mae'n gysylltiad unigryw rhwng tri gŵr llên a bydd yn bwrw'i gysgod fwy nag unwaith dros stori bywyd y cefnder hynaf o'r tri.

Ond dyna ddigon am y tro am y teulu ar ochr y tad – teulu Ceision a Gwyndy, Carmel. Trown yn ôl i Dal-y-sarn ac at deulu Jane Parry, y fam. Ym mhlwy Llanllyfni yr oedd ei gwreiddiau hi, yn hen deuluoedd Tynyweirglodd a Thu-ucha'r-ffordd: yng ngeirfa soned 'Dyffryn Nantlle Ddoe a Heddiw', *brodorion* cyn i'r chwyldro diwydiannol erioed ddechrau gweddnewid y fro. William Hughes, Coed Madog, oedd ei thad, un o feibion Tu-ucha'r-ffordd – y Parchedig William Hughes a rhoi iddo ei deitl llawn, oherwydd yn ogystal â gweithio yn chwarel Cloddfa'r Lôn yr oedd ef hefyd yn weinidog ar gapel Hyfrydle, Tal-y-sarn ac yn Fethodist o dras. Ei daid – gor-hendaid Williams Parry y bardd – oedd William Dafydd, Tu-ucha'r-ffordd, un o'r pedwar William a sefydlodd achos y Methodistiaid yn yr ardal tua 1763–6 a'r pregethwr Methodist cyntaf a godwyd yn y plwy – 'gŵr ymadroddus, cadarn yn yr Ysgrythurau, yn meddu dawn ddeallus a melys iawn', yn ôl teyrnged iddo adeg ei farw yn 1802.

Mae mwy fyth i'w ddweud am William Hughes, yr ŵyr, a aned yn 1818. Dechreuodd weithio yn chwarel Cloddfa'r Lôn ac yna, ac yntau'n ddwy ar bymtheg oed, aeth i Gaer – cerdded bob cam, bwrw cyfnod mewn ysgol yno, a dysgu Saesneg. Canlyniad hyn oedd cael lle'n *slate inspector* yng Nghloddfa'r Lôn yn ddyn ifanc iawn a'i ddyrchafu wedyn yn gyfrifydd y gwaith. Dewiswyd ef yn flaenor yn Salem, Llanllyfni, yn 1840, yn ddwy ar hugain oed. Priododd yn 1843 â Catherine Hughes, Tynyweirglodd a symud i gapel Tal-y-sarn. Yno y dechreuodd bregethu yn 1846. Dair blynedd ar ddeg yn ddiweddarach, yn Sasiwn y Diwygiad ym Mangor, ordeiniwyd ef yn weinidog. 'Roedd yn awr yn Barchedig William Hughes, yn bugeilio, yn pregethu, ac yn dal i weithio yng Nghloddfa'r Lôn. Yn 1866 ef oedd arweinydd y trigain a adawodd gapel Tal-y-sarn, am ei fod wedi mynd yn rhy fach, i sefydlu eglwys newydd Hyfrydle. Dyn tal, esgyrniog ydoedd, difrif a llym yr olwg, yn pregethu'n syml a thawel.

> Dyn sydd yma wedi canfod
> Drwg a chanlyniadau pechod,
> Yn apelio at gydwybod,

meddai Alafon mewn marwnad ryddieithol sobor a luniodd iddo pan fu farw ar Fedi 29, 1879. Cyflwyno egwyddorion oedd byrdwn cyson

William Hughes, hynny a hyrwyddo cyfleusterau addysg yn Nhal-y-sarn. 'Iddo ef yn bennaf o bawb y mae'r ardal yn ddyledus am ofalu am addysg y trigolion yn yr amser a fu', meddai William Hobley yn ei deyrnged iddo yn *Hanes Methodistiaeth Arfon: Dosbarth Clynnog*, t.324. Mae'r un pwyslais ar ei ymorol am addysg yn *Bywgraphiad o'r Diweddar Barch. William Hughes, Talysarn* a ysgrifennwyd gan ysgolfeistr y pentref, H. Meander Jones, ysgolfeistr Williams Parry yn y man.

Taid Williams Parry, tad ei fam, oedd y Parchedig William Hughes. Mae William Hughes arall yn yr ach, William Hughes, Siop Tynyweirglodd, tad i fam ei fam. 'Roedd hwnnw'n rhyw fath o fardd. Mae englynion o'i waith yn *Yr Amserau*, mis Mehefin 1848 a Mai 1850. 'Roedd dau o'i feibion wedi mynd i Ddyfnaint i weithio ac mae'r tad yn anfon englynion at un ohonynt, yn ei gynghori i lynu wrth grefydd:

> O! gwylia rhag i argoelion—gwrthgiliad
> Gerth geulo dy galon;
> Na fyda i blith ynfydion
> Devonshire, tydi na Siôn.
>
> Yn dawel i'r dirgel dos;—at Iesu
> Tywysa dy achos . . .

Yn arbennig, mae'n pwyso ar y mab i ymwrthod â'r ddiod:

> Yn wastad bydd ddirwestwr,—na ddewis
> Wael ddiod tafarnwr,
> I leibio'i feddw wlybwr,
> Gwna amod â'r ddiod ddŵr.

Mae'r mab, a oedd yntau'n brydydd, yn gyrru ateb yn ôl:

> Fy nhad, gwnaf, safaf yn siŵr—o ochr
> Y[r] iachus ddirwestwr,
> Hefyd ni byddaf yfwr
> Llith y diafl,—ond llaeth a dŵr.

Mae ar gael ddau englyn arall gan William Hughes a luniodd i gapel newydd Tal-y-sarn yn 1852, englynion a fu mewn cystadleuaeth dan feirniadaeth Eben Fardd. Dyma'r cyntaf o'r ddau:

> Wele ein capel newydd—hylaw,
>   Helaeth a chelfydd;
>   Tŷ mawl i'r Oen, teml rydd
>   Dwyfol feddyg tŷ Dafydd.

Atal y wobr a wnaeth Eben.

Ni welais yn unman i Williams Parry sôn gair erioed am ddawn brydyddol ei hen daid, ond mae'n anodd coelio na fyddai'r pethau hyn yn rhan achlysurol o lên lafar y teulu ar aelwyd Rhiwafon. Yr oedd Jane Parry, yn ôl pob sôn, yn hoff o farddoniaeth. Tystia'r rhai a'i hadnabu y byddai ei llygaid hi'n meddalu pan fyddai rhywun yn dyfynnu barddoniaeth yn Rhiwafon.

Gwahanol oedd diddordebau'r tad. Er bod cefnder iddo, Henry Parry Williams, Rhyd-ddu, yn barddoni, ac yn ennill cadeiriau hefyd, 'does dim sôn o gwbwl fod unrhyw duedd lenyddol yn Robert Parry. I'r gwrthwyneb, os rhywbeth. Mae Gwilym R. Jones yn awgrymu hynny. Mae'n adrodd am Robert Parry'n galw yn siop Cloth Hall i nôl ei bapur newydd. 'John Jones,' meddai, 'maen nhw'n deud i mi fod gin Bob acw farddoniaeth yn *Y Genedl* 'ma.' Gosodai ei sbectol ar ei drwyn, chwilio'r tudalennau am y gerdd ac edrych arni, ac yna, wrth blygu'r papur i'w roi yn ei boced, ychwanegai, 'Wn i ddim pam na fedar y beirdd 'ma sgwennu petha y gall dyn fel fi 'u deall nhw.' Ac eto, mewn diwinyddiaeth a phynciau'r dydd, yr oedd Robert Parry yn ŵr darllengar. Gwelais sôn amdano ym Mawrth 1891 yng Nghymdeithas Ddirwestol Lenyddol Tal-y-sarn yn cymryd rhan mewn dadl, 'Pa un ai mantais ai anfantais i'r Cymry ydyw bod dan awdurdod y Saeson'. A phan fyddai galw arno i ddweud gair yn gyhoeddus yn Nhal-y-sarn, pwysai ar y bobl ifanc i ddal ar bob cyfle i'w diwyllio eu hunain.

Meddai'r mab yn un o'i gerddi, flynyddoedd yn ddiweddarach:

> Mi gefais goleg gan fy nhad,
> A rhodio'r byd i wella'm stad:
> Ond cefais gan yr hon a'm dug
> Fy ngeni'n frawd i flodau'r grug.

>   (HChE, XXIII)

Mab i dyddynnwr a chwarelwr cyffredin o Garmel, dros y mynydd, oedd Robert Parry, fel y gwelsom. Priododd â merch i'r Parchedig William Hughes, *slate inspector* a chyfrifydd chwarel, gwnaeth ei gartref yn Nhal-y-sarn, a chael lle yn un o fân-weinyddwyr chwarel Dorothea. Ar dystysgrif geni ei fab yn 1884, *shipper* sydd i lawr i ddisgrifio'i alwedigaeth – *shipper* ac nid *quarryman*. Gweithiai'r adeg honno yn stesion Tal-y-sarn, yn ymyl ei gartref, yn arolygu llwytho llechi o wagenni Dorothea i dryciau'r rheilffordd. Yn 1886 fe'i rhestrir yn y *Postal Directory* fel *slate inspector*. Erbyn hynny 'roedd yn un o swyddogion y chwarel, yn cael deg swllt ar hugain o gyflog pan gâi creigiwr bunt yn yr wythnos, ac yn cyfri digon i gael ei enw yn y directori.

Ganed Williams Parry, felly, i deulu cyfforddus eu byd, yn gymharol, ac i gartref a oedd wedi hen ymsefydlu. Adeg ei eni 'roedd y fam a'r tad dros eu pymtheg ar hugain; 'roedd eisoes ddwy chwaer hŷn, Dora a Kate, ar yr aelwyd. Yn naturiol, 'roedd croeso arbennig i fachgen, a chryn ymboeni ar ôl pwy i'w enwi. Yn y diwedd enw Robert Williams, hen ewythr i'r tad, a gŵr di-blant yn byw yng Nghaernarfon, a gafodd. Mae'n ffaith fach ddiddorol mai'r Williams a roed yn enw canol iddo yw'r un Williams, o deulu Ceision, ag a fabwysiadodd ei ewythr Henry Parry, tad T.H. Parry-Williams, yn enw olaf. Câi Williams Parry, ar ôl iddo dyfu, hwyl ar draul y clytio enwau yma yn ei deulu, fel y dengys pennill cellweirus yn ei gerdd, 'Y Wers Sbelio':

Mae un sy'n Parry-Williams
Ond Williams-Parry'r llall.
Eu taid ni hoffai heiffen,
Ond gwylia rhag y gwall.

(CG, 54)

'Roedd y cysylltiadau capelgar yn dew ar ochr y fam, fel y gwelsom, yn wir, yn dewach nag y soniwyd hyd yma. Heblaw'r taid, a oedd yn weinidog llawn ar gapel Hyfrydle o 1876 hyd ei farw yn 1879, 'roedd chwaer iau i'r fam yn briod â'r Parchedig Owen Hughes, a fu'n gofalu am gapel Tan-rallt, Llanllyfni, o 1887 i 1893. Priododd modryb arall, Jane, merch Dôlwenith a chyfnither i Jane Parry, â'r Parchedig William William, *Einion*, gweinidog y Methodistiaid yn Rhostryfan ar ôl 1896. Bu'r ewythr-trwy-briodas hwn farw 14 Ebrill 1913, ac mae englyn o waith Williams Parry ar ei fedd ym mynwent capel Salem, Llanllyfni:

Ym mynwes ddi-nam Einion—priodwyd
Y prydydd a'r Cristion;
Gwenai'n lleddf uwch gwanwyn llon,
Wylai uwch annuwiolion.

Yn ychwanegol at hyn eto, 'roedd y tad, Robert Parry, yn flaenor yn Hyfrydle. Yn anochel 'roedd i bethau'r capel a chrefydd le amlwg ar yr aelwyd yn Rhiwafon, fel y soniodd y ferch ieuengaf, Mrs H.R. Pritchard, Bangor Uchaf, wrthyf fwy nag unwaith. Mynychu'r moddion yn gyson, cymryd rhan yn y *Band of Hope*, sefyll arholiadau

1. 'Mae un sy'n Parry-Williams, / Ond Williams-Parry'r llall . . .' ('Y Wers Sbelio', CG, 54.) (*Llun: Llyfrgell Genedlaethol Cymru*)

Cymanfa'r Ysgolion Sul ar y *Rhodd Mam* a'r *Hyfforddwr*, dyna oedd y peth naturiol, normal i blant Robert a Jane Parry.

Yn yr awyrgylch yma y magwyd Williams Parry yn ei flynyddoedd cynnar. Wyneb seraffaidd Williams Pantycelyn oedd y peth cyntaf a welai wrth ddeffro yn y bore pan oedd yn blentyn; 'roedd copi o ddarlun enwog Cwmni Mackenzie yn hongian mewn ffrâm ar wal ei ystafell wely. Dyna'r 'wyneb pryd ynghrog ar fur fy nghell' y soniodd amdano yn 1916 yn ei soned 'Pantycelyn' (*Yr Haf a Cherddi Eraill*, X). Mae atgofion capelaidd eraill yn brigo i'r golwg yn achlysurol yn ei sgrifennu – cofio 'wyneb gwelw, meddylgar' Silyn 'dan lwyn o wallt cringoch, cyrliog' y tro cyntaf y gwelodd ef 'yn bregethwr ifanc ar braw naill ai o Ysgol Clynnog neu o Goleg Bangor'; cofio'i hun yn chwerthin ar ganol y darn 'wrth adrodd yn y *Band of Hope* ystalwm'. Ac mae tystiolaeth gyson amdano yn adroddiadau'r papurau lleol am Gymanfa Ysgolion Sabothol a Blodau'r Oes Hyfrydle Tal-y-sarn, Tan-rallt, a Baladeulyn, mis Ebrill: R.W. Parry, Hyfrydle, yn ennill am ateb gofyniadau ar ran gyntaf yr *Hyfforddwr*; Robert W. Parry, Hyfrydle, yn gyntaf yn yr arholiad ysgrifenedig. 'Does dim dwywaith amdani: hogyn *da*, yn ôl safonau'r dydd yr adeg honno, oedd Williams Parry yn blentyn.

A'r un yw'r stori yn yr ysgol. Ysgol gynradd y bechgyn yn Nhal-y-sarn oedd honno. Dechreuodd Williams Parry yno yn bump oed yn Awst 1889; bu yno am saith mlynedd nes ei fod yn ddeuddeg. Mae llyfr lòg yr ysgol ar gael am y blynyddoedd yma. 'Does dim arbennig ynddynt, dim ond sôn am gau'r ysgol yn Awst 1893 oherwydd y clefyd coch (*scarlet fever*) a chofnodi diwrnodiau o wyliau achlysurol – ar Ddydd Gŵyl Ddewi, ar ddiwrnod Eisteddfod Chwarel Penrorsedd, ar ddiwrnod cymanfa bregethu. Sonnir am y Parchedig Owen Hughes, Coed Madog, ewythr i Williams Parry trwy briodas, yn galw yn yr ysgol yn 1889 ac yn holi'r plant hŷn ar ramadeg a *recitation*. Ym Medi 1894, meddir, 'R. Prys Jones, Denbigh was allowed thirty minutes to lecture the children on Temperance coupled with Chemical experiments.' Beth, tybed, oedd yr arbrofion? Eto, ar 4 Mai 1896 dywedir fod yr ysgol wedi cael ei hagor yn y bore fel arfer 'but owing to the Quarryman's union Meeting the children *en bloc* absented themselves'. 'Roedd hi'n ddiwrnod Gŵyl Lafur. 'Roedd hynny, fel y gymanfa bregethu – pethau'r 'ddau wareiddiad newydd' – yn mynnu blaenoriaeth. Ond ar wahân i ddigwyddiadau achlysurol fel hyn, 'does fawr ddim o ddiddordeb yn y *log book*. Cwynir am rai o'r plant eu bod yn colli'r ysgol ar y mwyaf. Ond nid Williams Parry. Yn wir, mae tystiolaeth arall ar gael ei fod ef yn esiampl o gyson. Ymhlith papurau personol y bardd yn y Llyfrgell Genedlaethol, mae copi o *The Holiday Painting Book*: 'Presented to Robert Williams Parry for Regular Attendance. Talysarn Infant Department. Dec. 24, 1890.'

2. Rhiwafon, Tal-y-Sarn.

Saesneg, sylwer, yw iaith y cyflwyniad. Saesneg yw iaith y *log book*. Saesneg, drwodd a thro, oedd yr addysg yn ysgol fach Tal-y-sarn yn nawdegau'r ganrif ddwytha'. Y Seisnigrwydd hwn yw'r unig beth y mae Williams Parry'n ddiweddarach yn sôn amdano ynglŷn â'i ddyddiau ysgol cynnar. Yn Y *Ford Gron*, Awst 1931, mae cerdd un pennill, 'Yn y Bebis', a'r llythrennau 'W.P.' dani. Mae tystiolaeth mai gwaith Williams Parry ydyw. Sôn y mae am drio dysgu Gweddi'r Arglwydd mewn iaith a oedd yn ddryswch estron iddo:

> Ni wyddwn i fod ffwtbol
>   Yn rhan o'r nefol drefn,
>   Nes clywed yn yr ysgol
>   Am un wnaeth *charge in heaven*.

> Roedd hwnnw'n ôl yr hanes
> Yn gwthio ar hyd y gêm,
> A dwedai yr athrawes
> Mai *Harold be thy name.*

Heblaw capel ac ysgol a chymanfa, ychydig sobor sydd yna i'w ddweud am y blynyddoedd cynnar. Yn yr haf âi teulu Rhiwafon am wyliau i Dir-ucha, Cricieth. Câi Bob, y bachgen, fynd i ganlyn y rownd lefrith yng Nghricieth yn y boreau, ac yna, yn y pnawn, *ymwisgo* i fynd i lan y môr efo'r teulu – gwisgo'n daclus i fynd i lan y môr yr adeg honno. Weithiau hefyd 'roedd trêt arbennig. Câi Bob a'i chwaer iau, Nancy, fynd i aros at Fodryb Ann, cyfnither y fam, i ffarm Hendrecennin, lle mae'r Lôn Goed yn gorffen, yn Eifionydd. 'Roedd Modryb Ann yn dipyn o ffefryn a'r daith fer ar eu pennau eu hunain ar y trên i stesion Pant-glas i gyrraedd Hendrecennin yn antur. Pwy a ŵyr nad yr ymweliadau cynnar hyn oedd cychwyn y dynfa o'r dyffryn diwydiannol i ryddid a heddwch Eifionydd?

Yma ac acw yn yr hyn a sgrifennodd Williams Parry yn ddiweddarach y mae yna fwy nag un awgrym fod yr hogyn a oedd mor ffyddlon yn yr ysgol a'r capel yn blentyn anghyffredin o fyw a thyner ei ddychymyg. Dyna'r ysgrif 'Noson o Wynt' a gyhoeddodd dan y ffugenw 'Rusticus' yn *Y Brython* yn 1920. Yn honno mae'n cofio am ddarlithydd y bu'n gwrando arno mewn festri capel pan oedd yn blentyn go fychan:

Euthum i'w wrando yn llaw fy modryb, pan oedd honno'n llances ddibriod. (Gwn mai pum mlwydd oed oeddwn pan briododd). Gyrasai fy mam fi i gysgu i'r hen gartref y nos honno, a hyfryd oedd siwrnai ddiarwybod yn adeg gwely tua festri capel dieithr. Gwelais festri'r capel hwnnw ganwaith wedyn, a gwelais sêr cyn ddisgleiried ar lawer nos ddi-loer. Ond ni welais byth mo'r darlithydd, ac ni chefais wybod ychwaith pwy oedd. Y cwbl a gofiaf o'i ddarlith yw ei thestun, – 'Y Cwch Gwenyn' ydoedd hwnnw. Gŵr tal, ysgafn, llygatfyw oedd y darlithydd, a gwelaf yn awr ei osgo gwrtais yn ateb holiadau ar y diwedd, a'r sêl bonheddig yn ei lygaid.

Cofio'r hyn a *welodd* y mae, cofio pryd a gwedd, cofio llygaid, a chofio'n fyw o fanwl – yn rhyfeddol o fanwl. Mae'r un dal craffus mewn atgof arall yn yr un ysgrif, atgof o adeg gynharach fyth y tro yma:

Ni wn pa faint oedd fy oed; ond gwn ddarfod fy ngyrru i'r gwely'r noson cynt cyn adeg ymwelwyr hwyr. Codais fore drannoeth i chwilio am y neb a'm gwisgai, a chyfeiriais tuag ystafell fy mam a 'nhad. Drwy gil y drws, ac yn y drych yn gyntaf, gwelais wraig, – dywed f'aeddfedrwydd wrthyf na allai fod yn fwy nag ugain oed, – yn tynnu'r crib drwy gyfoeth ei gwallt. Mae ynof gof am helaethrwydd a duwch y gwallt hwnnw, ac am loywder y llygaid duon a welais yn y drych a'n bradychodd ill dau. Diflannodd y wraig o'r drych, a gwelais hi nesaf yn y drws oedd led y pen yn awr. Llamodd tuag ataf, ond nid cyn i mi ryfeddu at wynder ei dwyfron noeth a throeau ei bronnau llawnion. Cododd fi ar ei chôl a rhoes i mi gusan serchog. Torrais innau ymaith, fel y gwnaethai pob bachgen, i sychu'r lleithder ar lawes fy nghrys, ac i geisio noddfa f'ystafell fy hun.

Cofio fel hyn am bethau plentyndod sydd y tu ôl i'w gerdd 'Hen Lyfr Darllen' yn 1932:

> 'Roedd ynddo luniau: llun hwyaden dew
> Yn nofio'n braf i rywle, a llun llew;
> Llun arth a theigar ffyrnig ac eliffant,
> A llun rhyw glocsen fawr a'i llond o blant . . .
>
> Llun nyth, llun oen. Ond gwell na'r cwbl i gyd
> Oedd llun rhyw wraig yn nôr rhyw fwthyn clyd.
> 'Roedd honno, fel fy mam, yn ddynas glws,
> A bwydo'r ieir yr oedd ar ben y drws.
>
> (CG, 14)

'Roedd profiadau eraill ym myd plentyndod, rhai llai dymunol, ac unwaith neu ddwy mae'r Williams Parry mewn oed yn rhoi inni gip ar y rheini hefyd. Mewn rhagymadrodd a luniodd, eto yn 1932, i gasgliad o gerddi ar gyfer plant ysgolion elfennol o'r enw *Beirdd Meirion*, mae'n holi pa ddiddordeb oedd gan fechgyn mewn barddoniaeth. Dim o gwbwl, meddai, pan fyddant yn griw efo'i gilydd:

> Pan feddyliwyf am hen gyfoedion fy mebyd – Twm Bach Margiad, Robin Peg, Jac Stesion, Now Bwtsiar, Yr Hen Gab, Dwalad, Bem, Men, Now Stesion – anodd yw peidio â gwenu wrth ddychmygu ein gweld, fin nos gaeaf ystalwm, yn rhoi'r gorau i chwarae cic tun er mwyn ymroi i ddyfalu beth yw'r sêr.

Ond 'ysgarer y llanc o'r llu a'i ddal wrtho'i hun', meddai, ac mae pethau'n newid. Ar ei ben ei hun yn ei wely, 'pan fo llonydd ei esgyrn a chrwydrol ei feddwl', mae'r un a fu gynnau'n fawr ei firi yn un o giang yn cicio tun neu'n rhedeg ar ôl gwartheg yn berson tra gwahanol. Mae'n ildio i feddyliau y buasai'n yswilio rhagddynt mewn cwmni. 'Dofir a dyneiddir ef . . . gan ei gymdeithion newydd, – pryder ac ofn, dwyster a thynerwch, gobaith a hiraeth, serch a dyhead.' Gwyddai Williams Parry yn grwt am hel meddyliau am rai o'r pryderon yma. Unwaith wrth chwarae gêm 'rhagor ar tân' yn iard yr ysgol fe'i cafodd ei hun yn isaf yn y pentwr a'r hogiau eraill yn domen ar ei ben. Bu hynny'n achos dychryn iddo, ofn cael ei gau i mewn a'i fygu – cychwyn, meddai ef, y clawstroffobia a ddaeth i'w flino ymhen blynyddoedd. Gwyddai am ofnau eraill hefyd – ofn mellt, ofn y daeargryn y clywodd amdano yn yr ysgol, ofn diwedd y byd y sonnid amdano yn y capel. Meddai yn ei gerdd 'Canol Oed':

> Pan oeddwn yn llanc yn fy ngwely gynt,
> A'r hafnos ddi-hedd heb un awel o wynt,
> Tri braw oedd i'm blino yno ar fy hyd—
> Mellt, Daeargryn, a Diwedd y Byd.
>
> (CG, 15)

Ofnau cyffredin yw'r rhain, meddech. 'Rwy'n cydnabod hynny. Ond y ffaith amdani yw fod Williams Parry yn blentyn, yn ôl y dystiolaeth sydd ar gael amdano, yn un o'r eneidiau prin hynny sy'n teimlo pethau'n ddwysach ac yn fwy cignoeth na'r rhan fwyaf ohonom.

2

'Mi Gefais Goleg gan fy Nhad'

GANOL MEDI 1896, yn grwt deuddeg oed, dechreuodd Williams Parry yn ddisgybl yn Ysgol Sir Caernarfon, yn un o ddau o Ysgol Gynradd Tal-y-sarn i ennill *scholarship* i'r Cownti y flwyddyn honno. 'Roedd y symud yn gryn newid byd iddo. Yn Nhal-y-sarn 'roedd yn 'nabod pawb a phobman. Yng Nghaernarfon 'roedd pethau'n wahanol: yng ngolwg plant y dre un o hogiau'r wlad ydoedd, yn union fel Owen yn y nofel *Traed mewn Cyffion*. 'Roedd awyrgylch dieithr i ymgynefino ag ef. 'Roedd hefyd feysydd newydd i'w hastudio. Yn naturiol closiodd at eraill tebyg iddo ef ei hun, at Idwal Jones o Ben-y-groes ac at J.J. Williams o Lanrug yn arbennig, dau arall o hogiau'r wlad fel yntau, a dau a fu'n gyfeillion agos iddo gydol eu bywyd.

Sefydliad newydd iawn oedd Ysgol Sir Caernarfon pan ddechreuodd Williams Parry yno. Dwy flynedd a hanner oedd oddi ar pan agorodd a hynny mewn ystafelloedd benthyg dros dro yn hen adeilad Coleg Mair yn Stryd yr Eglwys, y coleg hyfforddi lle buasai'r Sgolor Mawr a Glasynys yn astudio (cyn i'r coleg symud o Gaernarfon i Fangor). Ond er ieuanged yr ysgol, yr oedd iddi ei harbenigrwydd. Hi oedd yr Ysgol Sir gyntaf i gael ei hagor yng Nghymru yn dilyn Deddf Addysg Ganolraddol 1889, cynnig arloesol i greu 'math newydd o ysgol werinol a oedd tu allan i brofiad pawb yng Nghymru a Lloegr', fel y sylwodd W.J. Gruffydd yn ail gyfres ei 'Hen Atgofion'. Yn naturiol 'roedd cryn edrych i fyny tuag at Gaernarfon. 'Roedd yr ysgol hithau, dan arweiniad y prifathro John Trevor Owen, yn dra awyddus i lwyddo'n academaidd a'r pwyslais o'r cychwyn yn drwm ar y clasuron. Ac ar y tir hwnnw bu'n llwyddiannus o'r cychwyn.

Gwnaeth y disgyblion cyntaf yn arbennig o dda yn 1896 yn arholiadau'r Oxford Local, yr hen arholiad 'matríc' cyn dyddiau Bwrdd Canol Cymru. Yna yn 1899, enillodd tri o blith y to yma – tri o gyfoedion hŷn Williams Parry – ysgoloriaethau mynediad i Gaergrawnt a Rhydychen. W.J. Gruffydd, Gruffydd Bethel i'w gyd-ddisgyblion, oedd un o'r rheini; H. Parry Jones (prifathro Llanrwst wedyn), ac O. Arthur Evans oedd y ddau arall.

I ganol yr awyrgylch academaidd yma y bwriwyd Williams Parry – Robert Williams fel yr adwaenid ef bryd hynny. Nid yw ef ei hun wedi sôn yn unman am gyfnod Caernarfon, ond mae ei adroddiadau pen tymor ar gael ac mae'r rheini yn dweud rhywfaint wrthym. Maent yn tystio'n groyw ddigon mai disgybl canolig ydoedd. Mewn Ysgrythur yr oedd ar frig y dosbarth. 'Roedd yn cael hwyl dda ar Ddaearyddiaeth. Ond yn y pynciau eraill 'Very Fair' yw'r sylw fel arfer: dyna'r farn, er enghraifft, ar ei waith mewn Saesneg, Ffrangeg a Lladin. A chofier mai ystyr 'fair' i athro ysgol yw 'cymedrol'.

'Does dim sôn am Gymraeg fel pwnc yn unrhyw un o'r adroddiadau. Ychydig cyn hyn 'roedd Owen M. Edwards wedi sylwi ar y diffyg wrth roi barn ar yr ysgol. Aeth ef i Gaernarfon chwe mis ar ôl iddi agor. Canmolodd fywiogrwydd meddwl y disgyblion. Sylwodd eu bod i gyd bron yn meddwl yn Gymraeg, ac yna'n cyfieithu yn eu pennau cyn rhoi eu meddyliau i lawr ar bapur yn Saesneg. Ychwanegodd fod yr athrawon, chwarae teg iddynt, yn deall anawsterau'r plant ac yn defnyddio'r Gymraeg yn anffurfiol yn y gwersi, ond argymhellai ef wneud rhagor na hynny. 'I believe', meddai, 'that the teaching of Welsh, and the occasional teaching of subjects like history in Welsh, would greatly tend to developing the children's minds.' Yn Awst 1894 y dywedodd Owen M. Edwards hyn'na, ond ni welais i unrhyw arwydd fod pethau wedi newid yn ymarferol erbyn cyfnod Williams Parry. I'r gwrthwyneb: tystiolaeth unfryd H. Parry Jones a J.J. Williams yw nad oedd i'r Gymraeg na'i llenyddiaeth le o gwbl ar faes llafur y gyntaf o'r ysgolion sir newydd. Y tu allan i oriau ysgol y câi'r Gymraeg ei chyfle – yn y capel a'r paratoi ar gyfer cymanfa'r Ysgolion Sul ac wrth ddarllen Cymru'r Plant gartref. Mae W.J. Gruffydd wedi sôn am afael 'rhamantiaeth hanesyddol Cymru'r Plant' arno ef yn hogyn, a thystiodd Tegla yn huawdl am ddylanwad y cylchgrawn ar fachgen yn y cyfnod hwnnw. Daeth Williams Parry yntau o dan yr un gyfaredd. Fel llawer o blant eraill Dyffryn Nantlle, derbyniai Cymru'r Plant yn rheolaidd. Mae ei enw'n digwydd fwy nag unwaith yn 1896–7 ymhlith enillwyr cystadlaethau'r pôs misol, yn ystod ei gyfnod yn ysgol Caernarfon.

Ac eto yr oedd yr ysgol yn un lwyddiannus. 'Roedd yn llwyddo'n academaidd, fel y gwelsom. Fe lwyddodd hefyd i ddeffro dychymyg llenyddol ei disgyblion mwyaf bywiog. W.J. Gruffydd yw'r enghraifft amlwg. 'Roedd ef, meddai H. Parry Jones, yn cael mawr flas ar y Clasuron ac ar Saesneg: 'roedd wrth ei fodd yn 'gwledda' ar y Golden Treasury, ac yn ceisio llenydda. Lluniai gerddi yn Gymraeg, cyfieithiai delynegion fel 'Nant y Mynydd' i'r Saesneg, a chyhoeddai'r rheini yn *The Arvonian*, cylchgrawn yr ysgol yr oedd ef yn olygydd arno. A ymdeimlodd Williams Parry rywfaint â chyffro llenyddol tebyg? Yr ateb hyd y gallaf fi farnu, yw, Naddo, ddim o gwbwl. Ond wrth ddweud hyn'na y mae un ystyriaeth bwysig y mae gofyn cadw golwg arni. Bu W.J. Gruffydd yn Ysgol Sir Caernarfon am bedair blynedd a hanner, o pan agorodd gyntaf yn Chwefror 1894 hyd haf 1899 pan adawodd i fynd i Rydychen, ac i'w flynyddoedd olaf yn yr ysgol, blynyddoedd y Chweched Dosbarth yn nhermau heddiw, y perthyn yr egin-lenydda a golygu *The Arvonian*. Am ddwy flynedd yn unig y bu Williams Parry yng Nghaernarfon. Gadawodd yn bedair ar ddeg oed o'r Pedwerydd Dosbarth, gadael cyn dechrau astudio barddoniaeth y *Golden Treasury*, a chyn blynyddoedd arferol deffro'r dychymyg llenyddol mewn bechgyn.

Mae'r rheswm am adael yn syml. Ym Medi 1898 fe agorwyd Ysgol Sir newydd ym Mhen-y-groes a symudodd Williams Parry i honno – ef ac Idwal Jones, ymhlith y 95 o blant a gychwynnodd yno ar y diwrnod cyntaf. Cymry Cymraeg oedd pob copa walltog ymhlith y disgyblion. Ac er mai Saesneg oedd iaith ffurfiol y gwersi, yr oedd Cymraeg yn bwnc ym Mhen-y-groes o'r dechrau. 'Roedd Williams Parry yntau yn cael gwell hwyl ar ei wersi. Mae'r adroddiad a gafodd Nadolig 1898, ar ddiwedd y tymor cyntaf, yn dangos hynny. Mewn dosbarth o dri ar ddeg 'roedd yn un o'r tri uchaf yn y rhan fwyaf o'i bynciau, a 'Very Good' yw'r sylw sy'n digwydd fynychaf. 'Good – is improving,' meddir am ei Gyfansoddi Saesneg a 'Weak' – yr unig eithriad – yw'r dyfarniad am Ramadeg Lladin. Ond efallai mai'r sylw mwyaf diddorol yw hwnnw ar waelod yr adroddiad o dan Ymddygiad – 'Good. Works well, but is far too talkative in Class.' 'Roedd Williams Parry ym Mhen-y-groes yn hapusach ei fyd, ymhlith cyfeillion.

Gallasai fod wedi dal ymlaen gyda'i gwrs ysgol, eistedd ei fatríc a cheisio mynd i goleg. 'Roedd hynny'n bosib, ond 'roedd elfen o ansicrwydd – tybed ar ben y daith a gâi ef ysgoloriaeth. Ac 'roedd yna bosibilrwydd arall, llai mentrus. Fe allai wneud yr un fath ag y gwnaethai ei Ewythr Harri chwarter canrif yn gynharach; gallai ddilyn y llwybr uniongyrchol at fod yn athro trwy gychwyn yn 'biwpil-titshiar'. Yr ail ddewis hwn a orfu. Ac felly, yn nechrau 1899, ar ôl bod yn Ysgol Sir Pen-y-groes am dymor a phythefnos gadawodd Williams Parry yr ysgol. Dros nos rhoes heibio fod yn ddisgybl a dechrau arni yn ei hen ysgol yn Nhal-y-sarn yn brentis o athro.

Mae'n anodd i ni heddiw ddychmygu bachgen lleol nad oedd eto wedi cael ei ben-blwydd yn bymtheg yn dysgu hogiau eraill, ond dyna oedd y drefn yr adeg honno, fel y gŵyr y sawl a ddarllenodd hunangofiannau Thomas Richards, Tegla a David Thomas. Blwyddyn yn *Monitor* oedd y cam cyntaf, cyfnod o fod ar brawf fel petai, ar gyflog o £11 y flwyddyn, gyda'i hen brifathro W. Meiwyn Jones, R.O. Pritchard yn athro trwyddedig, a disgybl-athrawon hŷn yn ei helpu ac yn cadw llygad arno. Yna, o Orffennaf 1900 ymlaen, ymrwymo'n ddisgybl-athro go iawn am ddwy flynedd. Golygai hynny arwyddo cytundeb rhwng Williams Parry a Bwrdd Ysgol plwy Llanllyfni yn rhwymo'r bachgen i ddysgu hyd at ugain awr bob wythnos am dâl o £13 y flwyddyn gyntaf, £15 yr ail flwyddyn. 'Roedd hefyd i dderbyn o leiaf bum awr yn yr wythnos o hyfforddiant gan un o'r ddau athro trwyddedig ar gyfer yr arholiad yr oedd gofyn ei sefyll bob blwyddyn. Mae Dr Thomas Richards wedi disgrifio'r arholiad hwnnw – prawf ysgrifenedig mewn *sums* a chyfansoddi, gramadeg, daearyddiaeth, hanes, a *theory of music*, ac yna wedyn, i gwblhau pethau, darllen, adrodd, canu, a rhoi gwers ar destun neilltuol gerbron yr arolygwyr pan alwent yn yr ysgol ddiwrnod yr *annual examination*. I Doc Tom druan, menter 'ryfygus' oedd y prawf canu. 'Roedd Williams Parry'n fwy ffodus; 'roedd ganddo ddawn gerddgar. Aeth ef trwy'r profion gerbron yr arolygwyr a'r arholiadau ysgrifenedig yn ddidramgwydd, a 'Well' – hynny yw, 'Da' – yw'r sylw yn llyfr lòg yr ysgol ym Mehefin 1891 wrth gyfeirio at yr adroddiad ar y piwpil-titshiar ail flwyddyn.

'Does fawr ddim rhagor i'w ddweud am y pedair blynedd yn brentis athro yn Nhal-y-sarn, ac eithrio am un cyfeiriad. Dan 14 Tachwedd 1901, fe gronicla Meiwyn Jones iddo dderbyn cwyn oddi wrth Mrs Williams, Penyryrfa, fod R.W. Parry wedi ymosod ar ei phlentyn hi gyda chwmpas. Gwnaeth y prifathro ymholiadau a chanfod fod yr athro ifanc wrthi'n rhoi gwers ar ddaearyddiaeth, ei fod wedi troi oddi wrth y bwrdd du ac wrth wneud hynny wedi digwydd cyffwrdd â'r bachgen ar ei ben. Cofnododd y digwyddiad yn y llyfr lòg a chau pen y mwdwl ar yr helynt, ond mae'n hawdd dychmygu fod yna gryn dipyn o drin a thrafod ar y mater ar yr aelwyd yn Rhiwafon ac ymhlith y disgyblion.

Yr hanesyn bach yna yw'r unig gipolwg ar ddrama'r blynyddoedd 1899–1902. Paratoi ei wersi a dygnu arni gyda'i astudio oedd baich a byrdwn ei ddyddiau. A baich caled o gyson ydoedd, mae'n ddiamau. Yr un pryd daliai i fynychu'r cyfarfodydd yng nghapel Hyfrydle yn ffyddlon. Yn 1899 a 1902 mae R.W. Parry, Hyfrydle, yn ennill cystadleuaeth yr arholiad ysgrifenedig yn Eisteddfod Difiau Dyrchafael yn Nhal-y-sarn; ym Mai 1899 mae'n ennill ar rywbeth a elwir yn 'Ebysgrifiaeth' hefyd – rhyw fath o brawf ateb cwestiynau, mae'n debyg. Yna ym Mehefin 1900, mae'n sefyll arholiad matríc Bwrdd Canol Cymru. 'Roedd saith pwnc i gyd i'w hwynebu, pum 'efrydiaeth anhepgorol' fel y dywed y dystysgrif, sef Rhifyddiaeth, Mesureg (*Geometry*), Lladin, Saesneg, Hanes Lloegr a Chymru, a dwy 'efrydiaeth ddewisol' – Cymraeg a Gallueg (*Dynamics*). Llwyddodd yn y cwbwl a'i osod yn fuddugoliaethus yn y Dosbarth Cyntaf. Yn ddiddorol iawn, yn yr un arholiad yn union 'roedd gŵr ifanc o Ysgol Ragbaratoawl Clynnog o'r enw Ifor Williams yntau'n pasio yn y Dosbarth Cyntaf. 'Roedd Ifor Williams â'i olwg ar y weinidogaeth ac ar gwrs gradd tair blynedd yng Ngholeg Bangor. Gorffen cymhwyso'i hun yn athro trwyddedig oedd nod Williams Parry. I wneud hynny gallai fynd i'r Coleg Normal ym Mangor neu ynteu ddilyn cwrs dwy flynedd yn y 'Day Training Department' yng Ngholeg y Brifysgol ym Mangor neu Aberystwyth. I Aberystwyth yr aeth Williams Parry.

Mae Williams Parry ei hun wedi anfarwoli ei gyfnod yn Aberystwyth mewn dwy frawddeg gofiadwy yn y nodiadau bywgraffyddol a luniodd yn 1948 ar gais Aneirin Talfan Davies (gweler tt.162–4 isod). '1902–4,' meddai, 'Synfyfyriwr yng Ngholeg Aberystwyth. Llwyddo yn arholiadau'r flwyddyn gyntaf ym mhopeth ond Cymraeg.' Mae'n rhoi'r argraff – yn hanner bwriadol, efallai – mai myfyriwr anfoddhaol ydoedd. 'Mi gefais goleg gan fy nhad, ac ar ôl ei gael synfyfyrio a methu yn hytrach na gweithio a llwyddo' – dyna'r awgrym, yn sicr. Ac mae yna hanesyn neu ddau diweddarach sydd fel petaent yn ategu'r awgrym. Biliards, yn hytrach na gwaith coleg, oedd yn mynd â'i fryd, meddir. I hoelio'r pwynt adroddir stori – stori apocryffaol, o bosib – am y Prifathro, T.F. Roberts, yn ei wysio o'i flaen am fod rhywun wedi ei weld yn dod o le chwarae biliards nad oedd myfyrwyr i fod i'w fynychu. 'You play billiards, Mr Parry?' meddai'r Prifathro. 'Yes, sir,' oedd yr ateb. 'You smoke?' 'Yes, sir,' eto. 'What other sins have you, Mr Parry?' Mae'n gyfweliad nodweddiadol o'r cyfnod. Ond rhy hawdd, efallai, yw dehongli blynyddoedd Aberystwyth fel pwl o wrthryfel syml yn erbyn uchelgais tad ac awyrgylch cartref.

Yr adeg honno, fel y sylwyd, yr oedd modd i fechgyn a merched a oedd wedi bod yn ddisgybl-athrawon ac wedi cwblhau'r matríc fynd i golegau Bangor ac Aberystwyth, ac ar ddiwedd dwy flynedd yno dderbyn tystysgrif athro. Golygai hynny ddilyn dau gwrs cyfochrog yr un pryd, cwrs academaidd arferol mewn pynciau fel Cymraeg, Saesneg, etc., a chwrs galwedigaethol yn y 'Day Training Department' (yr hen enw ar yr Adrannau Addysg). Mae'r 'Board of Education Teachers Certificate' a dderbyniodd Williams Parry o Adran 'Day Training' Aberystwyth yn 1904 yn dangos mai'r llwybr dwyffrwd hwn a ddilynodd ef yn Aberystwyth.

'Intermediate' oedd yr enw ar gyrsiau academaidd y flwyddyn gyntaf. Dilynai Williams Pary gyrsiau felly mewn Cymraeg, Saesneg a Lladin, ac yn ychwanegol at hynny y cwrs gorfodol mewn Rhesymeg, rhyw fath o gyflwyniad sylfaenol i 'Elementary Logic'. Llenyddiaeth y cyfnod 1580–1660 oedd y maes llafur yn Saesneg, gwaith Spenser a

Milton, beirdd eraill y cyfnod yn y *Golden Treasury*, tair o ddramâu Shakespeare, a *Dr Faustus* Marlowe. Daeth i ben yn iawn â'r rheini ac â'r Lladin – gramadeg a darllen rhyw gymaint o waith Cicero a Vergil. Llwyddodd hefyd mewn Rhesymeg, er mor od a swnllyd oedd dosbarthiadau'r Athro James Brough ar y pwnc hwnnw: mae gan R.T. Jenkins yn *Edrych yn Ôl* ddisgrifiad damniol o fyw ohonynt. Pam, felly, y methodd Williams Parry ei Gymraeg, o bopeth? Yn niffyg tystiolaeth gan ei athrawon a'i gyfoeswyr, 'does ond dyfalu.

Ystyriwn, felly, gynnwys cwrs Cymraeg y flwyddyn gyntaf fel yr oedd yr adeg honno. Cynhwysai bedair rhan a'r rheini'n gyffredin yn y tri choleg – gramadeg, hanes llenyddiaeth 1560–1800, cyfieithu darnau o waith awduron Cymraeg i'r Saesneg, cyfieithu o'r Saesneg i'r Gymraeg. Edward Anwyl oedd yr Athro, gŵr mwyn a boneddigaidd, ysgolhaig aruthrol o eang ei wybodaeth, ond athro diysbrydoliaeth o safbwynt myfyriwr ar ei flwyddyn gyntaf. 'Dosbarth deifiol o sych', yw dedfryd R.T. Jenkins ar y dosbarth Cymraeg 'Intermediate' yr oedd ef yn aelod ohono bedair blynedd o flaen Williams Parry. 'Fe grasai dillad gwlybion yn grimp yn narlithiau "Canol" Edward Anwyl . . . Ni chlywem ganddo ond sylwadau ar *the reduplicated emphatic pronoun* ("see My Grammar, page 24"), neu'r *concessive-clause-equivalents* ("see My Syntax, page 119"); a chorff ei ddarlithiau ar "Lenyddiaeth" oedd rhesi o enwau *plant* Edmwnd Prys a'i debyg, gyda dyddiadau eu geni a'u marw.' Pasio yn y pwnc a'i ollwng y cyfle cyntaf a wnaeth R.T. Jenkins. 'Laru a wnaeth Williams Parry, meddech; diflasu ac ymorffwys ar ei rwyfau a thalu'r gosb trwy fethu.

Cyn casglu hynny, trown at yr unig sylwadau a welais gan Williams Parry yn ymwneud â chwrs coleg. Ysgrif ydyw yn Saesneg ar 'Welsh in the Welsh Colleges' a sgrifennodd dair blynedd ar ddeg ar ôl hyn ar gyfer *The Welsh Outlook*, rhifyn Tachwedd 1915. Ynddi mae'n dyfynnu maes llafur y cwrs 'Intermediate', yr union sylabws a'i hwynebai ef yn 1902. Mae'n fodlon ar y cwrs ar ramadeg; mae hwnnw, meddai, yn cynnig hyfforddiant ieithyddol na ellid ei ragorach. Mae'n derbyn y cyfieithu i'r Gymraeg o'r Saesneg. 'We believe that the English-Welsh translation in the Welsh syllabus is a very judicious test of the candidate's Welsh prose, involving as it does the exercise of a capacity not demanded by mere reproduction; for in the latter the candidate is disposed to use only such words as he has already in stock, as it were.' Ond am weddill y cwrs, mae'n ddidostur ei feirniadaeth, ac yn arbennig felly ar y lle amlwg a roddid i gyfieithu o'r Gymraeg i'r Saesneg. Yn awr, mae'n ffaith fod Edward Anwyl yn rhoi pwys ar yr union agwedd yma. Yn yr adroddiadau blynyddol a gyflwynai ef ar waith ei Adran mae canmol gwerth cyfieithu i'r Saesneg yn diwn gron gyson. 'I have been glad to observe again this year that regular practice in translation from Welsh into English and *vice versa* has had a most beneficial effect in developing in Welsh students a better command of English as well as of Welsh,' meddai yn 1903. Gwrthodai Williams Parry safbwynt o'r fath yn ffyrnig. Yn ei olwg ef gwrthuni llwyr oedd cwrs Cymraeg wedi ei gynllunio i roi i'r myfyriwr o Gymro feistrolaeth rugl ar sgrifennu Saesneg, yn enwedig pan olygai hynny mai swm a sylwedd yr ymdrin â gweithiau llenyddol oedd treulio'r amser yn eu cyfieithu i iaith arall. Mae'n dyfynnu llinellau agoriadol 'Cywydd y Farn' Goronwy, rhan o faes llafur yr 'Intermediate' yn 1902–03:

> Dod im dy nawdd, a hawdd hynt,
> Duw hael, a deau helynt . . .

Yna mae'n rhoi cyfieithiad Saesneg, yr union gyfieithiad a ddysgodd ef a'i gyd-fyfyrwyr ar eu cof yn y coleg:

> Grant me thy protection, and an easy path, generous God, and a right course. The design of my undertaking, if thou would'st aid me, is the day of judgment and the end of the world.

Mae ei sylw yn ddeifiol: 'Shades of dead singers! Was ever folly more criminal?' Bymtheng mlynedd yn ddiweddarach, mewn llythyr at G.J. Williams (23 Tachwedd 1930), yr un mor llym yw'r ddedfryd. 'Mi gofiaf gyfieithiad Anwyl o Gywydd y Farn Fawr hyd y dydd heddiw . . . Duw mawr! . . . troi cerbyd tanllyd cerdd yn domen o *spare parts*'. Yng ngeiriau ysgrif 1915 eto: 'it is the height of absurdity to require a candidate to force our native warblers to croak in fifth-rate Saxon of our own time'.

Baich ei feirniadaeth oedd mai cwrs wedi ei fodelu ar gyrsiau mewn Groeg a Lladin oedd y cwrs Cymraeg. 'Roedd yn gwrs anaddas ar gyfer y Cymro naturiol. 'Roedd hefyd, o'i gymharu â'r cwrs Saesneg, yn gwrs tlawd. Ond arbeder yr amser a afradid ar gyfieithu darnau o waith llenorion fel Goronwy Owen a dyna wneud cyfle i astudio cynnyrch Eben Fardd a Cheiriog, Daniel Owen, Islwyn a Thwm o'r Nant. Wrth gwrs, beirniadaeth wedi ei rhesymoli flynyddoedd ar ôl gadael coleg oedd hon, ond y tu ôl iddi ni ellir peidio ag ymglywed â theimladau Williams Parry yn ddeunaw oed. Mae'n cyfeirio at ymateb myfyrwyr mewn tri gair – 'detestation', 'repulsion', 'depression'. 'Roedd y trosi i'r Saesneg yn peri i'r myfyriwr gasáu'r bardd yr oedd yn rhaid iddo ddysgu cyfieithiad diawen o'i waith i basio'r ecsám. Yn achos myfyriwr mwy llenyddol sensitif 'roedd yr effaith yn fwy andwyol: mae Williams Parry yn sôn am 'the feeling of repulsion that must possess the more artistic minds over an un-called-for desecration'.

Na, nid 'laru ar ddarlithiau Edward Anwyl a wnaeth Williams Parry; nid cicio yn erbyn y tresi, yn yr ystyr arferol, 'chwaith. Ond fe wrthryfelodd yn fewnol yn erbyn rhannau yn y cwrs a oedd yn ei farn ef yn diraddio llenyddiaeth. Synfyfyriodd ar hynny, ac ystyr 'synfyfyrio', cofier, yw ystyried yn bwyllog feddylgar. Ar sail y synfyfyrio, gwrthododd rannau o'r maes llafur. A thalodd y pris am hynny: methodd yn y Gymraeg ym Mehefin 1903 ar ddiwedd ei flwyddyn gyntaf. Aeth yn ei ôl i'r coleg ym mis Hydref, ar ôl cryn annog a chynghori gartref, mae'n ddiamau. Ailadroddodd y cwrs 'Inter.' Cymraeg, dilyn cyrsiau'r ail flwyddyn mewn Lladin a Saesneg a chanlyn arni fel cynt yn y 'Day-Department'. Yn arholiad yr ail gynnig ym Mehefin 1904 pasiodd ei Gymraeg yn ddidramgwydd. Golygai hynny fod ganddo yn awr bedwar pwnc blwyddyn gyntaf (yn cynnwys Lladin) a hyfforddiant proffesiynol. 'Roedd ganddo ddigon i ennill Tystysgrif Athro y Bwrdd Addysg y cyfeiriwyd ati eisoes. Derbyniodd honno a chwilio am waith mewn ysgol yn ennill cyflog. A throes ei gefn ar Aberystwyth.

Cafodd swydd yn 'certificated assistant master' yn Ysgol y Faenor yng Nghefncoedycymer ar gyrion Merthyr, ond y pryd hynny o dan Bwyllgor Addysg Sir Frycheiniog. Aeth yno yn Awst 1904 a chael ei olwg gyntaf ar 'hagrwch Cynnydd' yn un o gymoedd y de. Am bedwar mis y bu yn y Faenor, hyd wyliau'r Nadolig, ac yna cododd ei bác ymhellach fyth o gartref, i dref Henffordd. Bu'n dysgu mewn dwy ysgol yn y fan honno, yn Ysgol Bluecoat o ddechrau Ionawr hyd ddiwedd Ebrill 1905, ac ar ôl hynny yn Ysgol Holmer a Huntington o ddechrau Gorffennaf 1905 hyd ganol Chwefror 1906. Saith bunt a deg swllt y mis oedd ei gyflog yn y naill le a'r llall (£7.50 yn ein harian ni heddiw). Y toriad o ddau fis yn ystod ei arhosiad yn Henffordd sy'n ddiddorol. Pam ac i beth? Yr ateb yw ei fod yn dal i ganlyn arni gyda'i gwrs academaidd ac yn bwriadu eistedd arholiad yr ail flwyddyn, arholiad yr 'Ordinary', mewn Lladin yn Aberystwyth ym mis Mehefin. Ac felly aeth adref i Dal-y-sarn am fis Mai i baratoi ar gyfer dydd y prawf. Eisteddodd yr arholiad a llwyddo, ac yna'n ei ôl i Henffordd am saith mis arall, i ysgol wahanol y tro yma. Gyda llaw, prifathro un o'r ddwy ysgol yn Henffordd yn 1905–06 oedd yr 'hen gyd-athro' a fyddai'n arfer cyfarch ei ddisgyblion bob blwyddyn gyda'r sylw, 'Another year nearer my pension, boys' – gweler dan deitl y gerdd 'Cyffes y Bardd' yn *Cerddi'r Gaeaf*.

Ar ôl ychydig dros flwyddyn yn Henffordd daeth cyfle i ddod yn ôl i'w hen ysgol yn Nhal-y-sarn. Dechreuodd yno ar 19 Chwefror 1906, yn 'certificated assistant' y tro hwn ac yn hŷn o dair blynedd a hanner na phan adawodd yn biwpil-titshiar yn Awst 1902. Bu'n athro yn Nhal-y-sarn am flwyddyn a hanner. Daliai ati gyda'i gwrs coleg trwy'r amser.

Ym Mehefin 1906 eisteddodd arholiad yr 'Ordinary' mewn Saesneg yn Aberystwyth, a phasio – yr un pryd yn union ag y pasiodd ei gefnder T.H. Parry-Williams ei bedwar pwnc Intermediate dan ganu. Y flwyddyn wedyn eisteddodd 'Intermediate' mewn Hanes, yn llwyddiannus eto. Bellach 'roedd wedi hel, fesul pwnc, res o lwyddiannau – 'Ordinary' mewn Saesneg a Lladin, ar ben 'Intermediate' mewn Saesneg, Lladin, Hanes a Chymraeg. Yr oedd ganddo ddigon o gefn arholiadol i fedru mynd yn ôl i goleg am flwyddyn i gwblhau cwrs gradd. 'Mr Robert Williams Parry, a Certificated Assistant, and Henry Owen Williams, Candidate Assistant, left school, both going to the University, the first to complete his degree, the latter to qualify,' meddai W. Meiwyn Jones, prifathro Tal-y-sarn, yn y llyfr lòg dan 27 Medi 1907.

Coleg Bangor oedd ei ddewis y tro yma, a chychwyn pennod newydd lawn iawn yn ei hanes. Ond cyn dod at hynny mae agwedd arall bwysig i sôn amdani, oherwydd erbyn hyn yr oedd Williams Parry wedi dechrau ymhél o ddifri â barddoni.

3

Dechrau Barddoni

HYDREF 1905 yw dyddiad y gerdd gynharaf o waith Williams Parry y gwn amdani. Ond yr oedd ef wedi bod wrthi'n ymhél â barddoni ers tro cyn hynny, fel y tystia atgofion ei gefnder, T.H. Parry-Williams. Mewn ysgrif yn Y *Cymro* adeg marw Williams Parry – yr ysgrif orau a sgrifennwyd am y bardd – mae Parry-Williams yn ei gofio'n ymweld â Thŷ'r Ysgol, Rhyd-ddu:

> . . . yn llanc nwyfus a direidus, yn canu penillion gan gyfeilio iddo'i hun ar y piano, yn 'enaid' y cwmni wrth y bwrdd bwyd, yn gwneud campau acrobatig ar ei feic. Yr oeddwn innau'n gallu cymryd rhan a chyfran gydag ef ym mhopeth, er fy mod yn iau nag ef. Ond un tro mi deimlais fy mychander yn aruthr; mi glywn y llanc yn trafod cynganeddion gyda'm tad, a minnau heb fod yn gwybod beth ydoedd cynghanedd, hyd yn oed. Nid oeddwn i'n perthyn i'r cwmni o ddau y tro hwnnw.

'Roedd hyn, mae'n rhaid, tua 1901–02, pan oedd Williams Parry yn ddwy ar bymtheg neu ddeunaw a'r cefnder iau'n hogyn ysgol pedair ar ddeg neu bymtheg. 'Roedd *cyn* dyddiau Coleg Aberystwyth. Erbyn ei ail flwyddyn yn y fan honno 'roedd iddo rywfaint o enw fel cynganeddwr. Mae Wil Ifan yn sôn am hynny. Adrodd y mae ef amdano'n derbyn llythyr oddi wrth ei frawd Eben, a oedd yn 1903–04 yn fyfyriwr ar ei flwyddyn gyntaf yn astudio gwyddoniaeth yn Aberystwyth. 'Dywedai fod cydfyfyriwr iddo . . . yn gynganeddwr anghyffredin o lew, a bod pawb yn ei gyfrif yn ben bardd, a'i fod yn ŵr hoffus dros ben.'

Ystyr hyn i gyd yw fod Williams Parry wedi dechrau ymdroi â chynghanedd pan oedd gartref yn Nhal-y-sarn yn biwpil-titshiar, cyn dyddiau coleg. Yng nghwmni beirdd gwlad Dyffryn Nantlle y digwyddodd hynny, rhai fel Hywel Cefni ac Anant, dau y mae ar ddechrau *Yr Haf a Cherddi Eraill* yn cydnabod dyled iddynt am 'hyfforddiant cynnar'.

Un o Fôn oedd Hywel Evan Jones, 'Hywel Cefni' (1855–1941), un o feibion llengar Druid House, Llangefni. Daeth i Dal-y-sarn rywdro tua 1879 yn dorrwr brethyn. Yn nes ymlaen agorodd ei fusnes dillad dynion ei hun yn Cefni House yn y pentref ac yn 1893 codwyd ef yn flaenor yng Nghapel Mawr y Methodistiaid. 'Roedd yn Rhyddfrydwr selog, yn ŵr digon tebyg ei ddaliadau i Robert Parry, Rhiwafon, ond bod Hywel Cefni yn fawr ei ddiddordeb mewn adrodd, canu, a llenydda. Yr englyn oedd ei hoff fesur. Yn 1921 enillodd ar yr englyn yn yr Eisteddfod Genedlaethol – D. Lloyd George oedd y testun; ond gartref yn Nhal-y-sarn 'roedd yn fwy adnabyddus am ei englynion coffa a'i englynion beddargraff i bobol yr ardal. Ef yn 1932 a fynegodd deyrnged yr ardalwyr i Jane Parry, Rhiwafon:

> Bu erioed a'i hysbrydoedd—yn addfwyn
> Yn neddfau y nefoedd;
> Delw o'i hen dad duwiol oedd,
> A model o'i mam ydoedd.

Yr hen lanc hwn o deiliwr, yn ôl Gwallter Llyfnwy, oedd 'athro cyntaf' Williams Parry; ef a ddechreuodd ei osod ar ben y ffordd gyda chynganeddu ac englyna.

Y llall a fu'n rhoi hyfforddiant iddo oedd Owen Edwards, 'Anant' (1856–1918), diacon gyda'r Bedyddwyr a chwarelwr. Enillodd ef ar yr awdl yng Ngŵyl Cadair Dinorwig yn 1909, a John Morris-Jones yn beirniadu, ond englynwr ydoedd yn bennaf. Mae stori amdano pan oedd yn gweithio yn Chwarel Tal-y-sarn yn rybelwr. Ychydig cyn y Dolig, ac arno yntau angen cerrig, gwnaeth englyn a'i naddu ar ddarn o grawen a'i yrru i un o'r bargeinwyr:

> Os gwelwch gyrrwch garreg—o'r domen,
> Rhyw damaid yn anrheg;
> Gwn y daw; rwy'n begio'n deg:
> Waredwr, dyma'r adeg!

Cyhoeddai ei waith yn yr hen *Geninen* ac yn *Y Sylwedydd*, papur newydd wythnosol a gychwynnwyd yn 1907 'at wasanaeth Dyffryn Nantlle a'r Cylchoedd'. A byddai hefyd, meddir, yn cynnal rhyw fath o ysgol farddol ar ei aelwyd ac yn gwâdd llafnau ifanc fel Williams Parry ac Idwal Jones yno i drin a thrafod cynganeddion. Hwn, yn anad neb arall, oedd athro barddol Williams Parry.

Ceir prawf o hynny mewn llythyr a sgrifennodd ef at Anant yn Hydref 1905 o 88 Ryeland Street, Henffordd. 'Roedd Williams Parry wedi gadael coleg ac yn athro yn Ysgol Holmer a Huntington. Yno, ar ei ben ei hun a heb gwmni llengar o fath yn y byd yn gefn iddo, 'roedd wrthi'n ceisio gwella ei afael ar fesurau cerdd dafod ac yn anfon ei gynigion adref i Dal-y-sarn i Anant fwrw golwg drostynt, yn ddigon tebyg i Goronwy Owen ganrif a hanner yn gynharach yn gyrru cerddi o Donnington yn ymyl Amwythig at Lewis Morris yng Ngheredigion. 'Anwyl Anant,' meddai mewn llythyr 17 Hydref 1905, llythyr wedi'i sgrifennu yn yr hen orgraff:

Gyrais y llinellau yn ôl eich cymhelliad i Eifionydd, a chefais atebiad yn dweyd y buasai yn cyhoeddi y Cywydd a'r Englynion yn y Geninen y cyfle cyntaf gai.

Perswadiai fi i fyned i mewn am arholiad Urdd Bardd Ebrill nesaf, ac yr wyf wedi haner addaw, er nas gwn i ba beth.

Sut mae Bob yn dod ymlaen gyda'r cynganeddion? Ymddengys y byddwn yn eistedd yr arholiad yr un amser.

Fel y dywedais wrthych o'r blaen, peth go anhawdd yw mydryddu tipyn bach yn Lloegr.

Ger bron y Saeson sosi.

Gyda'r llythyr mae'n amgáu darn o gywydd arall 'i chwi ei farnu', ac yn pwyso ar Anant sgrifennu'n ôl 'y cyfle cyntaf'.

Diddorol yw'r sôn am eistedd arholiadau'r Orsedd, yn enwedig yn wyneb sefyllfa Williams Parry yn y gwrthdaro rhwng Beirdd yr Orsedd a'r Beirdd Newydd bum mlynedd yn ddiweddarach. Mae'n dangos i'r dim y cefndir llenyddol y cododd ef ohono – dechrau arni yng nghmwni beirdd lleol; yna ar ôl cael ei draed dano anfon ei gynigion at Eifionydd, golygydd *Y Geninen* a Chofiadur cyntaf Yr Orsedd; Eifionydd wedyn yn ateb ar un o'r cardiau post enwog ac anodd i'w darllen hynny ac yn ei gymell i roi cynnig ar yr arholiad yr oedd ef wedi ei sefydlu. Gyda llaw, soned yn 1950 i 'Eifionydd' (John Thomas) oedd y gerdd olaf a gyfansoddodd Williams Parry. Ond ei gerddi cynharaf yw'n diddordeb ni ar y funud. A'r peth cyntaf i'w ddweud am y rheini yw mai cynnyrch nodweddiadol o fardd di-goleg tua 1905 ydynt.

Dyna'r llinellau a anfonodd, ar gymhelliad Anant, at Eifionydd. Cywydd 54 llinell, 'Efo'r Sant ar Fore Sul', yw rhan o'r rheini; fe'u cyhoeddwyd yn *Y Geninen* yn rhifyn Ionawr 1906, y gerdd gyntaf i ymddangos mewn print ac enw R. Williams Parry, Tal-y-sarn, wrthi.

Darlun ydyw o sant digon claear ac anarbennig yn mwynhau seibiant y
Sabath ac yn mynd i'r capel:

> Â mwyn osteg mae'n esgyn,—
> Êl heb rwysg i ael y bryn:
> Hen wastadedd cyfeddach
> A'i garw dreth, gyr o'i drach;
> A mwynhâ emynau hedd
> Yn egwyl ei unigedd.
> Aflêr yw i gyfleu'i raid,
> Di raen i ddyfnder enaid;
> Ond diau nef nid yw yn ol
> I'r duaf ŵr edifeiriol;
> A grasusol groes Iesu,
> A'i orsedd dêr, sydd o'i du.

Yn y capel, er mor annigonol ei fynegi, mae'n gweddïo.

> 'Dyro, O! Dad, drwy y dydd,
> Ddibynol, rwydd obenydd,—
> Dangnef clau, gorau gweryd
> I orphwys o bwys y byd.
> Gad imi gael godi'm golwg
> Atat, fy Naf,—Dy haf di ŵg
> Yn dywydd hyfryd i ddwyfron
> Un oer ei fryd, anwir ei fron.'

Yna, ar ddiwedd y cywydd, mae'r bardd yn addo i'w sant fore Sul
tragywydd yn y nefoedd:

> Yn asur nef-gysuron,
> Daw i'r sant, wedi'r oes hon,
> Fore Sul o ddifyr sain,
> Heb ail egwyl i'w blygain,—
> Bore di nos, heb brydnawn,
> Wawr wen, ar fedd yr uniawn.

Iaith a chynganeddu y bedwaredd ganrif ar bymtheg sydd yma, iaith a
chynganeddu Eben Fardd a Dyfed a'u tebyg. A'r agwedd yn y cywydd?
Gan ei gymdeithas a chan y traddodiad capelgar y magwyd ef ynddo y
cafodd Williams Parry honno.

Yr un fath yn yr englynion y soniodd amdanynt yn y llythyr at
Anant. Englynion 'Y Gwynt' yw'r rhain, mae'n rhaid, er na welsant
olau dydd yn *Y Geninen* hyd Orffennaf 1908, dros ddwy flynedd a
hanner ar ôl iddo ef eu postio o Henffordd. Blas prentiswaith cynnar

sydd arnynt wrth i'r awdur glecian cynganeddion cytsain i ddisgrifio rhyferthwy'r gwynt yn null canu'r ganrif ddiwethaf i dymestl:

> Hwn dery gyfandiroedd,—chwibana
>   Uwch ben y cefnforoedd:
>   Gyr o'i flaen,—garw floedd,
>   Nifer cymylau'r nefoedd.

> Yn ddiffrwyn yr aig ddeffry,—yr eigion
>   Rwygir ar ei wely,—
>   Daear ni saif,—darnio sy'
>   O'r wybren i'r ddae'r obry . . .

> Swn barn gadarn, ergydiol,—sy'n y Gwynt,—
>   Ymson gwae tragwyddol:
>   Ah! ei her sydyn, arswydol,
>   Yw ernes Nef o farn sy'n ôl.

'Ernes Nef', sylwer. Yn un ar hugain oed, nid oedd Williams Parry eto wedi dechrau ymdeimlo â 'gormes y loywach Nen' ar farddoniaeth Gymraeg. 'Roedd yn derbyn ei bwnc a'i safbwynt, ac yn rhoi ei egni i gyd i ymlafnio i feistroli cyfrwng.

I'r un cyfnod yn union y perthyn englyn coffa o'i waith i David Williams, Telephone Exchange, Tal-y-sarn, chwarelwr. 'Roedd David Williams yn yr ysgol gyda Williams Parry. Un bore yn Nhachwedd 1905, wrth groesi pont yn chwarel Cloddfa'r Coed i fynd at ei waith, syrthiodd a chael niweidiau angheuol. Mae'r englyn a luniodd Williams Parry ar y bedd ym mynwent Macpelah:

> Dafydd annwyl, dy fedd unig—ennyn
>   Aml fynwes ddrylliedig;
>   Ond y rhos o'i briddawl drig
>   A gwyd yn ddiwygiedig.

Mi heriwn i unrhyw un i adnabod bardd yr englynion coffa diweddarach yn yr englyn yna, ond fe allai Anant neu Hywel Cefni yn hawdd fod wedi ei lunio.

Mwy diddorol, am eu bod yn wahanol, yw'r llinellau eraill o gywydd a anfonodd Williams Parry at Anant yn Hydref 1905. 'Nid yw y testun yn un ysgrythyrol,' meddai am y rhain, 'a diamau nad yw y farddoniaeth a'r mydr yn glasurol iawn.' A gwir ei eiriau. Bwrdd biliards yw'r pwnc, dodrefnyn ag iddo gryn apêl at Williams Parry – yn Nhal-y-sarn, yn Aberystwyth fel y gwelsom, ac yn awr yn alltud yn Henffordd. Dywed mai 'yn y fan, fel taran yn tori, y daeth y llinellau', ac yn sicr y mae yna ryw rwyddineb rhugl, braf ynddynt. Disgrifio'r bwrdd yw byrdwn y cywydd:

> Wele fwrdd a ddeil i fod
> Inni'n gysur pur, parod,
> A bwrdd gwyrdd i'r bardd gerdded
> Â dwy law o'i hyd i'w led.
> Bwrdd del iawn, bwrdd di-ail yw,
> Bwrdd hudol i'r bardd ydyw,
> Bwrdd di-les o beraidd dlysau—
> Cochion beli, gwynion yn gwau . . .
> Ow! em o fwrdd—dyma fo—
> Wna i alltud ymwylltio.
> Bwrdd y breaks, bwrdd ddaw a bri
> Ac ysbryd o wag asbri.
> Bwrdd chwe throed, bwrdd chwith rodiad
> Gwehilion a glewion gwlad.
> Bwrdd hudol y breuddwydiwr,
> Bwrdd di-wall i anghall wr . . .
> Er hynny bwrdd ar unwaith
> Ddaw a hwyl bob gwyl a gwaith . . .
> Bwrdd hynaws i brudd enaid
> Gael o'i boen hoff hoen na phaid.

I *Papur Pawb*, y mwyaf poblogaidd ei flas o bapurau newydd Caernarfon, ac nid i'r *Geninen*, yr anfonodd y cywydd hwn; ymddangosodd ynddo ar 21 Ebrill 1906.

Erbyn hynny 'roedd yr awdur yn ôl yn ei gynefin, yn athro yn Nhal-y-sarn, ac felly'n cael cyfle i gwmnïa â beirdd y Dyffryn, â Hywel Cefni ac Anant, wrth reswm, ac eraill iau hefyd, fel Gwallter Llyfnwy, G.W. Francis, Idwal Jones, y criw a gyhoeddai eu cerddi yn Y *Sylwedydd*. Yn y gwmnïaeth yma fe'i swcrwyd i feddwl am rywbeth mwy uchelgeisiol na chywydd a chyfres o englynion; 'roedd yn hen bryd iddo roi cynnig ar awdl a chystadlu am gadair. Dyna oedd y cam nesaf, naturiol.

Y gystadleuaeth gyntaf a'i denodd oedd un Eisteddfod Flynyddol Annibynwyr Ffestiniog, Nadolig 1906. 'Dechreu Haf' oedd y testun a Dyfnallt oedd y beirniad. Lluniodd Williams Parry ei gerdd; fe'i dangosodd i rai o'i gyfeillion; ond 'roedd hi'n ben set arno ac yn ei frys fe wnaeth gamgymeriad. Fe'i postiodd ar ei hunion at Morris H. Thomas, ysgrifennydd yr eisteddfod, yn hytrach nag at y beirniad. Derbyniodd Morris Thomas hi yn Ffestiniog ar 2 Rhagfyr, ddiwrnod *ar ôl* y dyddiad yr oedd yr awdlau i fod ym Mhontypridd yn llaw Dyfnallt. 'Roedd Williams Parry, felly, wedi torri dau 'amod': 'roedd wedi cyflwyno ei awdl yn hwyr ac 'roedd wedi ei hanfon i'r man anghywir. Ei gyrru rhagddi i Bontypridd a wnaeth Morris Thomas, gan obeithio, mae'n debyg, fel llawer ysgrifennydd eisteddfod o'i flaen ac ar ei ôl, mai dyna'r peth olaf a glywai amdani. Ond nid felly y bu hi y tro yma. Daeth gair yn ôl oddi wrth Dyfnallt yn dweud mai awdl 'Y Gorwel Gwyn', a oedd yn torri'r rheolau, oedd yr orau o ddigon o'r ddau gynnig ar bymtheg ac mai gwobrwyo hon oedd y dyfarniad. Galwodd yr ysgrifennydd bwyllgor yr Eisteddfod. Cadw at lythyren y rheolau a fynnent hwy, doed a ddelo. A hynny a ddigwyddodd. Sgrifennodd Morris Thomas yn ymddiheurol at Williams Parry yn egluro'r sefyllfa, a daeth Dyfnallt i Ffestiniog; canmolodd gynnig 'Y Gorwel Gwyn' i'r cymylau, a dyfarnu'r gadair yn gwbl reolaidd i grydd 25 oed o Lanbryn-mair o'r enw Abraham Thomas.

Derbyniodd Williams Parry y torri allan heb gwyno na grwgnach. 'Roedd elfen o siom, yn anochel, ond amod oedd amod, chwedl yntau. Sgrifennodd at Morris Thomas a Dyfnallt yn ymddiheuro am beri trafferth iddynt. Yn y bôn 'roedd yn fwy na bodlon. Ei awdl ef oedd yr orau. Ac 'roedd wedi curo un ar bymtheg o awdlwyr, yn cynnwys Hedd Wyn, Gwilym Ceiriog a Myfyr Hefin. Cyhoeddodd bum englyn o'r awdl yn *Y Sylwedydd*, papur bro Dyffryn Nantlle, 12 Chwefror 1907; cyhoeddwyd yr awdl gyfan yn *Y Geninen* eisteddfodol fis Awst wedyn.

Ond beth am ei gerdd eisteddfodol gyntaf? Fel y gallesid disgwyl, blas yr hen ganrif sydd arni. Mae ei dau gan llinell yn cynnwys amrywiaeth o fesurau – rhupunt a thawddgyrch cadwynog yn ogystal â hir-a-thoddaid, cywydd ac englyn. Canu disgrifiadol a gawn, a'r awdur yn crwydro o'r naill agwedd i'r llall ar ei destun, o wanwyn a Mai i Fehefin, o flodau ac adar a gwybed at yr amaethwr, yn gynhwysfawr a llac ei gynllun, heb fawr ddim i gydio'r rhannau'n gyfanwaith ac eithrio'r ganmoliaeth i egni a llonder natur yn nechrau haf.

> Haul a nawf i'w lawn nerth,—i'w rymusder
> Ymestyn mewn mawrnerth;
> Dwg ei hynt i'w deg anterth,—
> Bron na sai'n y wybren serth . . .
>
> Anian o'i bodd ollyngodd ei llengau,—
> Cyfrana i luoedd eu cyfrin liwiau;
> Mae'n galw'i cheinion mewn gloew-wych ynau
> I dwf arddunol yn dew fyrddiynau.

Mae'r cynganeddu ymwybodol, yr arddodiad trwsgwl ('*mewn mawrnerth*'), yr ansoddeiriau bloesg, yn dangos ei phedigri. Eben Fardd yn awdl 'Y Flwyddyn' ac Emrys yn 'Y Greadigaeth' yw'r patrymau y mae'r bardd yn ymgyrraedd atynt. Ond ddwywaith mae nodyn arall gwahanol. Tua'r dechrau, wrth sôn am y coed yn newid, meddai:

> Ac â'i drem myg dyry Mai
> I'r dail hyfryd eu lifrai.

Mae eco o 'Mis Mai yn dwyn lifrai las' Dafydd ap Gwilym yn y cwpled. At y diwedd eto, a'r haf bellach wedi cyrraedd, sonnir am ddau gariad, fel hyn:

> Pan ar dro, y darffo dydd
> Ar aur oror y Werydd,
> Cwyd y llangc: ac wedi lludd—y diwrnod,
> Daw i gyfarfod â'i guaf Forfudd:
>   Ym min hwyr, dwg cwmni hon
>   Ddifyr, ddedwydd freuddwydion.

Tinc o awdl fuddugol J.J. Williams yn Eisteddfod Caernarfon 1906 a glywaf fi yn y pennill yna.

Fe ellid awgrymu, 'rwy'n credu, fod Williams Parry a rhai o'i gyf-oedion yn Nyffryn Nantlle, erbyn 1906–07, yn dod dan gyfaredd y canu newydd rhamantaidd yn Gymraeg. Cyfeirio at hynny y mae, mae'n debyg, wrth sôn yn ei atgofion am Silyn (yn *Cambria*, Gaeaf 1930) am ei edmygedd ifanc o Silyn o'r 'hen ddyffryn' a W.J. Gruffydd o'r 'hen ysgol'. 'Darllenem, nyni oedd ychydig yn iau na hwy, gyfrol gymysg y ddau (*Telynegion* 1900), a'u cyfrolau gwahân wedi hynny (1904 a 1906), gydag ecstasi rhyfedd,' meddai. Ac o droi at golofn farddol *Y Sylwedydd*, fe welir yno, yn Ebrill 1907, ychydig o gerddi serch ffres a bywiog dan ffugenwau – 'Llwybrau Serch' gan 'Nosganisgoed', er enghraifft:

> Hyd lwybrau serch
> Heb gwmni merch
> Mi grwydrais.

Rhyfyg diwarant fyddai hawlio'r gerdd i Williams Parry. Ac eto mae'n anodd credu na wyddai ef fwy nag ychydig amdani.

Ond cyn dilyn gafael y canu newydd arno, mae un gerdd henffasiwn arall y mae gofyn ei chrybwyll. Yn Ffestiniog, diwedd un 1906, dywedodd Dyfnallt fod y gadair genedlaethol o fewn cyrraedd 'Y Gorwel Gwyn' a hynny'n fuan. Derbyniodd Williams Parry'r sialens. 'John Bunyan' oedd y testun yn Eisteddfod Genedlaethol Abertawe 1907, testun anaddawol sobor i awdl, ond rhoes gynnig arno. 'Y

Gwenith Gwyn' oedd ei ffugenw a rhywle tua'r canol ymhlith yr wyth a gynigiodd y gosodwyd ei awdl. Ni welais mo'r gerdd yn gyfan; hyd y gwn, ni chadwyd copi ohoni; ond, yn ôl y beirniadaethau, awdl hir ydoedd, ar amryw o fesurau, yn adrodd stori bywyd Bunyan yn fywgraffyddol ac yn ymdroi cryn dipyn gyda phechadurusrwydd y sant cyn ei dröedigaeth – yn rhy hir i blesio Elfyn.

> Fy niben, O Awen, yw—esbonio
> Hanes Bunyan heddiw;
> Dod yn y bardd dy dân byw
> I olrhain oes uchelryw.

Dyna sut y mae'n dechrau. Mae'r englyn yna'n ddigon i ddangos mai i gyfnod ei brentiswaith, pan oedd yn dal yn gaeth i batrymau'r ganrif ddiwethaf, y mae'n perthyn. Ond gyda'r awdl hon hefyd y mae'r cyfnod dechrau barddoni yn gorffen.

4

Bangor a Llanberis, 1907–1910

YN HYDREF 1907, yn dair ar hugain oed, ailgydiodd Williams Parry yn ei gwrs coleg fel myfyriwr llawn-amser, y tro hwn ym Mangor. Ond ailgydio digon anfoddog ydoedd, mae'n ymddangos. 'Dywedodd wrthyf na fuasai yn dod i gwpla ei gwrs gradd oni bai fod ei dad yn ei wthio ymlaen byth a beunydd,' meddai Hugh D. Jones, bachgen o'r Gaerwen a oedd yn gyd-fyfyriwr ag ef ac yn gyfaill agos iddo.

'Roedd eisoes, wrth gwrs, rhwng 1902 a Mehefin 1907, wedi pasio cwrs 'Ordinary' yr ail flwyddyn mewn Saesneg a Lladin a chyrsiau blwyddyn gyntaf mewn Cymraeg, Hanes a 'Logic' dan ofal Coleg Aberystwyth. Yn awr ym Mangor 'roedd gofyn llwyddo ar dri chwrs arall er mwyn medru graddio – cwrs 'Special' y drydedd flwyddyn mewn Saesneg a dau bwnc ar safon 'Ordinary'. Cymraeg dan John Morris-Jones oedd un o'r ddau hynny: 'doedd dim amheuaeth ynghylch hynny. Ond beth fyddai'r trydydd? Ai Hanes ai Athroniaeth? 'Doedd Williams Parry ddim yn sicr. Yn y diwedd 'taflu ceiniog i fyny a wnaeth . . . a'r cwrs Athroniaeth a orfu', meddai J. Llywelyn Williams, cyd-fyfyriwr arall, un a rannai lety yn Orme Road gyda Williams Parry, a chyfyrder cyfan iddo.

Saesneg, Cymraeg ac Athroniaeth amdani, felly. Nid oedd yn weithiwr caled. Dywedodd J. Llywelyn Williams wrthyf mai'n anaml iawn iawn yr âi i'r llyfrgell ac na fenthycai lyfrau oddi yno, dim ond darllen y llyfrau gosod a nodiadau darlithoedd. A'r un oedd tystiolaeth J.R. Jones – Hong Kong yn ddiweddarach – mewn llythyr. 'Ni fyddai'r bardd yn llafurio'n ddyfal ar bynciau coleg, ac anodd oedd gennym ddirnad pa fodd y llwyddai gyda phynciau fel Anglo-Saxon,' meddai. Ond llwyddo a wnaeth, a hynny'n ddidrafferth, ac ar rai rhannau o'i gwrs yn ddisglair.

Mater o lenwi mesur y gofyniadau, yn fwy na dim, oedd y cwrs mewn Athroniaeth. Seicoleg oedd rhan dda o'r cynnwys a throdd Williams Parry at W.R. Rawson-Williams, cyd-fyfyriwr o Fetws-y-coed, am gymorth. Fe'i cafodd a hwylio drwyddi'n esmwyth yn yr ail ddosbarth. 'Roedd cynnwys y cwrs Cymraeg yn llai dieithr – gramadeg a chyfieithu, hanes llenyddiaeth 1450–1600, ceinciau'r Mabinogi a cherddi Wiliam Llŷn a Thudur Aled. Yn Saesneg, fel Edward Anwyl, y darlithiai John Morris-Jones, a hynny'n ddigon pedestrig weithiau. Ond yr oedd yna wahaniaeth. 'Roedd Morris-Jones yn fardd: cyhoeddwyd ei *Caniadau* yn ystod tymor cyntaf sesiwn 1907–08 ac 'roedd amryw o gerddi'r gyfrol wrth fodd calon Williams Parry.

'I'm tyb i,' meddai flynyddoedd yn ddiweddarach, wrth roi teyrnged i'w hen athro, 'ni phlethwyd erioed berffeithiach englyn na'i englyn ef i "Henaint"; ac ni chanodd neb sy'n fyw berffeithiach telyneg na'i "Cwyn y Gwynt". Ac onid yn ei "Omar" – y gerdd bagan honno – y clywyd Cymraeg gorchestol y Beibl felysaf erioed mewn cerdd?'

'Roedd yn parchu John Morris-Jones fel bardd yn ogystal ag fel gramadegydd, ac ar ben hynny 'roedd cyfaredd llais y darlithydd pan ddarllenai'r hen gywyddau. 'Roedd hynny'n 'ysbrydoliaeth', fel y mae'n cydnabod ar ddechrau *Yr Haf a Cherddi Eraill*.

Gorchestion Beirdd Cymru oedd y llyfr testun ar gyfer darllen yr hen feirdd:

> Pob gorchest gain ac anodd
> Ddarllenais,

meddai Williams Parry,

> popeth ganodd
> y beirdd bob un;
> Heibio i awen galed
> Reolaidd Tudur Aled
> Hyd Wiliam Llŷn.

(CG, 20)

'Doedd Tudur Aled ddim yn plesio rhyw lawer. Yn wir, ni fu gan Williams Parry ar hyd ei yrfa fawr i'w ddweud wrth awdlau a chywyddau mawl a marwnad y bymthegfed ganrif a'r unfed ganrif ar bymtheg. Ond yr oedd yna bethau gan Dudur Aled a Wiliam Llŷn yn y *Gorchestion* a oedd yn apelio – agoriad Cywydd Marwnad Tudur i Robert ap Siôn o Degeingl, er enghraifft, tudalen 229 yn y gyfrol:

Y gŵr marw, e gâr morwyn
Ddaear dy fedd er dy fwyn.

Marwnad Wiliam Llŷn i Ruffudd Hiraethog ar dudalen 294, hefyd:

Eryr gwyllt ar war gelltydd
Nid ymgêl pan ddêl ei ddydd,
A'r pysg sydd ymysg y môr
A ddwg angau'n ddigyngor;
Y byd oll, be deallwn,
Ar y sydd, a erys hwn.

Wrth astudio gwaith 'yr anfarwolion' hyn dan gyfarwyddyd John Morris-Jones, 'roedd Williams Parry yn cael cyfle, am y tro cyntaf, i ymgynefino â rhai o feistri mawr y gynghanedd.

Llwyddodd Williams Parry yn y cwrs Cymraeg dan ganu, gan ennill marc o 71 y cant am waith y sesiwn, yn bedwerydd mewn dosbarth o ddau ar hugain. Fe'i gosodwyd yn y dosbarth cyntaf. Ond, o bopeth, yr hyn a gydiodd ynddo, yn ystod ei flwyddyn ym Mangor, oedd y cwrs 'Special' mewn Saesneg. Ychydig oedd ganddo i'w ddweud wrth Hen Saesneg a 'Piers Plowman' Langland – gorfodaeth oedd astudio'r rhan honno – ond yn narlithoedd yr Athro W. Lewis Jones ar farddoniaeth y ganrif ddiwethaf yr oedd ar ben ei ddigon. Wordsworth, Coleridge, Shelley, Keats, Tennyson oedd y beirdd a astudid. Wordsworth a Keats oedd ei ffefrynnau, Keats yn arbennig. 'Clywais ei gyd-ddisgybl yng Ngholeg Bangor, y Parch D. Morris Jones, yn dywedyd ei fod wedi meddwi ar farddoniaeth Keats,' meddai Gwenallt.

Do, fe gymerodd Williams Parry at y cwrs llenyddiaeth Saesneg a disgleirio ynddo. Hugh D. Jones sy'n adrodd am hynny. Meddai:

> Gyda golwg ar y cwrs Saesneg, bu cryn syndod yng nghoridorau y coleg fis Rhagfyr 1907. Yr oedd rhestrau o farciau arholiadau'r term mewn cas gwydr a gwelwn lu o'r stiwdents o flaen y rhestr Saesneg. Yr oedd merch o Saesnes, Miss A.L. Baker, yn ddisglair iawn yn y pwnc hwn. Hi oedd yr ail ar y rhestr gyda 61 y cant o farciau. Ar dop y rhestr yr oedd R. Williams Parry gyda 96 y cant! Papur llenyddiaeth oedd hwn. Ond yr oedd papur arall ar Hen Saesneg, – *Anglo-Sax*, fel y galwem ef. Yn y rhestr hon yr oedd Williams Parry ar y gwaelod gyda dau y cant! . . . Tymor y Pasg, yr un stori eto, ond ni cheid enw Williams Parry ar restr yr *Anglo-Sax* o gwbl.

Ni wn pa mor ddiogel oedd cof Hugh D. Jones am yr union farciau. Ond mae'r pwynt a wna yn safadwy. Ail ddosbarth a gafodd Williams Parry mewn Saesneg oherwydd ei wendid mewn *Anglo-Saxon*: cafodd

Annie Lilian Baker ddosbarth cyntaf. Ond sgrifennodd yr Athro Lewis Jones eirda i Williams Parry yn ei ganmol i'r cymylau am ei waith mewn llenyddiaeth. Gwaith ardderchog, meddai, yn dangos dawn eithriadol at astudio llenyddiaeth. 'The essays and papers on English literature which he has written . . . have been marked by critical insight, a freshness of thought, and a felicity of expression . . . Mr Parry is not only a genuine lover of literature, but has given evidence already of the possession of literary power.'

'Roedd Williams Parry yn ystod 1907–08 yn cael ei draed dano yn academaidd, yn arbennig o ran astudio llenyddiaeth; 'roedd ei orwelion llenyddol yn ymledu; ac yn hyn i gyd 'roedd gan W. Lewis Jones, yr Athro Saesneg, yn ogystal â John Morris-Jones, gryn ddylanwad arno. Ond wrth wrando ar atgofion ei gyfoedion ym Mangor, hwyl a direidi dyddiau coleg, yn hytrach nag undim academaidd, yw'r hyn sy'n cael ei bwysleisio. 'Yn ei ddyddiau coleg yr oedd Williams Parry yn llawn bywyd ac yn gwneud inni ei ystyried fel Peter Pan', meddai Hugh D. Jones, cyn mynd rhagddo i adrodd dwy stori sy'n cyfleu'r afiaith a'r asbri:

> Weithiau byddai'r stiwdents yn troi i ganu yn y 'common room' a chael hwyl dda arni. Yna, dôi Williams Parry i mewn o rywle a gwneud y 'discords' mwyaf ofnadwy nes torri ohonom bawb i chwerthin yn aflywodraethus.

Ac yna:

> . . . un diwrnod ym mis Mai 1908 nid oedd ond Williams Parry a minnau yn y 'smoke room'. Diwrnod heulog, braf a'r stiwdents ar eu hyd yn gorwedd yng ngardd y coleg a'u trwynau yn eu llyfrau. Yr oedd ffenestri'r ystafell yn llydain agored, a dyma Bob, fel y galwn ef, a'i ben allan drwy un o'r ffenestri ac yn canu fel ceiliog dros y wlad. Yr oedd gweld y stiwdents yn myfyrio yn yr ardd yn chwerthinllyd iddo, a'i amcan, dybia i, oedd chwerthin am ben y fath arfer. Beth bynnag, dyma'r 'house steward', hen 'Coldstream Guardsman', trwy'r drws a dweud, 'The Principal presents his compliments, Mr Parry, and wishes you to stop your cock-crowing.'

Sôn am yr hen Goleg yng ngwaelod y dref y mae'r hanesion yna.

Y darlun a gawn yw un o gymeriad annwyl a oedd yn 'enaid y cwmni' pan oedd mewn hwyliau cyfeillachu, un a oedd hefyd wrth ei fodd yn chwarae biliards, ac yn hoff o lymaid – o fewn terfynau cymedroldeb. 'Nid oedd Williams Parry yn ddirwestwr,' meddai Hugh D. Jones mewn llythyr yn sôn am ddyddiau Bangor; 'byddai'n arfer cael llymaid go lew ar nos Sadwrn ac yna deuai'n syth i'm llety i o'r dafarn.'

'Tua'r nos yn bur aml,' ebe J.R. Jones eto, 'byddai'n crwydro at y pyb yn y Garth, er na fyddai yn yfed ond ychydig.' Mae elfen o ymorchestu yn y busnes yfed yma – mynd i dafarn yn agored ac arddel hynny, gan wybod fod ei deulu o hil gerdd yn ddirwestwyr. Ond yfed cymedrol iawn ydoedd. Pwysleisia Hugh D. Jones a J.R. Jones na welsant erioed mohono wedi meddwi, dim ond cymryd arno ei fod wedi ei dal hi. Agwedd ar dorri'n rhydd o hualau'r awyrgylch capelgar y magwyd ef ynddo oedd hyn ganddo. A rhywbeth ydoedd a oedd i bara'n rhan o ffordd o fyw Williams Parry ar hyd ei fywyd. Nid oedd ganddo ddim i'w ddweud wrth ddiota, ond yr oedd y rhyddid i fynd i mewn i dafarn trwy ddrws y ffrynt a chwmnïa yno yn rhywbeth pwysig yn ei olwg.

'Ar ôl amser cau,' meddai J.R. Jones, 'deuai'n ôl i'r llety, yn aml drwy'r ffenestr', ac yna eistedd i lawr tan berfeddion yn sgwrsio. Ac un elfen yn y sgwrsio hwyrol yma oedd chwarae'n glyfar gyda chynghanedd. Mae J.R. Jones yn dyfynnu un cwpled:

> Sigars i ddynion segur iach
> A sigarets i grotsiach.

Perthyn i'r un math o seiadu hwyliog, naill ai yn y Garth neu yn y llety yn Orme Road, y mae'r cwpled macaronig:

> *Thus I sing, ye budding bards,*
> Na chybolwch â biliards,

a ychwanegodd Williams Parry at ei gywydd i'r Bwrdd Biliards wrth ei ailwampio ar gyfer cylchgrawn y Coleg.

Ond yr oedd yna, hefyd, lenydda mwy difrifol. Gŵyl Ddewi 1908 'roedd Eisteddfod Myfyrwyr Colegau Bangor, ar gyfer myfyrwyr Coleg y Brifysgol, Y Coleg Normal, a'r colegau diwinyddol, ac 'roedd yn hon gystadleuaeth am awdl i 'Gantre'r Gwaelod' a chadair dderw werth ei hennill. Aeth Williams Parry ati o ddifri i gystadlu. 'Sut hwyl heno?' holai John Llywelyn Williams yn y llety yn Orme Road. 'Dim. Dim ond dwy linell gefais i a gweld wedyn fod un o'r rheini yn barod gan Dewi Wyn,' meddai'n ôl. Ond noson arall cael hwyl fawr arni a deg llinell ar hugain neu ragor yn dod yn eithaf rhwydd. Y noson honno âi am y Garth am dro, yna galw heibio i lety J.R. Jones ar ei ffordd yn ôl ac adrodd am ymffrost y gwyliwr yn y gaer:

> Parod y muriau, poered y moroedd
> Eu trochion ofer i entrych nefoedd . . .

'Yr oeddwn yn gwybod pob gair bron o'r gerdd *cyn* yr Eisteddfod', meddai J.R. Jones, ac yna ychwanega fod yr awdl yn dal ar ei gof – yn Hong Kong yn 1972 – er bod tros drigain mlynedd wedi mynd heibio.

Tair awdl oedd yn y gystadleuaeth, un ohonynt gan Tom Davies, Llwynhendy. Ond 'doedd dim amheuaeth p'un oedd yr orau. 'Roedd 'Ewyn y Don' ar y blaen o ddigon a John Morris-Jones yn ei morio hi yn Neuadd y Coleg wrth ddraddodi'r feirniadaeth, yn tynnu ei law trwy'r cnwd o wallt du ar ei ben wrth flasu llinellau fel:

> Bord lawn yn barod i wledd,
> Da a gwin mewn digonedd.

'Pam', meddai, 'na buasai rhywun wedi meddwl am y llinellau hyn o'r blaen?' 'He went into raptures over the winning ode', meddai adroddiad yn y *Western Mail*. Dotiai John Morris-Jones at afael 'Ewyn y Don' ar gerdd dafod, gydag un llinell o bob pump yn ei gerdd yn gynganeddion croes o gyswllt. Dywedodd o'r llwyfan, ailadroddodd yr un farn mewn tystlythyr, fod y gerdd yn rhagori ar y rhan fwyaf o ddigon o awdlau cadeiriol yr Eisteddfod Genedlaethol. Dangosodd lawysgrif ohoni i W. Lewis Jones. 'You have a Keats coming up in Wales', oedd sylw'r Athro Saesneg.

Cerdd o dri chan llinell mewn pedair rhan oedd awdl 'Cantre'r Gwaelod'. Ei chnewyllyn oedd y ddwy ran ganol, y naill yn disgrifio'r wledd feddw ac yna'r môr yn chwalu trwodd, a'r llall yn sôn am y llanastr a'r galar trannoeth. Ar un olwg 'roedd yn nhraddodiad awdlau'r ganrif ddiwethaf i drychinebau dramatig, awdl 'Dinistr Jerusalem' yn arbennig. Cymerwch y llinellau hyn, er enghraifft:

> Ac O! erch olwg! y gaer a chwelir,
> Allor oferedd yn llwyr a fwrir
> I grombil eigion, ei grym a blygir,
> A chread harddwch i waered hyrddir . . .
> Y muriau ogylch ym merw eigion
> Diddan aelwydydd yn ei waelodion; . . .
> Deri y coedwig, fel brau blanhigion,
> O'i fewn wasgerir yn fân ysgyrion,
> Llysiau a blodau yn wyneb lwydion,
> A mirain erwau yn marw'n oerion;
> A! bro deg a reibia'r don—ddifater,
> A drych o lawnder a chwâl y wendon.

Rhythmau a chynganeddion Eben Fardd sydd yma, a'r bardd yn etifedd yr un traddodiad eisteddfodol ag yn ei ddwy awdl gynharach. Ond o gymharu â'r rheini, mae yng ngherdd 1908 gryn, gryn gynnydd o ran meistrolaeth ar fesurau cynghanedd. Darllener ymffrost y gwyliwr meddw – 'Araith Seithenyn' yn *Yr Haf a Cherddi Eraill*, ac un o'r ychydig rannau o'r awdl a gadwodd y bardd wrth lunio cyfrol – ac fe welir hynny. Mae hyder un sy'n feistr yn ei gynganeddu, a chysondeb graen amgen nag Eben.

Ond mwy diddorol yw nodyn arall sydd yn y gerdd. Yn y rhan gyntaf a'r olaf mae'r bardd yn ei weld ei hun ar lan y môr ym Meirionnydd. Meddai:

> Min y môr yw'r man i mi
> A gâr olwg yr heli,
> Y gwyrdd fôr yn gorwedd fel
> Gwridog haul hyd y gorwel.
> O daw lloer, yn ei dull hi,
> Mae'r don yn marw odani.

Mae'n dychmygu'r wlad cyn y boddi:

> Yma, fro dirion, mae hyfryd erwau
> O lawnder melyn hyd yr ymylau.

J.J. Williams a T. Gwynn Jones yw ei feistri yn y llinellau yma – J.J. Williams, y gŵr a'i denodd i ymorchestu gyda'r groes o gyswllt, a T. Gwynn Jones, y bardd yr oedd i ddod fwyfwy o dan ei ddylanwad. Gall yntau ei hun yn 1908 greu melodedd geiriol cystal â'r gorau – yn y llinellau hyn o ran gyntaf yr awdl yn sôn am ddau gariad yn llawenydd teyrnas Gwyddno:

> Mae awr â'i fun, O! mor fer,
> Dan olau gwinau Gwener.
> Ieuanc a nwyfus yn eu cynefin,
> Gwridog rianedd, gwair, ŷd, a grawnwin,
> Mai hafaidd a Mehefin—leinw'r fro,
> Dlysed haul uchod o'i las dilychwin,

neu mewn llinellau cywydd o ddiwedd y gerdd am y tir o dan y llanw:

> Eden deg o dan y don
> I frwyn a môr-forynion;
> Yma rhwng ei muriau hi
> Nofiant yn eu cynefin.
> Main hudol a phob golud
> Sy o fewn y ddinas fud,

Tlysau a pherlau a physg,
Gwymon a gemau'n gymysg,
Ac erwau aur yw ei gro,
Gwlad rydeg, El Dorado.

'Roedd y llinellau olaf hyn yn rhan o ddetholiad o 76 llinell o'r awdl a gyhoeddwyd yn rhifyn Mawrth 1908 o gylchgrawn y Coleg, yn syth ar ôl yr Eisteddfod. Pwyswyd ar yr awdur i gyhoeddi'r gerdd yn gyfan yn *Y Geninen*; fe'i hanogwyd gan J.T. Job, a oedd ar y pryd yn weinidog yn y Carneddi, Bethesda, i'w hanfon i'r *Traethodydd* am y câi dâl amdani yno; ond gwrthod a wnâi Williams Parry yn bendant. 'Pam gwrthod?' meddai John Llywelyn Williams wrtho. 'Mi fydd arna i isio iwsio hon eto,' oedd ei ateb. 'Roedd wedi ailddefnyddio rhannau o awdlau 'Dechreu Haf' a 'John Bunyan' yn awdl 'Cantre'r Gwaelod'. Gallai wneud defnydd o linellau o 'Cantre'r Gwaelod' mewn awdl eto. Oherwydd erbyn hyn yr oedd ei fryd yn bendant ar ennill cadair yr Eisteddfod Genedlaethol. Ceisiodd J.T. Job ei gynnwys i gynnig gydag awdl i 'Ceiriog' yn 1908 yn Llangollen. Ond 'roedd arholiadau gradd ym mis Mehefin ac 'roedd gofyn clirio'r rheini. Fe gâi'r gadair genedlaethol aros am flwyddyn.

'Roedd blwyddyn Williams Parry ym Mangor yn dirwyn i ben yn llwyddiannus pan agorodd cyfle newydd yn annisgwyl iddo. Mae ef ei hun wedi adrodd yr hanes:

Rhyw fore o Fehefin yn y flwyddyn 1908 anfonodd yr Athro Morris Jones amdanaf i'w ystafell, a dweud wrthyf fod y swydd o athro Cymraeg a Saesneg yn Ysgol Sir Llanberis yn mynd yn wag rhag blaen. A hoffwn i gynnig amdani? Atebais innau nad oeddwn yn rhyw *orawyddus*: y buasai lle mewn tref go boblog yn fwy at fy ffansi. Rhoes imi ddeuddydd neu dri i ystyried y mater. Cefais innau sgwrs gyda'm tad, a chyngor tadol ddigon ganddo i geisio a gawn yn ddiymdroi rhag ofn na chawn a geisiwn yn nes ymlaen. Anfon fy nghais i'r Prifathro ddechrau'r wythnos; mynd i'w weld tua'i chanol; a chael f'apwyntio cyn ei diwedd!

Mor rhwydd â hyn'na! Ond cofier dau beth. 'Roedd gan Williams Parry sbel o brofiad o ddysgu mewn ysgolion cynradd, ac 'roedd tystlythyrau John Morris-Jones a W. Lewis Jones, ill dau, yn dweud yn arbennig o dda amdano. Nid prynu cath mewn cwd yr oedd John Rees Foster, y Prifathro yn Llanberis: yr oedd yn cael myfyriwr galluog a oedd hefyd yn athro profadwy. Ac ni siomwyd mohono. Pan adawodd Williams Parry yn Awst 1910, ar ôl dwy flynedd yn Ysgol Sir Llanberis, ym Mrynrefail, cafodd eirda gan J.R. Foster yn ei ganmol yn hael fel athro ac fel disgyblwr.

Yr oedd, yn ôl pob tystiolaeth, yn athro ardderchog, yn agos at y plant heb i'r un ohonynt feiddio cymryd mantais arno. 'Byddai'n gwisgo gwydrau a elwid yn *pince-nez*,' meddai R.A. Roberts, un o'r disgyblion, 'a phan fyddai'n rhoi'r rheini i lawr ar ei ddesg byddwn i'n lecio gweld ei lygaid glas yn eu ffurf naturiol, a chael gwedd ychydig ŷn wahanol ar ei wyneb . . . 'Chlywais i neb erioed yn deud gair yn ei erbyn.' Â R.A. Roberts rhagddo i awgrymu fod rhai o'r genethod dros eu pen a'u clustiau mewn cariad â'u hathro ifanc pedair ar hugain.

Ychydig o le oedd i'r Gymraeg ar y daflen amser yn Ysgol Sir Llanberis. Ar wyddoniaeth ac ar Saesneg yr oedd y pwyslais: dyna pam y penodwyd J.R. Foster, gwyddonydd o Sais o Wolverhampton, yn brifathro cyntaf yno. Ond yr oedd rhai gwersi Cymraeg – gramadeg a chyfieithu bron yn ddieithriad, a phrin ddim barddoniaeth. 'Unwaith,' meddai R.A. Roberts, 'rhoddodd Williams Parry restr hir inni o eiriau Cymraeg a oedd wedi tarddu o'r Lladin; sylwodd fod y gair Lladin *fenestra* wedi troi'n *fenêtre* yn Ffrangeg a bod acen ar yr ail *e* i ddangos fod yr *s* wedi colli.'

Yn y gwersi Saesneg 'roedd mwy o sgôp a chyfle, ac yn y rhain yr oedd Williams Parry ar ei orau. Soniai am Milton, Samuel Johnson, Pope, Goldsmith ac adrodd mân hanesion amdanynt i ennyn diddordeb y disgyblion – am Dr Johnson yn methu cysgu ac yn codi ganol nos a mynd i chwilio am Richard Savage er mwyn cael ei gwmni i gerdded strydoedd Llundain, er enghraifft. Yn sgil sôn am y pethau hyn dysgai'r plant sut i iawn-ynganu enwau lleoedd fel Holborn – *Ho-burn*, Marylebone – *Mar-lee-bun*, Theobalds Road – *Tibolds Road*. Wrth ddwyn dyddiau ysgol ym Mrynrefail yn ôl i gof, synnu a wnâi ei hen ddisgyblion gymaint o'r sylwadau wrth-fynd-heibio hyn o wersi Williams Parry oedd wedi glynu ac aros. Fe gofient hefyd, yn fyw iawn, amdano'n darllen rhai o'i hoff ddarnau o farddoniaeth – 'On First Looking into Chapman's Homer' ac 'Ode on a Grecian Urn' Keats a 'The First Love' Wordsworth:

> She lived unknown, and few could know
> When Lucy ceased to be;
> But she is in her grave, and oh,
> The difference to me!

'Gallaf glywed ei lais yn dyner yn darllen y llinell olaf ac yn dangos y *pathos* ynddi', meddai R.A. Roberts yn 1978 wrth gofio 1909.

Mwynhaodd Williams Parry y ddwy flynedd yn dysgu Saesneg yn Ysgol Brynrefail. Cafodd flas ar fyw yn ardal Llanberis hefyd, a rhan o'r blas hwnnw oedd iddo gael cylch o gyfeillion arbennig o gydnaws yno. Un ohonynt oedd Madoc Jones, yr athro Mathemateg, Prifathro

Ysgol Sir Llandudno ar ôl hynny, a gwrandawr da yn ôl pawb a'i hadnabu. Ddwywaith a thair bob wythnos âi ef a Williams Parry am droeau hir efo'i gilydd: 'bob amser i gyfeiriad Cegin Arthur a machlud haul. Fy newis i a fyddai hyn,' meddai Williams Parry, 'oherwydd ni welais na chynt nac wedyn fro mor farddonol â honno, na gwrandawr mor ddelfrydol â Mr Jones.' Croesent y bont lle'r oedd y rhyd lle boddodd Dafydd Ddu Eryri a cherdded dros lwybrau y mynnai traddodiad i Arthur a Gwydion eu troedio, fel y soniodd y bardd yn un o'i sonedau ('Ymson Ynghylch Amser,' *Cerddi'r Gaeaf*, 64) flynyddoedd lawer yn ddiweddarach.

Gwŷr hŷn oedd y tri arall y daeth Williams Parry yn gyfeillgar iawn â hwy yn Llanberis, sef R.E. Jones, Edward Ffoulkes, ac Alafon. Teiliwr a chanddo siop ddillad lewyrchus yng nghanol y pentref oedd Robert E. Jones (1852–1936), Cyngar wrth ei enw barddol, am ei fod yn wreiddiol o Langefni ac mai Cyngar oedd nawddsant y plwy hwnnw. 'Roedd yn frawd i Hywel Cefni, hyfforddwr cyntaf Williams Parry yn y cynganeddion ac englynwr medrus. Ef oedd 'un o'r dynion mwyaf diwylliedig a rodiodd ddaear Cymru', meddai T. Rowland Hughes, a seiliodd ei bortread o F'ewythr Huw yn *O Law i Law* i raddau ar y siopwr llengar yma. 'Roedd iddo enw fel dyn busnes effro. 'Fe aech i'w siop i brynu tei a dod allan wedi ordro siwt,' meddid. Ond câi hyd yn oed y siop ddioddef os deuai cyfle i drin a thrafod barddoniaeth. Yr unig amser yr esgeulusai Cyngar ei gwsmeriaid, ebe Williams Parry, oedd 'pan ddeuai ambell i brydydd heibio'. 'Roedd ef ei hun yn un o'r prydyddion rheini, a thrwy Cyngar, 'rwy'n amau, y cyflwynwyd ef i Edward Ffoulkes ac Alafon.

Cymeriad hynod oedd Alafon (1847–1916), gweinidog ar gapel Ysgoldy yn ymyl Deiniolen, bardd, a gŵr arbennig o fwyn a thyner. 'Roedd pobol ac anifeiliaid ac adar yn hoff ohono. 'Bûm yn llygad-dyst ohono'n gofyn benthyg ysgol ac yn edfryd cyw jac do oddi ar lawr i'w nyth mewn corn simnai ym mhentref Brynrefail,' meddai Williams Parry. Mae T. Gwynn Jones yn adrodd straeon tebyg – am ehedydd cloff a wnâi ei gartref mewn bocs yng nghongl ei stydi. 'Roedd Alafon a Gwynn Jones yn gyfeillion agos, byth er 1902 pan ddaethai Alafon yn ail – ail go bell, petai waeth am hynny – am awdl ar 'Ymadawiad Arthur'.

Mae Edward Ffoulkes (1850–1917), y trydydd o'r drindod, yn llawer llai adnabyddus. Ni welais ei enwi ar unrhyw restr o wŷr enwog sir nac ardal, ac nid yw hynny'n rhyfedd. Un yn caru'r encilion ydoedd. Ac eto yr oedd iddo ei le, a hynny o wythdegau'r ganrif ddiwethaf ymlaen, ymhlith hyrwyddwyr anamlwg y deffro yn llenyddiaeth Cymru. 'Merely a lover of literature who has produced a few odd pieces', meddai'r goruchwyliwr chwarel hwn amdano'i hun wrth anfon dwy soned Saesneg o'i waith ar gyfer casgliad o sonedau yr oedd rhyw Barchedig John Isabell o Padstow wrthi'n ei hel ynghyd yn 1886. Carwr llenyddiaeth tra ymroddedig, ddywedwn i – un a oedd wedi ei drwytho ei hun yng ngwaith Wordsworth a Tennyson a'r rhamantwyr Saesneg. Yn 1883 yn *Y Geninen* cyhoeddodd gyfieithiad o soned enwog Shelley, 'Ozymondias':

> Mi gwrddais deithiwr o hen wledydd draw,
> Ac eb efe: 'Dwy enfawr goes o faen
> A safant yn yr anial . . .

Disgrifiodd Williams Parry ef mewn soned a luniodd pan fu farw yn Hydref 1917, soned goffa i un o arloeswyr y soned yn y Gymraeg. Soniodd am ei gariad at geinder:

> Fe garodd bob rhyw geinder is y rhod
> Mewn natur, mewn celfyddyd, ac mewn dysg.

Soniodd hefyd am nodwedd arall y buasai ef, o bawb, wedi ei gwerthfawrogi:

> Yntau mewn llawer myfyr wrtho'i hun,—
> A'r deall sydd o'r galon yn ei wedd,—
> Gerddodd anghysbell ffyrdd, can's i'r fath un
> 'Roedd rhodio'n orffwys, a myfyrio'n hedd.

Tu ôl i'r llinellau yna mae atgofion am sgyrsiau ar aelwyd Erw Fair, Llanberis gydag Edward Ffoulkes ac am y sgwrsio gydag ef ac Alafon. ''Rwyf yn cofio fel petae'n ddoe mor anodd oedd gan Alafon ac yntau wahanu ar ôl sgwrs felys wedi dod allan o bwyllgor Eisteddfod Llys Dinorwic, pan hebryngem eich tad hyd lannau'r llyn i gyfeiriad Llanberis,' meddai Williams Parry mewn llythyr cydymdeimlad a anfonodd yn 1917 at Annie Ffoulkes, merch Edward Ffoulkes, a golygydd y flodeugerdd *Telyn y Dydd* (1918).

Yn y gwŷr hyn, ac yn Annie Ffoulkes hefyd, cafodd Williams Parry eneidiau hoff cytûn a roddodd flas arbennig ar y ddwy flynedd ym Mrynrefail. Yn eu cwmni hwy, wrth grwydro llwybrau'r ardal ac wrth sôn am y farddoniaeth Gymraeg newydd a gwaith y rhamantwyr Saesneg, cafodd ei awydd i lenydda ddaear ffafriol i ffynnu ynddi. Ac fe ffynnodd. 'Os bûm i fardd erioed,' meddai ef ei hun wrth ddwyn i gof ddyddiau Llanberis, 'dyna'r pryd y bûm; ac i'm cydymaith doeth – Madoc Jones – a'm cylchfyd rhamantus y pryd hwnnw yr wyf i ddiolch am ysbrydoliaeth.' Mae Annie Ffoulkes wedi sôn yn ddigon tebyg am y blynyddoedd hyn yn ei hanes. Wrth ddarlithio ar lenyddiaeth Gymraeg ddiweddar yng Ngholeg Harlech yn 1928, fe nododd hi dair cynneddf ar Williams Parry a oedd yn ei wneud yn unigryw ymhlith beirdd Cymru. Yn gyntaf, meddai, 'roedd ganddo 'galon yn llawn o symlrwydd naturiol, yn debyg i galon plentyn'. Yn ail, 'roedd ei 'hoffter angerddol o natur'. Yn drydydd, 'y mae yn llawn o'r hyn a elwir yn Ffrangeg yn *la joie de vivre*. Y mae ganddo flas at fyw.' Neu dyna sut un ydoedd, meddai, 'pan oeddwn i yn ei adnabod yn dda', sef yn ystod ei ail flwyddyn yn Llanberis ac am ychydig flynyddoedd ar ôl hynny.

5

Bardd yr Haf, 1909–1910

'ROEDD John Morris-Jones ym Mawrth 1908, 'roedd Dyfnallt bymtheng mis cyn hynny, wedi dweud fod y gadair genedlaethol o fewn cyrraedd Williams Parry. Yn awr yn Llanberis aeth ati i'w hennill. Cynigiodd yn 1909 yn Llundain ar destun 'Gwlad y Bryniau'. Mae'r ffugenw a arddelodd yn un diddorol. 'Y Gorwel Gwyn', 'Y Gwenith Gwyn', 'Ewyn y Don' oedd ei ddewis y trithro blaenorol. Y tro hwn 'Alastor' ydoedd, sef teitl un o gerddi cynnar Shelley am y bardd hwnnw:

> When early youth had passed, he left
> His cold fireside and alienated home
> To seek strange truths . . .

'Roedd Williams Parry yn ildio fwyfwy i swyn y canu rhamantaidd newydd.

Bu bron, bron i gerdd 'Alastor' lwyddo. Yn wir, ychydig cyn yr eisteddfod, a gynhaliwyd y flwyddyn honno ganol mis Mehefin, 'roedd si yn Arfon mai ef oedd am ennill. Mae Alafon yn sôn am hynny mewn llythyr at T. Gwynn Jones, yr enillydd. 'Y mae R.W.P.', meddai, 'wedi cymeryd ei godwm fel dyn, er mai bachgen ydyw o ran nwyf a theimlad, ac fod y siom yn gas ar y cyntaf, a'r gair ar led ei fod yn ennill.' Un peth a leddfodd y siom oedd y ganmoliaeth a gafodd gan y ddau feirniad. 'Y meistr mwyaf ar y gynghanedd o'r ymgeiswyr oll,' meddai John Morris-Jones amdano. 'Ni phetruswn ddweyd mai dyma'r cynghaneddwr goreu'n fyw,' ebe J.J. Williams cyn ychwanegu, 'Ni welsom erioed gymmaint o gryfder a thlysni wedi ymbriodi.' Cyfeirio yr oedd J.J. Williams at linellau fel y rhain i Eryri dan niwl:

3. Bardd 'yr haf'. *(Llun: J.O. Williams)*

> Delediw wlad oleu, wen,
> Wyd anwylyd y niwlen;
> Henfro'r brwyn a'r clogwyni
> A thud y tarth ydwyt ti;
> Yn dy niwlen deneulwyd,
> Ac yn dy wyn, geined wyd!

Neu'r rhain eto – y cadwodd y bardd rai ohonynt yn *Yr Haf a Cherddi Eraill* – yn sôn am seiniau lleddf nos yn y wlad:

> Ban bo'r hwyr ar ben y bryn
> Wyla'r awel o'r ewyn,

A'i dyri brudd drwy y brwyn
Geir o glegir i glogwyn:
Sugana'r hesg yn y waun
Alar hwyrol yr hirwaun,
A'i chŵyn, i gwm a cheunant,
Sieryd Nos o ryd y nant . . .
Mud yw'r dôn ymado'r dydd
Uwch main tawelwch mynydd.
Tannau'r nant yn hwyr y nos,
A'r rhaeadr yw ei eos;
Cwynfan adar gâr y gwyll,
A su dieithr nos dywyll.

(*HChE*, XX)

Tlysineb melodaidd rhai rhannau oedd cryfder awdl 'Alastor', *tour de force* bardd ifanc yn ymhyfrydu yn adnoddau'r iaith ac yn tynnu ar ei gwrs Cymraeg ym Mangor i wneud hynny. Mae ffurfiau Cymraeg Canol fel *gware* a *gorug* ganddo oherwydd eu gwerth seiniol, a geirfa'r hen lenyddiaeth hefyd, pethau fel *eddi, pali, oed, dwsmel*. Yn yr un modd mae'n dyfynnu llinell o un o gywyddau serch Tudur Aled a ddarllenodd yn *Gorchestion Beirdd Cymru* am fod hynny'n euro'i glytwaith. A dyna'i wendid. Clytwaith digynllun a luniodd.

Dywedodd ef ei hun wrth J. Llywelyn Williams ym Mangor nad oedd am gyhoeddi awdl 'Cantre'r Gwaelod' am y byddai arno eisiau ei hiwsio wedyn. Yn 'Gwlad y Bryniau' fe wnaeth hynny'n helaeth. Ac adnabu John Morris-Jones y llinellau a cheryddu'r ymgeisydd. 'Y mae'n ddyledswydd arnaf ddywedyd', meddai, 'i mi weled rhannau helaeth o'r awdl hon mewn awdl arall, lle'r oeddynt yn cymeryd eu lle yn llawer gwell. Ni buasai raid i'r ymgeisydd ladrata arno'i hun. Y mae ganddo ddigon o ddawn.' Fel yr oedd, meddai'r Athro, 'yn lle un gân, rhyw gasgliad didrefn sydd yma o fân ddarnau digyswllt, llawer o honynt yn odidog'.

Dweud yr oedd John Morris-Jones a J.J. Williams fod Williams Parry wedi gorffen ei brentisiaeth fel cynganeddwr. 'Roedd hynny'n ei blesio. 'Roedd yn fodlon iawn hefyd mai T. Gwynn Jones, yn anad neb arall, a oedd wedi ei guro, a phan wahoddwyd ef gan Alafon i fynd i gyfarfod o Glwb Awen a Chân yn y Queen's Cafe, Caernarfon ar 1 Gorffennaf i longyfarch Gwynn Jones ac aelodau eraill y Clwb a oedd wedi ennill gwobrau llenyddol yn Eisteddfod Llundain fe aeth yn llawen. 'Roedd y cyfarfod hwnnw'n un go arbennig i'r Clwb llenyddol newydd. 'Roedd pump o enillwyr Eisteddfod Llundain yno – T. Gwynn Jones, wrth gwrs, un o sylfaenwyr y Gymdeithas; W.J. Gruffydd, bardd y goron; Alafon, yr enillydd ar y cywydd; Gwynfor, yr actor, a enillodd ar ddrama fer; ac E. Morgan Humphreys, y buddugol am nofel hanesyddol. Yn y cyfarfod yma, am y tro cyntaf yn ei fywyd, fe'i cafodd Williams Parry ei hun yng nghanol criw o wŷr llên blaenllaw. Mwynhaodd y profiad a daeth yn gyflawn aelod o Glwb enwog Anthropos. Ychydig fisoedd yn ddiweddarach, yn Nhachwedd 1909, 'roedd yn helpu'i gyd-aelodau i dalu teyrnged i T. Gwynn Jones a oedd yn gadael Caernarfon a Swyddfa'r *Genedl* i fynd yn gatalogydd i'r Llyfrgell Genedlaethol. Adrodd cerdd a wnaeth Williams Parry, y gerdd rydd gynharaf o'i waith y gwn i amdani, sef 'Cathl y Gair Mwys':

> Gresyn, gresyn i Gaernarfon
> Golli'i henw da yr awron.
> Beth mewn difri ddaw ohoni
> Heb ddim Gwyn yn aros ynddi? . . .
>
> Yn yr Orsedd ddydd Eisteddfod
> Gwisga'r Awen liwiau hynod,
> Ond yn ei Gwyn y cân hi ora'
> Gerddi'r Mabinogion bora' . . .

Chwarae ar ystyron y gair *gwyn* yw'r amwysedd, fel y gwelir, ac yna gorffen yn grafog, gellweirus.

> Mae Cyngor Tref yn Aberystwyth
> Sy'n pardduo enw'r tylwyth,
> Ond coltaried a goltario
> Bydd un Gwyn beth bynnag yno.

Mae'r gerdd, er ei hysgafned, yn arwydd fod ei hawdur, yng ngolwg cnewyllyn go dda o'r gwŷr llên mwyaf blaengar, yn awr yn rhan o'r *scene* lenyddol yng Nghymru. 'Roedd teimlo hynny'n gefn iddo. Ac 'roedd cwrdd â T. Gwynn Jones a W.J. Gruffydd a bod yn rhan o'u sgwrsio yn help i gryfhau ei hyder yn y cyfeiriad newydd yr oedd ei farddoni ef ei hun yn datblygu ar hyd-ddo.

Yr adeg honno âi blwyddyn heibio cyn cyhoeddi cerddi buddugol yr Eisteddfod yn eu cyfanrwydd yng nghyfrol y cyfansoddiadau. Y cyfan a geid i aros pryd oedd y beirniadaethau – yn cynnwys dyfyniadau – mewn papurau newydd fel *Y Brython* a'r *Genedl*. I'r llengar effro 'roedd y drefn yn un anfoddhaol sobor. 'Roedd yn rhaid aros am fisoedd cyn gweld cerdd fuddugol, oni ellid rywsut yn y cyfamser daro ar drefniant preifat i gael gafael ar gopi. Yn naturiol 'roedd Williams Parry ar dân eisiau gweld y gerdd a'i trechodd, cerdd y dywedodd J.J. Williams amdani ei bod yn 'codi'r Awdl o'r hen rigolau' ac o ran 'nerth dychymyg, cyfoeth iaith, a mireinder llenyddol' yn dlysach nag undim a ddarllenodd. 'Roedd

Gwynn Jones wedi rhoi copi o'i awdl i Alafon. Cafodd Williams Parry fenthyg hwnnw. Fe'i cyfareddwyd. 'Roedd y gerdd hon yn yr un byd â cherddi Keats a Shelley. Trwythodd ei hun ynddi. 'Bu y copi a gefais gennych o'ch awdl yn ei gadwraeth yn hir, ac fe yfodd yn helaeth o'i hysbryd a'i harddull,' meddai Alafon wrth ei hawdur.

Ffrwyth uniongyrchol y trwytho yma oedd ei awdl nesaf, ar gyfer Eisteddfod Genedlaethol Bae Colwyn. Yn Llanberis ddechrau haf 1910 y cyfansoddodd honno; o leiaf, yno y dechreuodd ei llunio. Soniodd Rob Williams, y Waun-fawr, am atgofion pobol yr ardal am Williams Parry 'yn treulio nosweithiau haf 1910 yn ysgrifennu yn ddibaid yng nghysgod coedydd y Muriau ar dir Brynderw', lle lletyai. Ond âi adref i Dal-y-sarn hefyd, i fwrw ambell Sul a thros y gwyliau, ac yn ôl tystiolaeth Richard Williams, a ddaeth yn frawd yng nghyfraith iddo, byddai'n ei gau ei hun yn ei stafell – rŵm Bob, fel y gelwid hi – ac yn ymroi'n llwyr i gyfansoddi, 'heb fwyta fawr mwy nag wy wedi ei guro'.

'Roedd yn rhoi ei bopeth yn yr awdl yma. Diffyg cynllun oedd gwendid 'Gwlad y Bryniau'. Y tro hwn nid canu am wahanol weddau ar y pwnc a wnâi ond datblygu thema. Haf oedd y testun. Yn hytrach na disgrifio pethau'r haf, fel y gwnaethai yn awdl Ffestiniog, canolbwyntiodd ar yr hyn yr oedd haf yn ei gynrychioli. Anterth bywyd ydoedd – natur ar ei heithaf, ie, ond anterth serch ac ieuengrwydd hefyd. Ond 'roedd haf a serch ifanc yn oeri a gwywo. Yn y darfod yna y cafodd Williams Parry ei thema. Sut yr oedd dygymod â darfod-edigrwydd ac â'r ffaith fod haf yn marw?

I'w fam a'i dad a'u tebyg 'doedd hyn ddim yn broblem oherwydd iddynt hwy dros dro yn unig yr oedd pethau'r byd yma. Perthyn i fyd arall yr oedd anfarwoldeb. 'Roeddynt hwy'n credu mewn Atgyfodiad a Nefoedd a Bywyd Tragwyddol. Ond erbyn 1910 'roedd gafael Williams Parry ar ffydd ei dad a'i deidiau yn simsanu a gwegian, ac o'r herwydd 'roedd darfodedigrwydd natur a dyn yn broblem ac yn boen iddo. Fe allai, bid siŵr, anwybyddu'r ansicrwydd ac ymollwng i fwynhau'r presennol yn heriol. Dyna a wnaethai W.J. Gruffydd yn 'Awr yr Allt' mewn cerdd yr oedd gan Williams Parry feddwl mawr ohoni:

> A beth os yw fy Nefoedd oreu i
> Yn gorwedd yn dy Fynwes stormus di?
> Mi dynnaf ati pe bai Daer a Nef
> Yn cynnig imi'n hytrach Werth eu Bri.

Ond wedyn deuai munudau o ofni'r diwedd, o brofi fel Keats: 'When I have fears that I may cease to be', o hel meddyliau ynghylch heneiddio. Yr adegau hynny 'roedd yn rhaid wrth ryw gysur gwahanol i hwnnw a gynigiai'r ddiwinyddiaeth y magwyd ef ynddi. Atgof oedd un ateb, y blas o haf y gellid ei gadw yn y cof ar gyfer y gaeaf. 'Roedd atgof yn ffordd i'r unigolyn ddygymod â darfodedigrwydd pethau o'i gwmpas yr ochr yma i farwolaeth. Cysur arall oedd y Gobaith y canodd Shelley amdano yn ei gerdd i orllewinwynt hydref: 'O Wind, / If Winter comes, can Spring be far behind?' 'Roedd gofid o raid yn dilyn colli, ond yn y man deuai gobaith y byddai haf eto.

Y pethau hyn oedd deunydd y gerdd a ganai, tryblith syniadau dyn ifanc wedi colli'r hen sicrwydd mewn Rhagluniaeth ddaionus ac yn ymbalfalu am ateb i'r cwestiynau a'i blinai yng ngwaith y beirdd rhamantaidd. Yn raddol gwaddododd y syniadau'n gynllun triphlyg. Haf Serch oedd y cychwyn a'r canol: dyna oedd y testun. Wedyn Marw Serch, a gofid a galar yn disodli gorfoledd. Ac yna'n drydydd, Haf Dihenydd bytholwyrdd yr optimydd a ddysgodd werth gobaith. Ond arhosai'r broblem o droi cynllun o syniadau yn awdl.

Yn 'Gwlad y Bryniau' T. Gwynn Jones y cafodd arweiniad. 'Roedd Gwynn Jones yn honno wedi creu awyrgylch canoloesol hydrefol a chyflwyno cymeriadau rhithiol yn llefaru, yn union fel y gwnaethai'r beirdd rhamantaidd Saesneg. Mabwysiadodd Williams Parry y ddyfais. Consuriodd Frawd Llwyd a Brawd Gwyn i rybuddio'r bardd ifanc am freuder einioes ac am yr angen i gyrchu tua Pharadwys, a rhoi cyfle iddo yntau eu hateb. Dychmygodd 'ŵr llwyd' yn galaru am farw'r rhiain a garodd a chlywodd lais y rhiain yn gofidio yn ei phenwynni am fod angerdd serch wedi pallu. Fel hyn yr ymgorfforodd ei synfyfyrion a lle o fewn ei fframwaith i nifer o gerddi serch cyfareddol.

Gan Gwynn Jones hefyd y cafodd ei fesur. 'Mi a ladrateais eich mesur heb ofyn eich cennad,' meddai mewn llythyr ymddiheurol at Gwynn Jones. 'Lluniaswn ychydig linellau yn eich Mesur fel *experiment*', ar ôl cael benthyg copi gan Alafon. 'Yn ebrwydd cymerodd y fath afael ynof fel nad allwn feddwl am ganu englynion, etc.' 'Roedd Mesur Llundain yn cynnig unoliaeth fydryddol a oedd yn cyd-fynd â'i thema. Yn yr un llythyr cydnabu ei ddyled ehangach:

> Nid yn unig am ffurf yr Awdl yr wyf yn ddyledus i chwi, ond hefyd am hynny o awyrgylch sydd ynddi. Pe darllenech hi, gwelech beth a olygaf yn union . . . Ond y cwestiwn mawr ydyw, – a fyddwch chwi'n filain am imi gymeryd mantais ar eich athrylith chwi, ynte a fyddwch yn falch o weled disgybl digon gwylaidd yn gweled eich gwerth ac yn ceisio eich efelychu? Credaf, os gwn rhywbeth amdanoch, mai'r diweddaf sydd wir.

'Un arall', meddai, 'yr wyf wedi ei ddynwared i raddau yw Mr W.J. Gruffydd. Ond sut y gallwn lai? Onid oeddwn wedi'm trwytho'n anobeithiol ynoch eich dau?' 'Does ryfedd yn y byd i Williams Parry, ar ddechrau *Yr Haf a Cherddi Eraill* yn 1924, gydnabod ei ddyled 'yn olaf, ond yn bennaf i esiampl fy meistr llenyddol, Thomas Gwynn Jones'.

Cerdd drwyadl lenyddol oedd yr awdl a luniodd, cerdd yn ymgodymu â phroblemau bywyd trwy ymateb i farddoniaeth, a chan hynny cerdd esthetaidd. Nid oedd sôn am ardal Llanberis ynddi. Ac eto yn yr awdl yr oedd yna gyffyrddiadau cyfoes pendant. Dyna'r darlun o'r Brawd Gwyn, er enghraifft. Bod annelwig yw'r Brawd Llwyd. Ni ddywedir dim am ei wedd na'i olwg. Ond disgrifir y Brawd Gwyn yn fanwl:

> Gwelwn o'r allt ei wallt du
> Arglwyddaidd, gyda'r gloywddu
> Gudynau, ag o danyn'
> O bryd a gwedd y Brawd Gwyn.
> Llwydliw eigion oedd i'w danllyd lygad,
> Ac ar ais y gŵr 'roedd croes ei gariad.

Portread oedd hwn o'r Parchedig Howell Harris Hughes, gweinidog capel Princes Road, Lerpwl, a phregethwr a'i ddylanwad ar y pryd, 'pan oedd yr hen uniongrededd wedi colli ei gafael ar lawer' (chwedl *Y Blwyddiadur* am 1958), yn fawr iawn ymhlith yr ifanc. A Rhiain yr Haf hithau, y

> ddyn ieuanc ddeunawoed
> A'i threm yn llewych i'w throed.

Gwyddai rhai o gydnabod Williams Parry mai Jennie Roberts o Lanberis – Jini Diws i'w chyfoedion – a oedd gan y bardd yn ei feddwl. 'Roedd hi'n ddisgybl yn Ysgol Brynrefail ac yn ferch arbennig o hardd, a dotiai Williams Parry – o bell – ati.

Gorffennodd yr awdl a'i dangos i Alafon. 'Roedd hwnnw'n ffyddiog y buasai'n ennill, yn ddigon brwd ei ymateb i gael ei sbarduno ei hun i roi cynnig, ar y funud olaf, ar y bryddest er mwyn cipio'r goron hefyd 'i'r fro yma'. Ond ansicr iawn oedd yr awdur. Ofnai fod ei gerdd yn rhy ddieithr o ran thema a mesur i fodloni'r beirniaid. Petai John Morris-Jones yn beirniadu buasai rhyw obaith. Ond tri o'r hen ysgol – Dyfed, Berw a Phedrog – oedd y dewis ym Mae Colwyn. Pryderai o ddifri fod ei awdl yn rhy newydd iddynt a bu ond y dim iddo beidio â'i hanfon i'r gystadleuaeth. John Llywelyn Roberts o Ben-y-groes yw'r tyst am hyn, wrth iddo gofnodi sgwrs a gafodd gydag Idwal Jones, ffrind mawr i Williams Parry.

'Roedd y gerdd wedi ei chwblhau a'r awdur yn dangos copi blêr ohoni i Idwal Jones a John Evan Thomas, un arall o'i ffrindiau, wrth Bont Criwia rhwng Pen-y-groes a Thal-y-sarn un noson. Swynwyd y ddau wrth ei darllen a dywedasant hynny. Ond 'doedd dim troi ar

Williams Parry. 'Roedd ef wedi penderfynu mai ei gwrthod a gâi gan y beirniaid a dyna ben arni. 'Doedd dim pwynt afradu stamp i'w phostio. Gwylltiodd John Evan Thomas yn gudyll. 'Oedd beidio â bod yr awdur yn dechrau colli arno'i hun?' meddai. Yn y diwedd perswadiwyd Williams Parry i feddwl uwchben y mater am wythnos ac yna caent seiat arall. Pan ailgyfarfuwyd 'roedd yn dal at ei bethau yr un mor bendant a bu'n rhaid i John Evan Thomas fygwth rhoi pen am byth ar eu cyfeillgarwch cyn iddo ildio a chymryd ei berswadio i'w chyflwyno. 'Roedd hi'n ganol Gorffennaf. Fe'i postiodd i Fae Colwyn gan ychwanegu nodyn ar ei diwedd – 'Tueddwyd fi i ganu ar y Mesur uchod gan Awdl Cadair Llundain 1909, yr hon y cefais y fraint o'i darllen.'

Aros wedyn am ddeufis. Ac o dan y drefn oedd ohoni y pryd hynny 'roedd yn aros poenus gan nad oedd yr Eisteddfod yn gwneud dim i roi gwybod ymlaen llaw i'r enillydd. Mae dau delegram oddi wrth O. Llew Owain, un arall o gyfeillion Williams Parry yn Nyffryn Nantlle, yn cyfleu cyffro'r disgwyl. Fe'u hanfonwyd o Fae Colwyn ddydd Mercher, 14 Medi, y diwrnod cyn y cadeirio. 'Nothing definite. Bright weather. Wire later,' meddai'r cyntaf, am bum munud wedi deuddeg. 'Have found room for you,' meddai'r ail, awr a hanner yn ddiweddarach. 'Roedd Llew Owain wedi cael gwynt fod popeth o'r gorau ac yn rhoi gwybod mewn rhyw fath o gôd i Williams Parry.

Daeth pnawn Difiau, y pymthegfed. Erbyn un 'roedd pafiliwn yr Eisteddfod yn orlawn a'r Orsedd yn eu gwyrdd, glas a gwyn ar y llwyfan, yn llai ei nifer na heddiw ac yn llawer llai trefnus. Dyfed, yr Archdderwydd, a draddododd y feirniadaeth. O'r pedair awdl ar ddeg, meddai, yr oedd cân serch 'Llion' yn torri llwybr newydd. 'Roedd 'yn drymach, ac yn gyfoethocach' na'r gweddill 'ac yn haeddu i'w hawdwr yr anrhydedd o eistedd yng Nghadair Eisteddfod Genedlaethol Colwyn Bay'. Galwyd ar 'Llion' i godi. Ond ymh'le yn y dyrfa yr oedd yr enillydd? 'Buwyd dipyn o amser cyn ei weled,' meddai gohebydd yn *Y Faner*, gan ychwanegu, 'Yr oedd y bardd lleiaf o ran corph a welais yn cael ei gadeirio.' Pwysleisia'r papurau eraill i gyd mor ifanc yr edrychai. 'In appearance,' ebe'r *Liverpool Daily Post*, 'Mr Parry seemed to be the most youthful bard ever chaired at a national gathering.' Chwyddo ymateb y dorf a wnaeth hynny. 'Yr oedd y brwdfrydedd yn fawr a chyffredinol pan welwyd bachgen ifanc mor syml a dymunol yr olwg yn cerdded tua'r gadair,' meddai Alafon, un o'r ddau a oedd yn ei gyrchu i'r llwyfan (ar ôl dod yn ail ddydd Mawrth am y goron).

Ber oedd y seremoni. Ychydig dros hanner awr ac yr oedd drosodd a'r llwyfan wedi ei glirio ar gyfer anerchiad David Lloyd George, y llywydd. Am 1.52 'roedd Williams Parry'n anfon telegram adref i'w rieni. 'Have just been chaired Bob,' meddai. Aeth y neges fel tân trwy'r dyffryn a chyn pen dim 'roedd trefniadau ar y gweill i'w groesawu ar

stesion Nantlle y noson wedyn. Pan gyrhaeddodd 'roedd y pentre i gyd
yno. Cariwyd y gadair o'r trên a'i rhoi ar lori Richard Jones y Glo,
gosodwyd y bardd i eistedd ynddi, a rhoi O. Llew Owain a oedd wedi
ennill am draethawd ar Lew Llwyfo, i sefyll wrth ei ochr, ac yna ymaith
â'r orymdaith – y lori'n cael ei thynnu gan gyfeillion a band Nantlle ar
y blaen yn chwarae 'See the conquering hero'. O flaen Rhiwafon
cynhaliwyd cyfarfod dathlu – Hywel Cefni, yn llywyddu, a Meiwyn
Jones, ei hen brifathro, David Thomas, a ddaethai i Dal-y-sarn yn
athro, a'i ddau gyfaill Idwal Jones a John Evan Thomas, yn cyflwyno'u
cyfarchion. Dau englyn oedd gan David Thomas; dyma'r ail ohonynt:

> Nanlle frwd a ennill fri,—un fonllef
> Unllais rydd i Parri;
> Clyw agennog glogwyni
> 'Rhen Dal-sarn ei hadlais hi.

Drannoeth aeth Williams Parry i Ryd-ddu i ddangos ei awdl i 'Dewyth'
Harri. Ddechrau'r wythnos wedyn aeth i Lanberis i weld Annie
Ffoulkes a'i thad – a Madoc Jones, wrth reswm. Ym mhobman 'roedd
llawenydd calonnog. A chyrhaeddai'r llongyfarchiadau i Riwafon yn un
pentwr. Telegram oddi wrth T. Gwynn Jones a blesiodd Williams Parry
fwyaf. Ond y mwyaf diddorol o'r cyfarchion efallai, yw neges a ddaeth
o Ryd-ddu ymhen deg diwrnod, oddi wrth T.H. Parry-Williams, ei
gefnder. Dau gwpled ydoedd:

> I awyr well y bell bau
> Y cyrch y doeth,—cyrch dithau!
> Ffleia, os byw, at ffwl spid
> I Ryd-ddu ar d'addewid.

6

Un o Facwyaid Llên Cymru, 1910–1912

'YR HAF' oedd pumed awdl Williams Parry mewn pedair blynedd. Hi hefyd oedd y fwyaf personol o ddigon o'i gerddi hyd yma. Rhoesai ei bopeth yn hon, ei orfoledd a'i bryderon, heb boeni am geisio plesio'r beirniaid o ran mesur na dim. Yn naturiol, 'roedd wrth ei fodd pan wobrwywyd ei gerdd ym Mae Colwyn.

Croesawyd y dyfarniad yn frwd hefyd ymhlith y llenorion iau yng Nghymru. Yn eu golwg hwy 'roedd cadeirio 'Llion' am awdl 'Yr Haf' yn fuddugoliaeth o bwys yn y rhyfel rhwng yr Hen a'r Newydd a oedd yn cyrraedd ei anterth ar yr union adeg yma. Dros nos, fel petai, daeth Williams Parry yn arwr i blaid y Newydd yn y rhyfel.

'Roedd cychwyn yr helynt yn hen beth, yn mynd yn ôl i 1896 pan gyhoeddodd John Morris-Jones ar dudalennau Cymru nad oedd Gorsedd y Beirdd yn hen ac mai 'ffugiaeth ddichellddrwg' Iolo Morganwg a oedd tu ôl iddi. Yn y fan a'r lle wele un o gynrychiolwyr y Brifysgol newydd yn cyhuddo hoelion wyth y bywyd llenyddol Cymraeg o arddel safonau coeg ynglŷn â dysg a hanes. Chwe blynedd wedyn condemniodd John Morris-Jones ddiffyg safonau ynghylch natur barddoniaeth yr un mor chwyrn. Canlyniad hyn oedd i ddwy garfan bendant ddod i fod. Ar y naill eithaf 'roedd sêt fawr yr Orsedd a'r Eisteddfod, gyda'u hawdlau a'u pryddestau difrifddwys, trwm. Ar yr eithaf arall 'roedd John Morris-Jones a'r beirdd iau a'i dilynai ef. Ar y delyneg ac ar ganu am ramant a serch yr oedd pwyslais y rhain, ac ar droi am esiampl ac ysbrydiaeth at lenorion estron a llenyddiaeth Gymraeg yr Oesoedd Canol. Gwgai'r naill blaid yn barhaus ar y llall, chwyrnent ambell dro, weithiau torrent i gyfarth yn gyhoeddus, ond heb dynnu gwaed – o leiaf hyd at 1907.

Ym Mawrth y flwyddyn honno lansiwyd cylchgrawn newydd Saesneg, The Nationalist, a'i nod – yn rhannol, beth bynnag – ar hybu llenyddiaeth Gymraeg. Ei olygydd oedd T. Marchant Williams, bargyfreithiwr, bardd, cadeirydd Cyngor Cymdeithas yr Eisteddfod Genedlaethol ac aelod selog o'r Orsedd. Am ryw reswm 'roedd enw John Morris-Jones fel clwt coch i darw yng ngolwg Marsiant. Yn ei gylchgrawn daliodd ar bob hanner cyfle i'w gernodio mor bigog fyth ag y gallai. 'This is a book of hand-made paper and "machine-made" poetry. The paper will live . . .', meddai ar ddechrau adolygiad o *Caniadau* yn 1907. 'From Iolo Morganwg down to Professor John Morris-Jones of Llanfairpwllgwyngyll – what a drop!' meddai ar achlysur arall. A châi llenorion eraill a gytunai â John Morris-Jones eu fflangellu'r un mor gas, fel yn y pennill digon cocosaidd hwn yn 1909:

> Mae y wlad yn tuchan tuchan
> O dan orthrwm Boys Rhydychen;
> Pan y gwelaf hwy'n marchogaeth
> Ar y Wasg drwy'r Dywysogaeth,
> Galwaf hwynt yn 'Oxford Cowboys'
> Neu yn fath o 'Bow-wow-wow boys'.

Y cyfan oedd ei eisiau yn awr i danio'r ffrae oedd i'r cowbois daro'n ôl.

Gwnaethant hynny yn haf 1909. Yn *Y Genedl* am Awst 2, ymddangosodd erthygl yn cyhuddo'r Hen o rigio pethau yn Eisteddfod Bae Colwyn. 'Nid oes dim amlycach', meddai'r awdur dienw, 'na bod dwy ysgol ym myd llenyddiaeth Cymru heddiw,' ac aeth rhagddo i ddisgrifio'r ddwy: 'Ar un llaw ceir y beirdd: ar y llaw arall ceir y dosbarth mawr ac amleiriog sy'n meddwl mai diwinyddiaeth ail-radd ac athroniaeth salach na hynny ydyw barddoniaeth.' Ar ôl methu lladd y Newydd gyda'u hymosodiadau, 'roedd yr Hen wedi mynd ati'n fwriadol i drefnu beirniaid o'u plith eu hunain ym Mae Colwyn. Mae'n wir fod Dyfed, 'er mai i'r hen ysgol y perthyn, yn fardd ac yn gwybod beth yw barddoniaeth'. 'Roedd Gwili'n iawn, 'ond am ei fod yn Fedyddiwr y penodwyd ef . . . ac nid am ei fod yn fardd'. Ond am y lleill – Pedrog, Berw, Cadvan, Gwynedd! 'Doedd ganddynt ddim cymhwyster o fath yn y byd i feirniadu barddoniaeth:

> Gwyddom o'r gorau mai yr hyn fydd yn dderbyniol ganddynt hwy fydd clec cynghanedd, syniadau cyffredin, diwinyddiaeth wrth y llath, ac athroniaeth ddimai. Bydd rhamant, a lliw, a cheinder, a newydd-deb yn anathema.

Tua'r un pryd ymosododd W.J. Gruffydd, dan ei enw ei hun, ar y pwyllgorwyr philistaidd oedd yn dewis beirniaid fel hyn, gan fynnu fod 'gan y groser llwyddiannus a'r dilledydd sydd wedi ymneilltuo ormod i'w ddweud o lawer ynglŷn â materion yr Eisteddfod Genedlaethol'.

'Roedd y saim yn y tân, chwedl pobol Môn. Cydiodd y wasg

anllenyddol yn y dadlau a megino'r helynt. 'Is there peace?' ebe pennawd *Daily Post* Lerpwl ar 16 Awst uwchben ysgrif yn disgrifio'r gwrthdaro mewn termau dramatig a lliwgar. 'Roedd diddordeb papurau eraill yr un mor fyw. A chytunent i gyd y ceid ymrafael go iawn yn yr Eisteddfod ym Mae Colwyn.

Ac fe'i caed. Fore Mawrth, y diwrnod llawn cyntaf ymosododd yr Archdderwydd Dyfed oddi ar y maen llog ym Mhenrhos ar y rheini a oedd yn meiddio halogi'r Orsedd. O lwyfan y pafiliwn yn y pnawn wedyn, yn ei feirniadaeth lafar ar gerddi'r goron, cyfeiriodd Cadvan yn bigog at y 'bechgyn' ymhlith yr ymgeiswyr, gan anelu cernod at feirdd yr ysgol newydd. Ac yna fore Iau, yn anerchiad 'Marsiant' oddi ar y maen llog, daeth yr ymosodiad llawn. 'Rhyw ychydig o fechgyn sydd yn codi'r twrw i gyd,' meddai, 'criw o upstarts . . . yn gwisgo cotton knickerbockers tailor-made o wneuthuriad teilwriaid Aberystwyth, Caerdydd a Bangor', yn hytrach nag arddel 'siwt o frethyn cartref Cymreig'. Yn naturiol, chwarddodd y gynulleidfa am ben y to iau.

Bedair awr yn ddiweddarach 'roedd pethau'n dra gwahanol. Y tro hwn 'roedd cynulleidfa fwy o lawer yn frwd eu gwrogaeth i'r ieuengaf o'r 'bechgyn' a oedd yn eistedd ar ei gadair o'u blaen, wedi ei osod ynddi gan ddyfarniad unfrydol tri o gynrychiolwyr mwyaf gwydn yr hen do, sef Dyfed, Berw a Phedrog. Daliodd y wasg ar arwyddocâd y peth. 'His success is hailed with keen satisfaction by Gorsedd Critics,' ebe'r *South Wales Daily News*. 'Perthyn R. Williams Parry i'r ysgol newydd o feirdd ac y mae'n ddisgybl i John Morris Jones', meddai'r *Faner*. 'Roedd un o 'upstarts' Bangor ac un o gywion John Morris-Jones wedi ennill y gadair gyda cherdd 'newydd' ei mydr, ei hieithwedd a'i dull ac wedi gorfodi tri o 'stalwarts' yr Orsedd i gydnabod ei ragoriaeth.

Ceisiodd rhai o blith yr Hen daro'n ôl. Yn *Y Genedl*, 20 Medi, bum diwrnod ar ôl y cadeirio, mynnai Beriah Gwynfe Evans na chynhyrch-odd Eisteddfod Bae Colwyn undim o bwys. Drannoeth yn *Y Goleuad* aeth y Parchedig Evan Jones, Caernarfon, ymhellach fyth. Nid oedd cerdd Williams Parry yn awdl, meddai ef; dim ond dau fesur oedd ynddi a 'thwyll a rhagrith' oedd bloeddio 'Heddwch' wrth ei gwobrwyo. Gwrthatebodd yr Ysgol Newydd. Sgrifennodd John Morris-Jones lythyr i'r *Genedl* – ar gyfer rhifyn 4 Hydref – yn olrhain hanes yr awdl ac yn dangos na wyddai Evan Jones am beth yr oedd yn sôn. Rhywbeth tebyg i lyfr siamplau y trafaeliwr masnachol oedd awdl yn cynnwys y pedwar mesur ar hugain i gyd. Pan ganent o ddifri, detholiad o ychydig fesurau a geid gan yr hen feirdd bob amser a dyna'n wir oedd yr egwyddor a dderbyniwyd o 1819 ymlaen gan yr Eisteddfod. Aeth John Morris-Jones ymhellach a llongyfarch Williams Parry am gyfyngu ei ddetholiad ef i ddau fesur. 'I'm tyb i,' meddai'r Athro, 'da y gwnaeth bardd y gadair eleni ddewis cynllun trefnus yn lle chaos mydryddol yr odlau diweddar trwy lunio pennill o ddau fesur a'i gario trwy ei gerdd.'

Wythnos cyn y llythyr hwn, eto yn *Y Genedl*, rhifyn 27 Medi, troesai Llew G. Williams, Pen-y-groes, un o gyfeillion Williams Parry, ar Beriah Gwynfe Evans am ei ragfarn ar gynhyrchion Bae Colwyn. Dim gwaith o bwys, wir? 'Fel un a gafodd y pleser o ddarllen yr awdl . . . medraf ddywedyd fod yr Eisteddfod eleni wedi cynhyrchu barddoniaeth o safon anhraethol uwch nag a gynhyrchwyd mewn llu o Eisteddfodau yn y gorffennol.' 'Roedd Llew G. Williams yn datgan hyn flwyddyn cyn i Gymdeithas yr Eisteddfod, yn ôl yr arfer yr adeg honno, gyhoeddi'r gerdd. Mewn geiriau eraill, yr oedd ef wedi cael benthyg copi personol gan Williams Parry.

Un arall a gawsai gopi oedd W. Hughes Jones. Athro Saesneg ym Methesda oedd ef, gŵr gradd o Rydychen, a'r beirniad llenyddol mwyaf bywiog yng Nghymru ar y pryd. Ers bron i flwyddyn bellach, dan yr enw Elidir Sais, 'roedd wedi bod yn cyhoeddi cyfres o ysgrifau yn Saesneg yn *Y Brython* ar lenyddiaeth Gymraeg, yn canmol y newydd, wrth gwrs, ac yn ceisio'n fwriadol dynnu ar feirniadaeth lenyddol Lloegr i godi safon trafod llenyddiaeth yng Nghymru. 'Roedd ef, mae'n amlwg, yn gwybod am awdl 'Yr Haf' cyn iddi gael ei gwobrwyo. Gofalodd am gael copi gan yr awdur, a lluniodd werthfawrogiad brwdfrydig a ymddangosodd ar ddalen flaen *Y Brython*, 22 Medi, wythnos union ar ôl y cadeirio. Yn yr ysgrif canmolodd fesur a thlysni'r gerdd. Uwchlaw popeth canmolodd yr angerdd a oedd ynddi: 'roedd Williams Parry wedi ymroi i ganu gorfoledd a gobaith Haf yn hytrach na bodloni ar ddim ond rhestru gogoniannau'r tymor yn amhersonol. 'It is', meddai Elidir Sais, 'not only a poem new in form, but new and striking in composition.' Er mwyn profi'r hyn a ddywedai, dyfynnodd yn helaeth, helaeth o'r awdl – hyd at 100 llinell a rhagor – a thrwy hynny rhoes i'r cyhoedd llengar eu golwg iawn gyntaf ar gerdd Williams Parry.

Erbyn y trafod hwn ar yr awdl, 'roedd dadl yr Hen *versus* y Newydd wedi datblygu i gyfeiriad arall. Mewn ymateb i'r ymosod ym Mae Colwyn, penderfynodd nifer o bleidwyr y Newydd yng nghylch Coleg Bangor ymffurfio'n gymdeithas. Dyma'r Macwyaid, cymdeithas hanner cudd a'i nod ar ledaenu syniadau newydd ynghylch llen-yddiaeth. Y prif aelodau oedd Elidir Sais, o Fethesda, Ifor Williams, darlithydd ifanc yn yr Adran Gymraeg ym Mangor a 'phrocrewr y mudiad' (yn ôl Eluned Morgan) a Thomas Shankland, llyfrgellydd y Coleg. 'Roedd Williams Parry, a oedd ar fin ailymaelodi'n fyfyriwr ym Mangor, yntau'n un o'r fintai. Mae ar gael gerdyn ato oddi wrth Elidir Sais yn ei wahodd i 'meeting of the Society on Thursday next at Colwyn Bay at 2.30' – yn syth ar ôl y cadeirio. Yn y cyfarfod hwnnw, mae'n ymddangos, cytunwyd i ddarparu cyfres o ysgrifau, neu 'Feddyliau' ynghylch llenyddiaeth, dan ffugenwau ar gyfer *Y Brython*, a rhoi'r dasg i Thomas Shankland, fel ysgrifennydd, drefnu'r ymgyrch.

Ysgrif Macwy Clwyd yn *Y Brython* 29 Medi oedd y cyfraniad cyntaf. Fe'i dilynwyd gan ysgrifau'r Macwy Pendew a Macwy'r Llwyn, sef Ifor Williams. Yn anochel bron, ymosodol oedd y cywair, gwrthymosod ar wŷr yr Orsedd ac yn arbennig ar 'Marsiant'. 'Roedd ef erbyn hyn yn gymaint o fwgan i'r Macwyaid ag oedd John Morris-Jones iddo yntau ac nid oedd dim da y gellid ei ddweud amdano. Cydiwyd yn ei gyfrol o gerddi, *Odlau Serch a Bywyd* – 'cyfrol anghyffwrdd . . . o liw saets', chwedl y Macwyaid – a mawr oedd yr hwyl a gaed yn gwawdio ei gwendidau. 'Coffeir fi o odlau anfarwol Bardd y Cregin-bysg o Borthaethwy,' meddai'r Macwy Pendew a bedyddiodd 'Marsiant' yn Archfardd Cocosaidd Tywysogol yn Urdd y Cocosiaid.

Yn rhifyn 20 Hydref o'r *Brython*, dan enw Macwy'r Tes, y caed cyfraniad cyntaf Williams Parry. Ateb yr oedd ddisgrifiad rhywun yn ei alw'i hun yn Henafgwr, yn rhifyn yr wythnos cynt, o nodweddion canu'r Bardd-Facwy – ei hoffter o eiriau fel *gwyddfid, pali, rhiain, eddi*, a'i orhoffedd o garwriaethau a phethau daearol. 'Gellir eistedd dan bren bedw, yn enwedig os bydd yno riain, ond oferedd yw eistedd dan Bren y Bywyd, am nad oes fwyalch ar ei frig,' meddai Henafgwr. 'Y mae ystyr i fywyd heblaw rhedeg ar ôl genod deunaw oed,' meddai ymhellach. Awdl 'Yr Haf' oedd yn ei chael hi gan Henafgwr, a dyna pam mai Williams Parry a'i hatebodd. Ond hyn sy'n ddiddorol: ychydig o ymosod sy'n ei ateb. Yn hytrach mae'n gafael yn yr hyn a ddywedodd y llythyrwr am eiriau fel *gwyddfid* a *pali* ac yn mynd rhagddo i drafod ieithwedd barddoniaeth. A chan mai dyma ddatganiad beirniadol cyntaf Williams Parry, a'r darn o ryddiaith cynharaf a gyhoeddodd, mae gofyn oedi gyda'i ysgrif.

A fynnai Henafgwr, meddai, 'i'r Bardd Newydd ei gyfyngu ei hun i dlodi ymadrodd y bedwaredd ganrif ar bymtheg', – hynny ydi, i'r math o iaith a ddefnyddiodd Williams Parry ei hun yn ei awdlau cynnar cyn iddo fynd i Goleg Bangor yn 1907? Mae'i ateb yn bendant. Mae'n dyfynnu geiriau Keats yn Lloegr gan mlynedd ynghynt, 'Glory and Loveliness have pass'd away'. Dyna'n union sut y teimlai ef a W.J. Gruffydd a'r lleill wrth ystyried barddoniaeth sefydliadol eu dydd, 'Mae'r golau a'r gwirionedd wedi mynd'. Ac yn union fel y troesai beirdd ifainc Lloegr i Roeg am ysbrydoliaeth ffres, troes y Macwyaid 'i Gymru hen'. Yno cawsant 'awyrgylch ac ysbryd ac ymadrodd newydd-hen y Mabinogi' i hoywi ac ailfywiogi eu cân. Cafodd ef a Gwynn Jones ragor na hynny: cawsant ffordd i adnewyddu'r gynghanedd hefyd a'i chodi o rigol. Meddai:

Nid wyf am hawlio lle i'r geiriau hyn ar gyfrif swyn eu tlysni anghyffwrdd, eu glendid gwyryfol, a'u purdeb chwaethig. Ymgymeraf â'u hamddiffyn o safbwynt *ymarferol*, a haeraf fod y newydd-deb ymadrodd hwn, nid yn unig yn addurn, ond hefyd yn anghenraid. Ynddo ef, ac ynddo ef yn unig, y mae iachawdwriaeth y Gynghanedd.

Iacháu'r gynghanedd, sylwer, ac nid troi cefn arni, fel y cyhuddai rhai o'r Hen y Beirdd Newydd o wneud. Mae'r hyn a ddywed Williams Parry ar y pen hwn yn werth ei ddyfynnu'n helaeth: mae'n amlygu safbwynt y glynodd ar hyd ei oes wrtho:

Un o feiau mwyaf gwaharddedig cynganeddiad unrhyw awdl ydyw ailadrodd hen drawiadau. 'Roedd yn haws i'r hen feirdd ymgadw rhag y drwg hwn. Nid oedd raid iddynt hwy wrth gywreinrwydd y groes o gyswllt, etc, er bod i Dudur Aled amryw ohonynt. Ymhlith beirdd y ganrif ddiwethaf y bu'r ymgywreinio hwn. Ond gyda gwawr y ganrif hon, ymddangosodd awdlau'r Athro Morris Jones a Mr Gwynn Jones. Nid oes gan y ddeufardd hyn gywreinied cynganeddion a'r *Henafgwr* neu Ddyfed. Nid oes raid iddynt wrthynt. Gwae'r Archdderwydd a Phedrog ped ymhyfrydent yn y Gynghanedd Draws! Dloted fyddynt! A chanddynt ond ychydig o newydd-deb ymadrodd, rhaid yw arnynt ail-bobi llinellau'r ganrif ddiwethaf. Ond darllener yr Athro neu Gwynn Jones, a gwelir fod eu hawdlau yn dryfrith o'r gynghanedd draws ddirmygedig.

Clywais ddywedyd amryw weithiau 'nad oes yng *Nghaniadau* John Morris Jones gynghanedd gref yn y byd' a bod aml i linell wan ei gwead yn 'Ymadawiad Arthur'. Hyd yn oed pe buasai hynny'n wir, ba waeth? Onid oes ganddynt amrywiaeth gair ac ymadrodd sydd bron yn ddihysbydd? A oes raid wrth enghraifft o hyn? Cymerer y llinell,

> Bro oedd deg fel breuddwyd oedd.

Mae eisiau cymar i'r llinell yna, a honno'n diweddu gyda'r gair *moroedd*. Hai ati, ynte, 'r Hen Ysgol! Dyma nhw,—

> Man mirain ym min moroedd.
>
> A'i chwr ym merw'r moroedd.
>
> A gem eurog y moroedd.
>
> Marian mirain y moroedd.

etc. etc. Dyna'r Hen Ysgol.

> Bro oedd deg fel breuddwyd oedd,
> Miragl dychymyg moroedd.

Dyna'r Ysgol Newydd. A raid wrth ragor?

'Roedd Williams Parry wrthi'n gweithio allan ei safbwynt llenyddol, yn diffinio iddo'i hun beth oedd swyddogaeth llenyddiaeth a lle'n union yr oedd ef yn sefyll mewn perthynas â'r traddodiad llenyddol y codwyd ef ynddo. Ac 'roedd yn gwneud hyn yng nghwmni criw o gyfoedion ifanc hunanymwybodol, Macwyaid ardal Bangor a gwrddai tua'r Coleg ac yn Nhregarth ar aelwyd Ifor Williams, ac eraill o'r tu allan i Fangor, fel W.J. Gruffydd, darlithydd yng Nghaerdydd, E. Morgan Humphreys, golygydd *Y Genedl* yng Nghaernarfon, a Llewelyn G. Williams. Mae'r dystiolaeth am hyn yn ei lythyrau; mewn adroddiadau am gymdeithasau Coleg Bangor – am y 'Literary and Debating Society' 1 Tachwedd 1910, er enghraifft, lle dadleuodd Williams Parry fod gwyddoniaeth yn andwyol i farddoniaeth; ac yn arbennig yn yr ysgrifau – gryn un ar ddeg o ran nifer – a gyhoeddodd rhwng Hydref 1910 a Thachwedd 1912.

Ei bwnc yn yr ysgrifau oedd y rheidrwydd ar i'r llenor wynebu profiadau heddiw yn llawn ac onest. Yn 'Yr Haf' 'roedd ef wedi ceisio gwneud hynny; 'roedd wedi canu gorfoledd ieuengoed heb hidio am rybuddion Brodyr crefyddol ar iddo feddwl am yfory. Mewn ysgrif Saesneg yng *Nghylchgrawn* Coleg Prifysgol Gogledd Cymru, Bangor, ym mis Mawrth 1911, rhoddodd aralleiriad o gnewyllyn ei awdl, ond y tro yma 'y bardd', nid 'minnau' y gerdd, oedd yn llefaru:

> Better to love a maid to-day than a far-off Canaan tomorrow. I desire no better paradise, why therefore should I hope? Fair is my summer, and full my heart; what need of greater glory? Sufficient for the day the beauty thereof. Ye wild birds and early bees, sing forth your songs of praise.

Trowyd safbwynt awdur awdl yn faniffesto'r prydydd. Busnes y bardd oedd datgan ei brofiad o fywyd – canu tlysni ieuenctid, er enghraifft – heb falio beth a ddisgwyliai na chapel na chymdeithas ganddo. Y pwyslais yma ar bethau'r dwthwn hwn oedd craidd y dadeni llenyddol oedd ohoni yng Nghymru. 'Ddoe canai'r beirdd gerddi yfory a'r byd arall, oddieithr i rai ohonynt ganu Cymru yn ogystal â thragwyddoldeb', meddai yn *Y Genedl*, 29 Mehefin 1911. 'Heddiw,' fodd bynnag, 'cân y beirdd gerddi ddoe a cherddi heddiw.'

Dri mis yn ddiweddarach, yn Hydref 1911, mewn ysgrif ar 'Angerdd Beirdd Cymru' ac mewn adolygiad ar gyfrol o delynegion gan Wyn Williams, Llanystumdwy, ymhelaethodd ar hyn trwy gyfeirio at gerddi arbennig. Telyneg Eifion Wyn, 'Pe bai gennyt serch at dy fardd', oedd un enghraifft. Canmolodd honno am fod ei hawdur wedi adrodd ei siom o fod heb Menna mor agored â phlentyn, heb ffugio na cheisio esbonio. Ond anaml yr oedd beirdd Cymru yn dweud y gwir fel hyn yn ddiniwed. Gwaetha'r modd, meddai, 'nid ydyw hawliau cnawd a natur wedi cael digon o chwarae teg' ganddynt. Ar dudalennau'r *Beirniad* yr haerodd hyn, mewn cylchgrawn newydd a lansiwyd ym Mawrth 1911 gan gymdeithasau Cymraeg y colegau, a John Morris-Jones yn olygydd, yn gyfrwng i'r Ysgol Newydd – y Macwyaid a'u cyfeillion – 'draethu eu meddyliau'n rhydd drwyddo'. 'Roedd yn llwyfan naturiol i Williams Parry gyhoeddi'i syniadau oddi arno. Ond nid yn *Y Beirniad* cydymdeimladol y mynegodd ei gredo llenyddol yn ei lawnder. Yn hytrach, dewisodd wneud hynny, o bobman, yn rhifyn Haf 1912 o gylchgrawn myfyrwyr Coleg diwinyddol y Bala.

Teitl ei ddatganiad oedd 'Pridd y ddaear'. 'Roedd yn deitl arwyddocaol. Dyfyniad ydoedd, fel y gŵyr y sawl sy'n gyfarwydd â'i Feibl, o adnod yn Llyfr Genesis yn sôn am Dduw yn llunio dyn 'o bridd y ddaear' cyn anadlu yn ei ffroenau anadl einioes. 'Pridd y ddaear', 'hawliau cnawd a natur', 'heddiw' – hyn, meddai Williams Parry, oedd maes arbennig llenyddiaeth. Dyfynnodd bennill gan Wyn Williams:

> Ai tybed y diffydd seren serch
> Sy'n gloywi'n llygad Gwen?
> Ai para i dywynnu wna
> Mewn glasach, gloywach nen?

a'i ddefnyddio i egluro'i ddadl:

> Wele ormes y gelfyddyd farddol yng Nghymru, – gormes y loywach nen . . . Yn ei golau llachar hi ni theimlodd ein beirdd fod problemau bywyd y cnawd yn werth eu hymroddiad. Gofynasant gwestiynau fel Wyn Williams uchod. Troesant i'r *Atebion* sydd ar ddiwedd y gyfrol a elwir *Bywyd*; gwelsant mai 'gloywach nen' oedd yr ateb, a sodrasant ef i lawr heb feddu'r gydwybod lenyddol a'u ceryddai; canys yr oedd iddynt hwy gydwybod gryfach a dreisiai ar y wannaf; ac wrth wrando ar gydwybod crefydd, anwybuant y gydwybod sydd, os nad o Dduw, o'r duwiau.

> Ai tybed y diffydd seren serch
> Sy'n gloywi'n llygad Gwen?

> Y mae deunydd epig faith yng ngwrthryfel y pridd yn erbyn synio'r fath beth. Rhwng y cwestiwn hwn a'i ateb yr erys yn dragywydd fater holl ddrama daear a dyn. Ni fynnem ddywedyd dim yn erbyn yr ateb a ddyry'r ail gwestiwn i'r cyntaf yn y pedair llinell uchod. Canys os wedi tân a thymestl y galon y gellir gofyn,

> Ai para i dywynnu wna
> Mewn glasach, gloywach nen?

ardderchog o goncwest ar y bedd fai honno. Ond rhodder inni hanes y Gwrthryfel Mawr. Rhoes Williams Pantycelyn ef; a phetai eraill o'n beirdd wedi dadlau achos y pridd gydag angerdd gorfoleddus fel a roes inni hymnau Williams ac Ann Griffiths buasem bellach wedi chwyddo golud cân y gwledydd.

Diffyg angerdd, diffyg difrifwch oedd gwendid beirdd Cymru:

> Pan ganai'n beirdd i harddwch coed a maes, i dlysni merch, neu i hoen ieuengoed, ac ymgolli ohonynt yn eu gorhoffedd, deuai'r gydwybod grefyddol i daflu'r dŵr oer ar y tân enynnwyd. Beth yw harddwch coed a maes wrth deced y Jerusalem nefol, neu hoen ieuenctid wrth wanwyn tragwyddol y byd i ddyfod? Gwrendy'r bardd y llais, a gwrida'n euog.

Gwrando ar gydwybod ail-law yn hytrach na datgan profiad oedd y diffyg. 'Mwy o folawdau'r pridd . . . sydd yn eisiau arnom,' meddai; 'A oes o'n beirdd a gâr neu a ofna rywbeth yn fwy na chadwedigaeth neu golledigaeth ei enaid?' hola. Os oes, meddai'n herfeiddiol, 'yna caned ei serch a'i arswyd'.

Yn yr ysgrifau hyn 'roedd Williams Parry yn ymwrthod yn go lwyr â'r cefndir y codwyd ef ynddo yn Nyffryn Nantlle ac yn cyhoeddi syniadau a fuasai'n codi arswyd ar ei rieni ac ar ei ddau ewythr yn y weinidogaeth. Ac eto mae un cyfeiriad yn y dyfyniadau uchod o'r ysgrif yng nghylchgrawn myfyrwyr y Bala y mae'n werth dal arno. Wrth gondemnio gormes crefydd a'r gydwybod grefyddol ar farddoniaeth, aeth Williams Parry o'i ffordd i ganmol Pantycelyn ac Ann Griffiths. 'Roeddynt hwy'n cymryd eu profiadau o ddifri; 'roedd ganddynt 'ddifrifwch yn ogystal â difrifoldeb'. Meddai:

> Pe tynnid ymaith holl emynyddiaeth Lloegr o swm ei barddoniaeth, byddai ei thelynegion gorau . . . yn aros yn ôl, ac ni byddai ei barddoniaeth fawr tlotach. Pe gwneid yr un peth â barddoniaeth Cymru, byddai ei thelynegion gorau wedi mynd; a byddai cyfanswm cyfoeth ei llenyddiaeth yn anhraethol lai.

Daeth yn ôl at hyn eto yn *Y Brython*, rhifyn 7 Tachwedd 1912, dan enw 'Macwy'r Tes'. Soniodd amdano'i hun yn y capel pan oedd y gynulleidfa'n canu emyn Williams, 'Ni throf fy wyneb byth yn ôl', rhif 586 yn hen Lyfr Hymnau'r Methodistiaid. Ni chymerodd fawr sylw o'r emyn nes dod at y pedwerydd pennill, pennill a adawyd allan o emyn 463 yn y Llyfr Emynau newydd:

> Mae'n denu'm serch trwy wyntoedd oer
> Yn gyfa ato'i hun,
> Ac fe ddiffoddodd bob rhyw chwant
> At ddaear ac at ddyn.

Y sŵn 'chwant at ddaear ac at ddyn' a gydiodd ynddo. Annog llenorion i ymateb yn llawn angerdd i'r chwant hwn y buasai ef ers dwy flynedd yn ei awdl a'i ysgrifau, ac wele Williams yn sôn am ei ddiffodd. Beth a ddywedai ef wrth hynny? Hyn yn syml – ei fod yn gallu derbyn Williams, pa un a oedd yn cytuno ag ef ai peidio, am ei fod o ddifri, ond na allai dderbyn eraill a oedd yn ffugio ymagweddu'n debyg:

> Myn rhai feio ar Williams am na fuasai'n rhoi ychydig serch at y byd yn ei ymgyrch yn erbyn cnawd a diafol . . . Y Duw mawr a'n gwared rhag y cyfryw rai! Nid ydynt yn fodlon ar Ddafydd ap Gwilym nac ar Bantycelyn. Ni fynnant anwybyddu'r nef fel Dafydd na diystyrru'r ddaear fel Williams.

Pantycelyn a Dafydd ap Gwilym, sylwer – 'Dafydd proffwyd y pridd', 'Pantycelyn gweledydd y Ganaan nefol': hwy o blith holl brydyddion y Gymraeg oedd ei ddau arwr:

> Ymhlith holl nifer beirdd ein gwlad dyma'r ddau y gweddai inni orau blygu glin iddynt. Nid oes yn ein holl lenyddiaeth ddifrifwch tebyg i'r eiddynt hwy: yr oedd Dafydd mor ddifrif yn ei orhoffedd ag ydoedd Williams yn ei orfoledd yntau . . . Amheuthun yn llenyddiaeth gwlad ydyw brwdaniaeth ein dau brif fardd serch, – serch at ddaear ac at Dduw.

Barddoniaeth, yn bennaf, a gâi sylw Williams Parry y beirniad ifanc. Hi oedd y ffurf bwysicaf ar gelfyddyd yng Nghymru. Ond yr oedd yr angen am newid pwyslais yr un yn union os oedd Cymru i gael drama a stori fer a nofel: 'roedd yn rhaid yn llenyddol ymroi i bethau'r byd a rhoi i fywyd y cnawd sylw priodol. 'Diddordeb angerddol y Dadeni ym mhethau'r byd hwn a ddaeth â'r ddrama i Loegr,' meddai yn yr ysgrif yng *Nghylchgrawn Myfyrwyr* y Bala. 'Diffyg y diddordeb angerddol hwn sy'n ei chadw yn ôl o Gymru' ac yn peri 'nychdod cenedlaethol y ddrama a'r nofel'. Ond 'roedd arwyddion fod pethau'n gwella. Yn rhifyn cyntaf *Y Beirniad* 'roedd stori fer, 'Clawdd Terfyn,' gan R. Dewi Williams; yn y trydydd rhifyn 'roedd stori fer arall, 'Aml Gnoc,' gan W.J. Gruffydd. Yr un adeg yn y cylchgrawn *Cymru* ymddangosai straeon gan E. Morgan Humphreys wedi eu seilio ar hanes Cymru. Yn *Y Genedl* 29 Mehefin 1911 croesawodd Williams Parry y storïau. 'Mabinogi Cymru newydd' oeddynt, 'un agwedd yn rhagor ar y dadeni diweddar yn llenyddiaeth y Cymry' ac arwydd arall o droi oddi wrth 'ogoniannau' yfory i fyfyrio 'uwchben gwae a gwynfyd llan a phentref' ddoe a heddiw. Gyda llaw, wrth drafod y straeon cyfeiriodd Williams Parry at weithiau Mark Twain yr Americanwr, Ian Maclaren y Sgotyn, Jerome K. Jerome, J.M. Barrie, W.W. Jacobs a Thomas Hardy. 'Roedd ef am wybod a ddaliai gwaith y tri Chymro 'i'w pwyso a'u mesur yn ôl safonau goreuon eu rhyw yn llenyddiaeth Lloegr'. Fel Elidir Sais fe gredai yntau fod i feirniadaeth ei rhan yn hybu'r llenyddiaeth newydd a bod gofyn adeiladu yn Gymraeg gorff o feirniadaeth lenyddol gyfrifol. Cyfraniad tuag at hynny oedd ei ysgrifau.

Agwedd bellach ar yr un crwsâd oedd y flodeugerdd y gobeithiai ef ac Elidir Sais weld ei chyhoeddi. 'Y mae yn mryd Mr W.H. Jones, Bethesda . . . a minnau,' meddai mewn llythyr at T. Gwynn Jones, 6 Chwefror 1911, 'ddwyn allan flodeugerdd o waith barddonol yr 20fed Ganrif, – un fo gymwys i'w rhoi yn nwylo plant Ysgolion Canol Cymru. Bwriadwn ddethol o weithiau Eifion Wyn, W.J. Gruffydd, yr Athro Morris-Jones, Silyn, a chwithau.' Nododd bedwar rheswm 'tros anturiaeth o'r fath':

a. Yr angen mawr am astudiaeth yn yr Ysgolion hyn o Lenyddiaeth y Cymry . . .

b. Buasai gofyn i blant teuluoedd cyffredin brynu llyfrau'r beirdd a enwais, un ar ôl un, yn ofyn mwy na'u gallu.

c. Y mae gan blant yn yr oed yma raddau o ddirmyg at yr awenydd, – waeth pa mor ysbrydoledig y bo'i waith, – sydd yn ddiffygiol mewn cywirdeb gramadeg. Dyma'r anhawster mawr efo Ceiriog ac Islwyn.

d. Hoffem ennyn ym mhlant Cymru edmygedd o'i llenyddiaeth ddiweddar: a thrwy y plant y rhieni ar yr aelwyd gartref.

Eglurodd y byddai'r gyfrol yn cynnwys: 1. Rhagymadrodd, 2. Testun y cerddi, 3. Nodiadau – llenyddol a gramadegol, 4. Geirfa, 5. Cynllun-wersi. Llyfr ysgol oedd y bwriad, ar yr un llinellau â detholion oedd ar gael yn Saesneg, a chyfraniad bychan tuag at ddadseisnigo addysg yng Nghymru, pwnc yr oedd gan Williams Parry farn bendant iawn arno. 'Saesneg yw ein Haddysg,' meddai yn un o ysgrifau Macwy'r Tes yn *Y Brython*:

Yr ydym yn dysgu ein plant yn yr un pethau ac yn yr un modd ag y dysg y Sais ei blant ef, heb wneuthur ond ychydig ymgais i adfeddiannu ein diwylliant coll. Ond daeth tro ar fyd yn ddiweddar. Dysgir y Gymraeg yn ein hysgolion ac yn ein Prifysgolion.

Byddai'r flodeugerdd arfaethedig yn porthi'r newid cyfeiriad a thrwy hynny'n help i greu amgylchedd ffafriol i lenyddiaeth y dadeni. Byddai'n faniffesto i'r Ysgol Newydd yn ogystal. 'Ni geisiwn', meddai yn y llythyr at Gwynn Jones, 'ysgrifennu Rhagymadrodd go helaeth i gyffesu ffydd yr Ysgol Newydd hyd y gallwn ni ei holrhain. Gallwn wneuthur hyn gyda mwy o zêl, beth bynnag, nag y tybiai un ohonoch chwi yn weddus ei ddangos.' Gallwn *ni* a ddywedodd – hynny ydi,

4. Yng Ngholeg Bangor; y trydydd o'r chwith yn y rhes gefn yw R. Williams Parry. *(Llun: Prifysgol Cymru, Bangor)*

Elidir Sais ac yntau. Yr adeg yma gwelai ei hun yn fwy o feirniad llenyddol nag o brydydd, yn chwarae'i ran fel beirniad yn y dasg o greu'r Gymru Fydd newydd.

Cymru Gymraeg fyddai honno. Dim ond mewn Cymru felly y gallai llenyddiaeth ffynnu mewn gwirionedd. Ddwywaith yn ysgrifau Macwy'r Tes soniodd am ei obeithion a'i ofnau am ddyfodol Cymru yn ogystal â'i llenyddiaeth. 'Y mae'r ysbryd cenedlaethol yn ennill grym yng Nghymru,' meddai; 'y mae llenyddiaeth y genedl yn myned rhagddi o oleuni i oleuni; y mae addysg Cymru yn ymloywi fwyfwy'; ond 'y mae iaith y Cymry yn dihoeni'n gyflym, gyflym'. Yn *Y Brython*, 30 Mawrth 1911, y dywedodd hyn. Yna hefyd fe gynigiodd ateb. Galwodd ar bawb a oedd yn defnyddio'r Gymraeg yn gyhoeddus i ymroi ati i wella ansawdd eu hiaith lafar, i feithrin Cymraeg llafar diwylliedig y gallai deheuwr a gogleddwr ei arfer, ei ddeall, ac ymfalch'io ynddo:

> Fe allai y gofyn rhywun, 'Ai eisiau i ni gyfarch ein gilydd fel hyn sydd arnoch, – 'Sut y mae hi?' neu 'Sut yr ydych chwi?' A fyddai afresymol hynny? Onid canmil gwell fyddai ychydig drafferth i ddywedyd 'Sut y mae hi?' etc. nag i ynganu'r erchylldra hwnnw, 'Smâi'?

Heb burach Cymraeg llafar, Cymraeg tebycach i'r 'Gymraeg a siaredir gan bregethwyr yn yr orsaf, yn y tren, ar y stryd, ac yn y tŷ', nid oedd obaith i ennill i'r iaith ei lle yn yr ysgolion nac mewn bywyd cyhoeddus. A heb ddiogelu'r Gymraeg yn iaith Cymru 'doedd dim ystyr yn y pen draw i'r deffro llenyddol. 'Ydyw,' meddai yn *Y Brython*, 14 Tachwedd 1912, 'y mae Ymreolaeth o fwy pwys na Datgysylltiad, – Ymreolaeth i Gymru. Pan dery'r awr bydd yn rhaid nid yn unig i swyddogion yr Insiwrans fedru Cymraeg, ond Athrawon y Brifysgol a'r Ysgolion Canol Radd hefyd.' Yn yr ysgrif hon disgrifiodd ei freuddwyd. 'Meddylier am Gymru unwaith eto yn Gymru Gymraeg a'i hiaith hi ei hun yn iaith ei Senedd a'i chynghorau.'

Ac eto, er mor egnïol y dadleuodd Williams Parry achos y Newydd mewn llenyddiaeth a diwylliant, nid oedd pob agwedd ar waith yr Ysgol Newydd yn ei blesio. Dyna bwnc yr orgraff, er enghraifft. Derbyniai ef, wrth gwrs, y puro a fu ar iaith ac orgraff dan arweiniad John Morris-Jones. Heb y gloywi ar iaith ysgrifenedig ni chawsid mo'r adfywiad llenyddol. Ond 'roedd gofyn cadw cydbwysedd hefyd. 'Roedd John Morris-Jones wedi dangos mai *-unt* ac nid *-ynt* oedd ffurf gywir terfyniad trydydd person lluosog yr arddodiad mewn ffurfiau fel *arnunt*, *uddunt*, etc. Ni cheisiodd yr Athro orfodi'r ffurfiau hyn, mae'n wir, ond pan fynnodd W.J. Gruffydd eu harddel mewn ysgrif yn rhifyn Haf 1912 o'r *Beirniad*, rhoddodd y golygydd dragwyddol heol a chefnogaeth iddo. 'Roedd hynny'n ormod i Williams Parry. 'Beth feddyliwch o'r *chemistry of words* . . . sy'n mynd ymlaen yn *Y Beirniad?*' meddai mewn llythyr at E. Morgan Humphreys:

> Y mae'r Athro cyn sicred o fod yn lladd Llenyddiaeth Gymraeg â'i fod yn ddyn byw. *Spacious times*, yn wir! Pryd byth y deuant hwy, a ninnau'n ymgecru byth a hefyd ynghylch *nn* ac *rr*. Peth rhyfedd na welent mor ddigri ydynt. Dyma fy safbwynt i ar y cwestiwn, – 'Know as much as you possibly can about Welsh phonetics, but for goodness' sake don't betray your knowledge to others.'
>
> Byddaf fi'n cael mwy o eneiniad o lawer ar fy ychydig syniadau pan yn ysgrifennu *cymeryd* yn lle *cymryd*. Mi wn mai *cymryd* sy'n iawn *etymologically*, ond ba waeth? Wyddoch chi beth sydd arnom ei eisiau'r dydd hwn yng Nghymru, Mr. Humphreys? Bachgen o fardd oddi rhwng cyrn yr aradr neu oddi ar drafael y chwarel yn canu'n fendigedig, gydag arddull gywir odidog ac orgraff *execrable* . . . Yr wyf wedi hanner perswadio Ifor Williams . . . o gamgymeriad mawr Ysgol Bangor. Ond y 'most unkindest cut of all' oedd gweled Gruffydd yn ysgrifennu erchyllderau fel *uddunt*, *danunt*, etc., yn *Y Beirniad* diweddaf . . .
>
> Ond pam na ddywedaf ar goedd yr hyn wyf yn ddywedyd yn gyfrinachol? Yr wyf yn benderfynol o wneud, doed a ddêl! Mae gennyf erthygl ar 'Orgraff v. Arddull' yn yr arfaeth ers talwm ar gyfer *Y Beirniad*. Ond gwae fi'r dydd y gwêl olau dydd! Bydd John wedi darfod â mi o'r dydd hwnnw allan. Yr wyf wedi protestio yn yr ychydig feirniadaethau eisteddfodol ysgrifennais erioed. Ni chrybwyllais air am orgraff anghywir, – dim unwaith; ond ceisiais anghymeradwyo hyd eithaf fy ngallu arddull ffals ac annaturiol.

Mater yr orgraff a brociodd Williams Parry i fwrw'i fol mor agored, ond y gwir amdani oedd fod ei anniddigrwydd yn ehangach. Ofnai yn ei galon weld codi rhagfur rhwng gŵyr y Brifysgol a'r werin, ac yn hyn o beth cydymdeimlai ryw gymaint â rhai o gynheiliaid yr Hen adeg Eisteddfod Bae Colwyn, er anghytuno â'u syniadau. A dyfynnu eto o'r llythyr at E. Morgan Humphreys:

> Yr wyf i'n credu mai *mistake* mawr ydyw inni . . . gadw draw oddi wrth yr Orsedd. Ba wahaniaeth ydyw o ble y tarddodd, na sut? Dyna Ddyfed a Phedrog a Phedr Hir ac Elfed a Berw, etc., – *good fellows* bob yr un. Y drwg ydyw mai ysgolheigion ydyw beirdd gorau Cymru ar hyn o bryd. Ond gwae hwythau pan ddelo'r dydd y bydd bod yn fardd yn gyfystyr â bod yn ddiwylliedig.

Mor gynnar â Gorffennaf 1912 'roedd Williams Parry yn ei chael hi'n anodd ymgartrefu'n esmwyth oddi mewn i derfynau unrhyw Ysgol na Phrifysgol. Erbyn sgrifennu'r llythyr hwn, fodd bynnag, 'roedd cyfnod y Macwy bron drosodd yn ei hanes.

Ar feirniadaeth y gwariodd Williams Parry ei egni llenyddol i gyd yn ystod y ddwy flynedd ar ôl Eisteddfod Bae Colwyn. Dim ond un gerdd a luniodd. Cerdd gyfarch ar briodas Griffith W. Francis, Llys Alaw, Nantlle, oedd honno. A cherdd ddiddorol ydoedd. Yn hytrach na llunio englynion, neu ganu cywydd fel y gwnaethai John Morris-Jones ar briodas O.M. Edwards, cyfansoddi soned a wnaeth Williams Parry. Dewisodd fesur a oedd yn gymharol newydd ar y pryd yng Nghymru:

> Gwna'n llawen, Ruffydd, yn dy hafan swyn;
> Rhy brin yw'r byd o hoywder bron y bardd,
> Rhy brin o hyd o loywder wybren hardd
> I fedru hepgor glesni nef a llwyn
> Yn nydd eu hoywder. Yno er dy fwyn
> Mae gallt a gwig a chlogwyn gwyllt a gardd,
> Yn dwyn eu cynnwys teg, cans yno tardd
> Ym min aberoedd gwiw, mewn bro ddi-gŵyn,
> Lliwiau yr Eden goll ar dân i gyd
> Gan serch pob serch. Gwna'n llawen, fardd, dy fun;
> Llawn, llawn o'r gwin yw llais y gain ei llun,
> A'i meddal drem o hedd pob meddwl drud.
> O, dwfn o hyd yw hoen dy hafan di,
> Lle huna gardd a llwyn ger hedd y lli.

Gan Milton y cafodd ei batrwm. Miltonaidd oedd yr arfer o gyflwyno soned i berson a'i hagor gyda chyfarchiad; Miltonaidd oedd y seibiau stond ar ganol llinellau a'r goferu dros ymyl yr wythfed llinell; Miltonaidd oedd trefn yr odlau a'r adeiladwaith. Yn hyn yr oedd yn torri tir newydd, oherwydd yn yr ychydig sonedau a gaed gan ei gyfoedion hŷn tua thro'r ganrif, Petrarch neu Shakespeare oedd y patrwm fel arfer. Ond ni fodlonodd Williams Parry ar ddilyn Milton yn unig. Arbrofodd ymhellach a chan ddilyn dwy soned T. Gwynn Jones yn 1908 i 'Ddafydd ab Edmwnd' gofalodd am ddwyn cynghanedd i'r soned. Mae rhai o'i linellau yn gryf eu cyflythreniad – yr wythfed a'r nawfed linell, er enghraifft – yn gywreiniach, yn wir, na gwaith ei 'feistr llenyddol' (chwedl yntau).

Yn y soned, wrth gyfarch cyfaill o brydydd, awdur *Telyn Eryri* a chanwr penillion adnabyddus, daliodd Williams Parry ar ei gyfle i draethu eto – ar gân y tro yma – faniffesto Bardd yr Haf a Llion.

> Rhy brin yw'r byd o hoywder bron y bardd.

7

Myfyriwr Ymchwil, 1910–1912

ERBYN y cadeirio ym Mae Colwyn 'roedd Williams Parry wedi rhoi'r gorau i'w swydd yn athro yn Ysgol Brynrefail er mwyn mynd yn ei ôl i'r coleg. 'Roedd ei fryd erbyn hyn ar ddilyn cwrs astudiaeth uwchradd ym Mangor a mynd rhagddo o'r fan honno i Rydychen. 'He has recently resigned his teaching post at Llanberis with a view to taking a post-graduate course at his *alma mater* preparatory to entering Oxford where he hopes to take the degree of B.Litt.', meddai *Daily Post* Lerpwl ym Medi 1910, ac mae'r *South Wales Daily News* yntau'n dweud mwy neu lai yr un peth – fel petai'r ddau bapur yn cofnodi sgwrs gyda'r bardd.

Mae'r tebygrwydd rhwng cynlluniau Williams Parry a gyrfa ei gefnder T.H. Parry-Williams yn taro rhywun yn syth. Aethai'r cefnder i Goleg Aberystwyth yn 1905, flwyddyn ar ôl i Williams Parry ymadael oddi yno heb radd; graddiodd yn 1908 gydag anrhydedd dosbarth cyntaf yn y Gymraeg, yr un pryd ag yr enillodd y cefnder hŷn radd gyffredinol ym Mangor. Erbyn haf 1910 'roedd Parry-Williams yng Ngholeg Iesu, wrthi'n gorffen traethawd MA Prifysgol Cymru ar yr elfen Saesneg yn yr iaith Gymraeg ac yn gweithio dan gyfarwyddyd Syr John Rhŷs am radd B.Litt. Rhydychen. 'Roedd Williams Parry am ddilyn llwybr tebyg: 'roedd ei fryd yntau ar yrfa academaidd, yr un fath â'i gefnder iau.

I Fangor ag ef, felly, am yr ail dro, yn Hydref 1910, yn syth ar ôl ei fuddugoliaeth ym Mae Colwyn. Am nad oed ganddo radd anrhydedd, ni châi gychwyn arni'n ddiymdroi ar draethawd ymchwil. 'Roedd yn rhaid yn gyntaf, yn ôl gofynion y Brifysgol, ddilyn cwrs blwyddyn 'General Preliminary M.A.'. Golygai hynny astudio rhagor o ramadeg hanesyddol ac ieitheg Geltaidd gyda John Morris-Jones a darllen ychwaneg o'r hen destunau, darllen Llyfr Du Caerfyrddin, er enghraifft. Dywed ef ei hun iddo 'weithio'n galed y waith hon'. Ac mae pob tystiolaeth a welais yn gytûn iddo gael hwyl ardderchog arni. Dywed John Llywelyn Williams i John Morris-Jones gael ei blesio gymaint gan bapurau arholiad Williams Parry yn haf 1911 nes iddo fynd â hwy i'w dangos i Brifathro'r Coleg a holi a oedd unrhyw ffordd y gallai'r Brifysgol ddyfarnu anrhydedd dosbarth cyntaf i'r ymgeisydd. Yr ateb a gafodd – yr ateb anochel – oedd nad oedd y rheolau'n caniatáu hynny. Ond fe ddywedodd yr Athro ei feddwl yn groyw mewn llythyr. 'In my opinion', meddai, 'he would have taken First Class Honours if he had been a candidate for the initial degree.'

'Roedd gan John Morris-Jones, mae'n amlwg, gryn olwg ar Williams Parry. Dair blynedd cyn hyn 'roedd wedi dotio at ei awdl i 'Gantre'r Gwaelod'. Daeth awdl 'Yr Haf' ar gefn honno ac yna rai o ysgrifau Macwy'r Tes yn dadlau safbwynt beirniadol digon tebyg i un yr Athro. Yn awr yn haf 1911, wele bapurau arholiad y 'Preliminary M.A.' a'r rheini o safon dosbarth cyntaf clir. Oedd, 'roedd gan John Morris-Jones fyfyriwr wrth ei fodd ac aeth ati i droi pob carreg i geisio cymorth ariannol i hyrwyddo'i gamre. 'Roedd Senedd y Coleg ym Mangor wrthi ers tro'n trafod sut i gryfhau'r ddarpariaeth yn y 'Day Training Department' – yr hen Adran Addysg – ar gyfer gofynion gwlad ddwyieithog ac yn ceisio sefydlu ysgoloriaeth deithio i anfon myfyriwr addawol i'r cyfandir i astudio dwyieithrwydd. Gyda chefnogaeth 'Daddy' Archer – yr Athro Addysg, enwodd John Morris-Jones Williams Parry ar gyfer yr ysgoloriaeth hon. Ond seithug, ysywaeth, fu'r cais. Ni allai'r Bwrdd Addysg ryddhau arian i dalu am yr ysgoloriaeth a phan drowyd at Ymddiriedolaeth Gilchrist am gymorth cododd anawsterau eraill yn eu tro. 'Roedd gweinyddwyr cronfa Gilchrist yn ddigon cydymdeimladol tuag at y cynllun, mae'n wir, ond 'roeddynt hwy am ryw sicrwydd y câi'r sawl a dderbyniai'r ysgoloriaeth swydd ar ddiwedd ei gwrs a chyfle i ddefnyddio'i brofiad i bwrpas academaidd. Ac ar y pen hwn ni allai'r Coleg addo dim. Nid oedd gan Goleg Bangor arian i greu swydd newydd yn yr Adran Addysg ar ei liwt ei hunan ac ofer fu'r ymgais i gael gan golegau Caerdydd ac Aberystwyth gydweithio i sefydlu penodiad ar y cyd. Aeth cynllun blaengar ac arloesol i'r gwellt a chollodd Williams Parry gyfle am ysgoloriaeth deithio a fuasai, o bosib, wedi trawsnewid ei yrfa'n bur llwyr.

Arhosai'r cwrs MA yr oedd wedi cychwyn arno. Cafodd gefnogaeth gref John Morris-Jones i geisio am un o Ysgoloriaethau Osborne Morgan y Coleg i'w helpu i fynd rhagddo i gwblhau rhan ymchwil ei ymgeisiaeth am radd Meistr. Ond unwaith eto wele anawsterau. 'Roedd gofyn i ymgeisydd am un o'r ysgoloriaethau hyn fod wedi bod yn fyfyriwr ym Mangor am dair blynedd. Yn anffodus 'doedd cais Williams Parry ddim yn bodloni'r amodau. Dim ond am ddwy flynedd y bu ef yn y Coleg. 'Roedd allan o'r râs cyn ystyried ei deilyngdod. 'Dim dicach,' meddai, 'gan mai amod yw amod', ond 'does dim sy'n sicrach nad oedd colli siawns am ddeugain punt, yn yr oes ddi-grant honno, yn siom a oedd yn brifo'n ddwfn.

Gwnaed un cynnig arall, y tro hwn am un o gymrodoriaethau'r Brifysgol. Y bwriad, yn ôl cofnodion y pwyllgor dewis, oedd gwneud gwaith ymchwil ar 'The art of Celtic verse, with special reference to Welsh metrics' neu ar 'A Dafydd ap Gwilym Grammar (on the lines of Abbott's Shakespearan Grammar)' – dau bwnc yn ymwneud yn uniongyrchol â meysydd ymchwil John Morris-Jones ei hun. Ond methiant fu'r cynnig hwn eto. Gwrthodwyd cais Williams Parry. Yn yr union bwyllgor lle gwrthodwyd Williams Parry, crewyd cymrodoriaeth newydd arbennig yn y Gymraeg i alluogi T.H. Parry-Williams i fynd i astudio Celteg ym mhrifysgolion y cyfandir. 'Roedd y cefnder iau ar y blaen unwaith yn rhagor!

'Doedd dim amdani i Williams Parry ond dygnu arni ar draethawd ymchwil heb gymorth ariannol o fath yn y byd, dim ond dibynnu ar yr arian yr oedd wedi eu cynilo o'i gyflog ysgol. Y pwnc yr ymaflodd ynddo oedd cysylltiad y Llydaweg a'r Gymraeg ac yn ystod gaeaf 1911–12 bwriodd iddi i weithio ar hwnnw. Y cam cyntaf, o anghenraid, oedd meistroli Llydaweg ac felly rywdro tua mis Tachwedd 1911 cododd ei bac o Fangor er mwyn treulio rhai misoedd yn Llydaw, yn 'fyfyriwr ar ei fwyd ei hun', chwedl yntau. Dyna'i ffordd gartrefol ef o ddweud ei fod heb grant.

Prin sobor yw unrhyw wybodaeth amdano yn Llydaw. 'Does dim dyddiadur na llythyrau nac unrhyw dystiolaeth 'chwaith yn atgofion cyfeillion. Mae rhifyn 25 Tachwedd 1911 o *L'Echo de Finistère* ymhlith ei bapurau yn tystio ei fod erbyn y dyddiad hwnnw wedi ymgartrefu rywle yn ardal Morlaix, yng ngogledd-orllewin Llydaw, ac wrthi, mae'n debyg, yn ceisio cael crap ar Ffrangeg. 'Roedd yn rhaid wrth Ffrangeg gan mai yn yr iaith honno yr oedd y llawlyfrau dysgu Llydaweg, megis llyfr F. Vallée, *La Langue Bretonne en 40 Leçons*, er enghraifft, yn cynnig cwrs deugain gwers ar Lydaweg. Gwelais gopi treuliedig o'r llyfr hwnnw a 'R.W. Parry, Ym Morlaix, Ionawr, 11eg. 1912' wedi ei sgrifennu ar ei flaen. Mae'r nodiadau ymyl y ddalen sy'n blastar trwyddo yn brawf fod Williams Parry wedi ei astudio'n drylwyr tu hwnt. Dro ar ôl tro mae'n nodi cytrasau Cymraeg i'r ffurfiau Llydaweg, – 'pobl o Gaernarfon' a 'pobl Caernarfon' gyferbyn â 'tud eus a Bondi' a 'tud Pondi', er enghraifft, ac yn yr un cyd-destun cystrawennol 'y gwron o Griccieth' yn gyfeiriad amlwg at gyllideb Lloyd George. Mewn man arall, gyferbyn â'r ffurf Lydaweg 'pehini', daw'r sylw diddorol hwn, 'J.M.J. condemns the use of *pa un* in Welsh. What about Breton *pehini*?' 'Roedd Williams Parry yn gweithio ar Lydaweg o ddifri calon, gyda gwerslyfr Vallée wrth un benelin ar gyfer meistroli gramadeg yr iaith a'i phatrymau cystrawen, ac wrth y penelin arall gasgliad Joseph Loth o ddefnyddiau Llydaweg Cynnar a Llydaweg Canol yn y *Chrestomathie Bretonne*. 'Bu'r llyfr [y *Chrestomathie*] yn gydymaith dyddiol i mi pan oeddwn yn Llydaw yn ystod gaeaf 1911–12 yn ceisio casglu defnyddiau thesis ar "Some Points of Contact between Welsh and Breton",' meddai mewn llythyr yn Chwefror 1935 at Griffith John Williams. 'Dylaswn fod wedi canlyn arni gyda'r Llydaweg o 1912 ymlaen,' meddai ymhellach. Ond stori arall yw'r troi cefn ar waith academaidd yn 1912, a stori y bydd gofyn dod yn ôl ati eto. Am y tro, pydru arni'n meistroli Llydaweg oedd y dasg.

Dau gyfeiriad arall a welais yn sôn am y misoedd yn Llydaw. Beirniadaeth ar gystadleuaeth chwe phennill coffa yng Nghylchwyl Lenyddol Tanrallt, Dyffryn Nantlle, a ymddangosodd yn rhifyn 9 Ionawr 1912 o'r *Genedl* yw un. Dan y feirniadaeth mae enw Williams Parry a'r cyfeiriad, 'Llydaw, Rhag. 21, 1911'. Mae'n rhoi cipolwg diddorol inni ar y myfyriwr alltud wrthi ym Morlaix ychydig cyn y Dolig yn beirniadu cerddi coffa digon symol ar gyfer eisteddfod leol fechan yn ymyl ei gartref ac yn dra hiraethus ei fryd, mae'n siŵr gen i.

Sôn am yr hiraeth hwnnw y mae'r cyfeiriad arall, mewn cerdd ar fesur rhupunt hir a ymddangosodd yn *The Welsh Outlook* yn Ionawr 1914. Y Dolig 1911 aethai Williams Parry i wasanaeth yr offeren yn eglwys St. Michel:

> Nos Gatholig y Nadolig
> Treuliais orig trwy laswyrau
> Lle'r oedd cerddor a Christ mynor
> A chain allor a chanhwyllau
>
> Yr offeren; . . .
>
> (CG, 18)

Ond yno, yng nghanol rhwysg dieithr y dathlu crefyddol, meddwl am lethrau Talymignedd ac am sŵn saethu o chwareli Dyffryn Nantlle yr oedd ef:

> . . . ond cyn gorffen
> O sagrafen y fras grefydd
> 'Roedd fy nghalon falch ac estron
> Hyd ymylon tlawd y moelydd,
>
> Hyd fron Cymffyrch yn yr entyrch,
> Bron anhygyrch bryn unigedd,

> Dim ond cymyl ar fy nghyfyl
> A rhu megnyl ar y Mignedd.

Hiraeth lond ei galon, yn hytrach na golwg newydd ar eni Gwaredwr oedd y profiad a gafwyd ganddo ef, ac yn y gerdd, a luniodd rai misoedd yn ddiweddarach, croniclodd ei ymateb, yn enghraifft o'r profiadau pridd y ddaear hynny y mynnai ef mai hwy oedd priod bwnc y prydydd:

> Ac yn oriel San Mihangel,
> Yn lle uchel freuddwyd llachar,
> Gyda'r cudyll a'r cornicyll
> Hoffais dywyll affwys daear.

Erbyn diwedd Ionawr 1912 'roedd Williams Parry wedi casglu digon o ddefnyddiau ar gyfer ei draethawd ac yn barod i droi am adref. Postiodd gerdyn 24 Ionawr o Morlaix at ei rieni: 'Rwyf ar gychwyn i Paris gyda'r tren 8.40. Cyrhaeddaf yno 6.30, yn rhy hwyr i yrru gair i chwi. – Bob.' 'Roedd y teithio tramor ar ben – am byth, fel y mae'n digwydd. Sgrifennu'r traethawd oedd y dasg bellach, ar ôl cyrraedd yn ei ôl i Fangor. Erbyn diwedd gwyliau'r Pasg 1912 yr oedd hynny hefyd wedi ei orffen.

'Roedd ei boced yntau erbyn hyn yn wag. 'Roedd ganddo dystysgrif athro, wrth gwrs, a blynyddoedd o brofiad mewn ysgol, ac felly, cyn gynted ag y cafodd y thesis o'r neilltu, trodd i chwilio am waith. Fe'i cafodd am gyfnod dan Bwyllgor Addysg Sir Gaernarfon yn athro llenwi bylchau – *supply* fuasai'r disgrifiad heddiw, 'athro symudol' oedd term Williams Parry: o 30 Ebrill hyd y Sulgwyn yn Ysgol Sarn Mellteyrn yn Llŷn ac yna o ddechrau Mehefin yn brifathro dros dro ar Ysgol Boduan yn ymyl Nefyn. Ar 3 Mehefin, ei ddiwrnod cyntaf yng ngofal Boduan, ceir y cofnod hwn ganddo yn llyfr lòg yr ysgol: 'Register not marked in morning because the percentage of children present was too low.' Mewn llythyr diweddarach o lawer mae gan Williams Parry fersiwn sbel mwy lliwgar o absenoldeb y disgyblion ym Moduan sy'n werth ei ddyfynnu.:

> Yr oedd cryn amrywiaeth yn oedran y plant yn yr ysgol hon, ac er mwyn cael trefn o ddosbarth arnynt gofynnais:
> 'Pwy ydi'r Infants yma?'
> Cododd rhyw wyth neu naw o bethau bach del eu dwylo i fyny.
> 'Pwy sy yn Standard Wan?'
> Yr oedd chwech neu saith o'r rhain.
> 'Pwy sy yn Standard Tŵ?'

Pedwar neu bump oedd o'r rhain.
'Pwy sydd yn Standard Thri?'
Tri neu bedwar.
'Pwy sydd yn Standard Ffôr?'
Neb yn ateb.
'P'le mae Standard Ffôr, heddiw?'
'Plîs, syr, mae o wedi mynd i Tyddyn Ucha' i nôl llaeth.'

Mae'r union stori hon wedi ei hadrodd gydag arddeliad gan Llwyd o'r Bryn ac eraill wrth sôn am Williams Parry yng Nghefnddwysarn, yr ysgol nesaf iddo fynd iddi, ond yn ôl tystiolaeth yr athro ei hun – mewn llythyr yn Ionawr 1945 at O.M. Roberts – yn Ysgol Boduan y digwyddodd yr olygfa. Ac mae cofnod ffurfiol y llyfr lòg, a'r duedd yng Nghefnddwysarn i lên gwerin dyfu am Williams Parry, yn mwy nag awgrymu mai ei gof ef oedd yn gywir.

Cefnddwysarn, fel y nodwyd, oedd y cam nesaf.

8

Cefnddwysarn, 1912–1913

Yn *Cerddi'r Gaeaf* mae gan R. Williams Parry gerdd dan y teitl 'Blwyddyn'. Fe fyddwch yn cofio rhannau ohoni:

> Mi fûm yn bwrw blwyddyn
> A'i bwrw'n ôl fy ngreddf,
> Trwy ddyddiau dyn a nosau
> Y tylluanod lleddf . . .
>
> (CG, 3)

Dan y teitl yn y gyfrol mae is-deitl eglurhaol: 'Cefnddwysarn' ac wrth gwt yr enw lle, rhwng cromfachau, y flwyddyn '1912–13'. Y flwyddyn yna a fwriodd R. Williams Parry yn ôl ei reddf yng Nghefnddwysarn a lle'r flwyddyn honno yn ei hanes fel bardd yw pwnc y bennod hon. Hyd y gwelaf fi, yr oedd yn flwyddyn hollbwysig iddo ef ac i'w farddoniaeth. Hi yw'r unig flwyddyn sy'n cael pennod gyfan iddi ei hun yn y cofiant hwn.

Yn niwedd Awst 1912 y daeth R. Williams Parry i ysgol y Sarnau ('Sarne' at lafar), a dod yno, wrth gwrs, i gymryd gofal yr ysgol gynradd yn yr ardal. Mae'r 'Took charge of school this morning,' yn llyfr lòg yr ysgol dan 26 Awst 1912 yn cofnodi'r peth yn ddigyffro o blaen, ond tu ôl i'r cofnod ffeithiol 'roedd yna ddrama bersonol a theuluol ddadlennol iawn – fel y gallwn ni ddirnad, dim ond inni ystyried mymryn bach.

'Roedd yr athro newydd yn 28 oed. 'Roedd yn ŵr gradd. 'Roedd wedi bod am ddwy flynedd yn athro Cymraeg a Saesneg yn Ysgol Sir Brynrefail. Ar ôl hynny 'roedd wedi mynd yn ei ôl i'r coleg, a threulio cyfnod yn Llydaw, yn gwneud ymchwil ar gyfer traethawd am radd MA ar gysylltiadau'r Gymraeg a'r Llydaweg. 'Roedd hynny, cofiwch, ar adeg pan oedd gwaith ymchwil at MA yn beth pur anghyffredin: rhan

5. Eisteddfodwyr; yr ail o'r chwith yw R. Williams Parry. *(Llun: Llyfrgell Genedlaethol Cymru)*

6. Eisteddfodwyr eto. Y cyntaf ar y chwith yw R. Williams Parry; wrth ei ochr y mae Cynan.

ydoedd o brentisiaeth darpar ysgolhaig, fel Ifor Williams neu John Lloyd-Jones. 'Roedd Williams Parry wedi bwrw'r brentisiaeth honno, ar bwnc ieithegol. 'Roedd hefyd, wrth gwrs, yn fardd cadeiriol cenedlaethol, yn awdur un o'r awdlau gorau a oedd wedi ei gwobrwyo yn yr Eisteddfod Genedlaethol. Ar ben hynny 'roedd wedi cyhoeddi erthyglau o feirniadaeth lenyddol. Yn 28 oed, a hyn'na i gyd tu ôl iddo, fe ddisgwyliech iddo fynd yn ôl yn athro i ysgol sir, i aros cyfle am swydd darlithydd prifysgol, efallai. Yn lle hynny, mae'n dechrau'n ysgolfeistr mewn ysgol yn y wlad ym Mhenllyn. Mae'r peth yn annisgwyl, a dweud y lleiaf.

'Roedd yn gwbwl anfoddhaol yng ngolwg tad Williams Parry, mae hynny'n sicr – yn gam od, ac amheus ei werth, oddi ar yr ystol addysgol yr oedd y tad am i'w fab ei dringo.

Hogyn o Dal-y-sarn oedd Williams Parry, mab i chwarelwr. 'Roedd yn gynnyrch cymdeithas a oedd yn dibynnu ar y chwarel am ei chynhaliaeth economaidd, ond cymdeithas a oedd yn troi o gwmpas y capel a'r ysgol lle'r oedd pethau pwysig bywyd yn y fantol. 'Roedd y tad yn flaenor. Ar yr aelwyd lle magwyd Williams Parry 'roedd y capel yn bwysig a mynychu cyfarfodydd y capel yn orfodaeth. 'Roedd addysg, hefyd, yn bwysig yng ngolwg y teulu. Derbyniai'r tad, Robert Parry, yn ddigwestiwn fod addysg a llwyddiant addysgol yn beth da i'w fab. Yn 1912 mae Williams Parry yn cicio yn erbyn y tresi ac yn mynd i ysgol fach Cefnddwysarn. Yn yr ysgol hon 'roedd gwaith caled yn ei wynebu. Pam mynd yna? Un rheswm oedd harddwch yr ardal a'i bywyd gwyllt toreithiog.

Peth arall oedd Cymreigrwydd yr ardal. Gall hynny daro'n od. Ni sy'n sôn am Gymreigrwydd naturiol – am ei fod yn prinhau. Sôn yr oedd Williams Parry am gyfoeth naturiol yr iaith lafar. Dyma ran o ysgrif ganddo yn Y *Genedl* 8 Mawrth 1926 ar Gymraeg pendefigaidd:

Ystyrir yn dra chyffredinol mai ym Môn ac Arfon y siaredir y Cymraeg puraf. Ni bu erioed y fath gamsyniad. Dyma ichwi hanesyn gwir bob gair: Flynyddoedd yn ôl yr oeddwn yn feistr ysgol fechan ym Mhenllyn, Meirionnydd. Rhyw brynhawn daeth cyfaill, a ddigwyddai fod yn athro hanes mewn ysgol sir, i ymweld â mi. Gofynnais iddo roddi gwers i'r dosbarthiadau uchaf ar Owain Glyn Dŵr. Cydsyniodd. Wedi iddo fod wrthi am beth amser, dyma glywed yr hawl ac ateb a ganlyn:

'Rhoswch chi, oedd gin Glyn Dŵr lawar o soldiwrs? Ond, hanner munud cyn i chi atab, – soldiwrs ddudwch chi yn y rhan yma o'r wlad?'

'Nage, syr,' atebai'r plant. (Nid 'nâci', sylwer.)

'Be' ddudwch chi?'

'Milwyr, syr.'

Yr oedd y cyfaill wedi rhyfeddu.

'Fydd hogia a genod bach fel chi yn deud milwyr? Ond rhoswch eiliad – hogia ddudwch chi?'

'Nage, syr.'
'Be' ddudwch chi 'ta?'
'Bechgyn, syr.'
Dechreuodd edrych yn rhuslyd.
'A be' ddudwch chi am genod?'
'Genethod, syr.'
Aeth allan i'r awyr agored i ddyfod ato'i hun.

Elidir Sais, ei gyd-facwy a chyflwynydd awdl 'Yr Haf' ar dudalennau'r *Brython*, oedd y cyfaill o athro hanes a syfrdanwyd gan lendid iaith y plant yng Nghefnddwysarn.

'Roedd deunaw ar hugain o blant ar y llyfrau, y rheini'n amrywio o bedair i bedair ar ddeg, a dim ond y fo ac athrawes babanod i ofalu am bopeth. Gadawsai ei ragflaenydd ym mis Mai. Oddi ar hynny buasai'r ysgol yn gaead am yn hir oherwydd rhyw epidemig. 'Roedd yr adeilad yn ddi-lun a mawr angen ei lanhau a'i beintio. 'Roedd y dysgu hefyd wedi llithro. 'Arithmetic and English composition extremely weak in Sts IV, V, VI, VII,' meddai'r prifathro newydd ar ôl bod yno ddeuddydd. Oedd, 'roedd gofyn torchi llewys. Ac fe wnaeth Williams Parry hynny.

Cyn pen dim o dro 'roedd gwell llewyrch. Galwodd G. Prys Williams, un o Arolygwyr Ei Fawrhydi, heibio cyn pen diwedd yr ail wythnos i weld sut yr oedd pethau'n siapio. Fe'i plesiwyd. 'This little school is in charge of a new Head Teacher. Though he has been but a very short time at the school he has already and very rapidly gained the confidence of the children,' meddai yn ei adroddiad. 'Arithmetic is very well taught', meddai ymhellach, 'and the teaching of History and Geography is quite satisfactory.'

'Rwy'n dyfynnu o adroddiad yr Arolygwr am ei fod yn rhoi'r olwg swyddogol ar Williams Parry yn ysgol y Sarnau. Mae'r olwg arall, answyddogol, ers tro'n rhan o lên gwerin Penllyn ac yn tueddu, efallai, i roi'r syniad o brifathro ecsentrig a braidd yn llac ei afael. Mae mwy nag un stori. Yr enwocaf yw honno am yr adeg pan fu'n rhaid cynnal y dosbarthiadau yn Nhŷ'r Ysgol yn hytrach nag yn yr ysgol am nad oedd modd cynhesu'r adeilad. 'Roedd yr athro hefo'r plant hŷn yn un o'r llofftydd pan ddaeth sŵn afreolus o'r stafell oddi tanodd. Agorodd yntau'r ffenestr a hongian allan, ei ben yn isaf, a'r bechgyn hŷn yn dal eu gafael yn ei goesau, er mwyn gweld beth oedd yn digwydd, cyn rhedeg i lawr i wastrodi'r sawl oedd yn cadw reiat. Ond fy ffefryn i o blith y straeon yw honno am Arolygwr arall yn taro heibio – O.M. Edwards, yn ôl un fersiwn – ar ymweliad anffurfiol rai misoedd ar ôl G. Prys Williams. Holodd ryw grwt bychan lle'r oedd y meistr. Amneidiodd hwnnw i gyfeiriad darn o dir twmpathog a oedd yn ymyl. 'Roedd Williams Parry yn y fan honno rywle'n ymguddio, yn cymryd arno mai Owain Glyndŵr ydoedd, a'r plant yn chwarae rhan milwyr Syr Lawrens Berclos yn chwilio amdano. A yw'r stori'n wir? Ydyw, meddai cof yr ardal. Yn sicr, mae'n haeddu bod yn hanes dilys. Mae'n dangos dyn a chanddo ddawn arbennig i fynd i fyd plant a chael ei dderbyn ganddynt. 'Roedd hynny'n wir am Williams Parry. 'Roedd hefyd, mae'n werth pwysleisio, yn athro effeithiol, a chanddo erbyn mynd i Gefnddwysarn chwe blynedd o brofiad o drin plant mewn amrywiaeth o ysgolion cynradd. Do, fe setlodd Williams Parry i'w waith yn ysgolfeistr yn y Sarnau.

Yn ogystal â setlo i waith yr ysgol, fe blwyfodd Williams Parry yn fuan iawn ym Mhenllyn. Lletyai i gychwyn yn Islwyn, Llandderfel, efo'i chwaer Dora a'i gŵr, J. Owen Jones, a oedd wedi dod i'r ardal ryw flwyddyn ynghynt yn weinidog Llandderfel a Chefnddwysarn. 'Roedd eu cael hwy yno yn help ar y dechrau, ond symudodd yn y man i Gynlas, hen gartref Tom Ellis, er mwyn bod yn nes at yr ysgol. 'Roedd mwy o ryddid yng Nghynlas hefyd, hyd yn oed os oedd cwynfan y sguthanod yn gynnar yn y bore yn ei anesmwytho.

Fel hyn, cyn pen fawr o dro daeth i adnabod y gymdogaeth a'r trigolion. Rhai fel Robert Evans, Crynierth Fawr, er enghraifft, cadeirydd y rheolwyr. Galwodd ef yn yr ysgol y bore cyntaf i groesawu'r prifathro newydd; galwai heibio yno'n aml wedyn wrth basio; a dechreuodd yr athro yntau alw yng Nghrynierth. Un arall oedd John Davies, Llwyn Iolyn, ffermwr dros ei drigain yr adeg honno, a thipyn o hen wàg yn ôl pob hanes. 'Doedd John Davies ddim yn ddyn llengar ond 'roedd yn ymadroddwr ardderchog, a daeth Williams Parry ac yntau'n bennaf ffrindiau. Byddai wrth ei fodd yn mynd gyda John Davies yn ei boni a thrap ar ddydd Sadyrnau pan âi hwnnw hyd y wlad i borthmona, mynd draw am Langwm a Cherrigydrudion, yna'n ôl trwy Fron-goch i'r Bala, gan aros am lymaid ar y ffordd, wrth reswm. Mae ar gael ddigriflun mewn pensel o waith Williams Parry o'r cyfnod yma, llun o Robert Evans, Crynierth a John Davies mewn trap a'r ceffyl wedi rhusio a Williams Parry ei hun, mewn siwt a het deidi, yn rhuthro i ben yr anifail i'w atal. Wrth gwrs, fe wyddai pawb a'i hadwaenai mai ef, o bawb, fuasai'r olaf un i wneud hynny!

Heblaw Crynierth a Llwyn Iolyn, 'roedd aelwydydd eraill lle'r hoffai daro heibio. Y Derwgoed yn un, efo Llwyd o'r Bryn ifanc; y Pentre, cartref J.F. Owen (tad Ifor Owen, Llanuwchlyn); a Chrynierth Bach, cartref J.M. Roberts a'i ddwy ferch, Catherine a Mary. Mae atgofion Catherine – Mrs W.T. Davies yn ddiweddarach – yn werth eu dyfynnu:

Roeddwn newydd ddechrau yn yr ysgol sir pan ddaeth ef yma. 'Fu ef ddim yn athro arnaf i, dim ond ar ddysgu y tonic solffa yn sgoldy Cefnddwysarn am ryw chydig. Dyna lle dois i i gyffyrddiad ag ef gyntaf. Wedyn aethom yn ffrindiau mawr, fy chwaer a minna, a thrwy nad oeddem yn ddisgyblion iddo buan iawn y diflannodd yr enw Mr Williams Parry. Bathwyd enw newydd arno gan Mer a minnau. Aeth Williams yn Wil a Parry yn Par, a Wilpar fu byth ar ôl hynny. Fel Wilpar y cyfarchem ef bob amser, ac fel Wilpar y cyfeiriai yntau ato'i hun yn ei lythyra. Arferai ddod i'n tŷ ni lawer gwaith yn ystod yr wythnos a diweddai y noson bob amser trwy ganu alawon gwerin. Ef a ddysgodd y rhan fwyaf o'r rhain inni. Organ fach oedd gennym yr adeg honno. Ef fyddai'n chwarae ac yn canu yr un pryd.

Dros y Sul hefyd âi Williams Parry yn aml am dro efo Catherine a Mary, cerdded weithiau, beicio dro arall, drosodd i'r A5 at Dŷ-nant a Phont-y-glyn, draw tua Bethel a cherdded i fyny heibio Pen-y-bryn at Lyn Mynyllod, neu i gyfeiriad Cletwr yr ochr bellaf i Landderfel tua'r Berwyn.

Do, fe'i derbyniwyd – nid am ei fod yn fardd – ond am yr hyn ydoedd. Bwriodd i fywyd yr ardal. Ymunodd â chwmni drama lleol i gyflwyno *Asgre Lân* R.G. Berry. 'Roedd Llwyd o'r Bryn yn y cwmni; a Tom Jones, Cwm Main, Tom yr Hendre, y lluniwyd yr englynion Milwr o Feirion er cof amdano (*Yr Haf a Cherddi Eraill*, XLIX); ac E.O. Humphreys, a J.F. Owen. 'Pawb yn cynhyrchu ei ddarn ei hun', oedd hi yn ôl Llwyd o'r Bryn. 'Nid oedd RWP ddim mwy profiadol na neb [arall], a gwnâi y campau doniolaf noson y chwarae, na welson ddim ohonynt yn ystod yr ymarferiadau . . .' Un tric oedd ysgwyd potel bop a chael andros o glec wrth dynnu'r corcyn! Oedd, 'roedd yn cael bod yn blentynnaidd, naturiol.

'Roedd ei gwirciau yn cael cydymddwyn â hwy. Dyna'i ofn nos diarhebol, er enghraifft, un o'r ofnau cwbwl afresymol, hyd at odrwydd bron, a'i poenai, ac sy'n amlygu ei sensitifrwydd eithriadol. Mae yna ddigon o straeon am ei ofnusrwydd – ofn nos, ofn sŵn tylluan – ac am rai'n gorfod ei ddanfon adref wedi nosi. Mae yna un stori amdano'n ymweld â'r Derwgoed ac oen llywaeth du yn ei ddilyn. Clywai sŵn heb weld dim. Dychrynodd yn enbyd. Mae gan W.D. Williams stori arall amdano wedi dod i Benbryn, Bethel, a hithau'n mynd yn rhy hwyr i fynd adref. Bu'n rhaid gosod gwely mabsant iddo.

'Roedd atyniadau eraill, wrth reswm. Wyth ar hugain oed oedd Williams Parry ac 'roedd yn ddibriod. Yn *Telyn y Dydd* (1918) mae yna gerdd ganddo sy'n cuddio stori. 'Godre Berwyn' yw'r teitl. Nid yw yn y cyfrolau.

> Dos, lythyr lwcus, at fy mun,
> Gwyddost y ffordd o'r gore;
> Gwyn fyd na chaffwn ddod fy hun
> I'r fan y byddai'r bore.

Gwyn fyd na chaffwn hanner awr
Hyd lwybrau gerddais ganwaith
Ar lannau dyfroedd Dyfrdwy fawr
Yng nghwmni'r eneth lanwaith.

Ond, yn y bôn, y derbyn naturiol oedd y peth – y cefndir gwledig naturiol, y gymdeithas o bobol yn byw'n hwyliog gymdogol naturiol, y cyfle i fod yr hyn a fynnai – heb bwysau coleg ac academiaeth, na phwysau uchelgais, na phwysau'r foeseg gapel i'w wthio. 'Roedd yn cael byw yn rhydd:

Mi fûm yn bwrw blwyddyn,
A'i bwrw'n ôl fy ngreddf,
Trwy ddyddiau dyn a nosau
Y tylluanod lleddf,
Lle'r oedd pob gweld yn gysur
Pob gwrando'n hedd di-drai,
Heb hiraeth am a fyddai, dro,
Nac wylo am na bai.

Ac eto fe adawodd hyn i gyd, a hynny ar ôl blwyddyn. Gadawodd y Sarne a symud i'r Barri yn athro Cymraeg a Saesneg yn yr ysgol sir yno. 'Roedd yn gas ganddo feddwl mynd cyn ymadael. Mae J.F. Owen yn cofio sefyll gydag o yn pwyso ar reilings iard yr ysgol yn disgwyl i'r practis drama ddechrau ac yn edrych ar y Berwyn a'r Mynydd Du, a Williams Parry yn dweud: 'J.F., 'does arnaf ddim eisiau mynd oddi yma.' Mewn llythyr, flynyddoedd yn ddiweddarach, at G.J. Williams (30 Mehefin 1946) mae'n cofio 'fel y bu ond y dim' iddo ar ei ffordd i'r Barri ei gwneud hi am Lundain o Riwabon.

Pam gadael felly? Mae pennill olaf 'Blwyddyn' yn rhoi'r ateb:

Canys fy sêr roes imi,
Os oes ar sêr roi coel,
Hendrefu ar y mynydd,
Hafota ar y foel.
Och! fy hen gyfaill marw,
Ac och! fy nhirion dad,
Roes im ddilaswellt lawr y dref
Am uchel nef y wlad.

Mae J.F. Owen yn cofio'i ateb iddo yntau pan ofynnodd iddo, ar ôl iddo ddweud nad oedd eisiau ymadael: 'Pam ydech chi'n mynd?': 'O, mae'r hen bobol yn dweud nad yw'r ysgol yma'n ddigon da i mi.'

'Roedd yn gas ganddo feddwl mynd cyn ymadael. Y tad a'i uchelgais oedd yn gwthio. Ac 'roedd ganddo gymorth i dynnu, sef R. Silyn Roberts, o Ddyffryn Nantlle, a oedd yn y Barri erbyn hyn. Dyma ddyfyniad o lythyr oddi wrth Silyn at John Morris-Jones, dyddiedig 6 Mehefin 1913:

> Yr wyf yn brysur iawn heddyw a ddoe yn ceisio perswadio Edgar Jones y Barri i apwyntio R. Williams Parry yn athro Cymraeg a Saesneg yn ysgol y Barri. Y mae Syr Edward Anwyl wedi mawr gymeradwyo rhyw John Hughes, 2nd Class Hons. Cymraeg. Ond nid oes cymhariaeth rhyngddo a Williams Parry. Hyderaf lwyddo i gael y bardd i'r Barri.

Gadawodd y bardd Benllyn yn anfoddog. 'Roedd hiraeth yn cnoi. O'r Barri fe yrrodd y darn yma at John Davies, Llwyn Iolyn, ei gyfaill pennaf ym Mhenllyn:

> Och! gyfaill, peidiwch gofyn—imi'n awr
>   Am wên iach ac englyn;
> Yn stŵr di-Dduw'r strydoedd hyn,—rwyf o 'ngho,
> O, mi allwn wylo am Llwyn Iolyn.

Hiraeth ar y pryd, meddech chi. Y peth trawiadol yw i'r teimlad bara'r un am ddeugain mlynedd. Mae'n crybwyll y peth dro ar ôl tro mewn llythyrau neu ar sgwrs. Daw'r dyfyniad cyntaf hwn o lythyr at J.D. Richards, Trawsfynydd, 28 Awst 1917:

> Mae'n wir ddrwg gen i i mi adael yr ardal dawel honno erioed
>
> > Lle rhoddai'r Nef i fachgen lleddf
> > Ddifyrru'r dydd yn ôl ei reddf.

Dyma'r ail ddyfyniad, o lythyr o Gaerdydd, at Miss L.M. Roberts:

> Nid wyf wedi gweld cenllysg yng Nghaerdydd. Yn wir, y mae'r tymhorau'n newid heb yn wybod imi yma. Mor wahanol i'r wlad! . . . Cofiwch fi at y mynydde yna, please: ac at yr adar gwylltion a'r grug.

Daliodd y gofid yn hir am iddo adael Cefnddwysarn. Yn Nhachwedd 1941, soniodd wrth J.O. Williams iddo fethu cael bywyd llawn yn unman fel a gafodd yng Nghefnddwysarn, a siarsiodd J.O. i beidio byth â gorfodi ei fab i fynd i unman na gwneud dim yn groes i'w ewyllys. Ryw ben ar ôl 1944 dywedodd wrth y Parchedig Ffowc Williams, Llanllechid: 'Fy nhad a Silyn ddifethodd fy mywyd i.'

Fe dyfodd y Sarne yn ei feddwl yn rhyw fath o ardd Eden. Tyfodd i gynrychioli iddo ef bopeth gorau bywyd. Ac fe ddathlodd hynny yn ei gerddi. 'Roth o ddim ar ddeall i ni ei fod o'n fardd,' meddai merch Crynierth. Fe wyddai rhai fel Llwyd o'r Bryn. Yn ei gwmni ef a chwmni tad W.D. Williams fe gâi sgwrs lengar weithiau. Bu'n beirniadu mewn cyfarfodydd cystadleuol, a chael hwyl wrth wobrwyo canu gwlad iach. Câi'r *Genedl* o Gorwen, a thrwyddi hi – a cholofn E. Morgan Humphreys – gallai gadw mewn cysylltiad â'r byd llenyddol. Ond rhan o apêl y Sarne oedd dianc o awyrgylch llenyddol ymwybodol – fel Cylch y Macwyaid ym Mangor; fel y cylchoedd y ceisid ei lusgo iddynt yn y Barri; y math o beth y bu ef yn ei osgoi weddill ei ddyddiau. Ond tra bu yno ychydig iawn, iawn – os dim – a gyfansoddodd. 'Hel i'w gwch', chwedl Llwyd o'r Bryn, y bu yn y Sarne. Yn ei ganu diweddarach y mae'n canu profiadau Penllyn. Mae Penllyn i'w gael yn:

'Y Sguthan'

Dy ofn a'm dychryn, glomen wyllt,
    Pan safwyf dan dy ddeiliog bren;
Arhosi'n fud o'i fewn nes hyllt
    Dy daran agos uwch fy mhen:
Ganwaith yn swn dy ffwdan ffôl
Y trôdd fy nghalon yn fy nghôl.

Nid rhaid it ddianc fel y gwynt,
    Ni'th leddir ond o frad y dryll;
Ac megis Lleu Llaw Gyffes gynt
    Ni fedd a'th laddo ond un dull:
Dy fwrw o'th wrthol, glomen gu,
A'th gael dan blygion dwfn dy blu.

Ni fynni lety fel dy chwaer
    Sy'n hel ei thamaid ar y stryd;
I'r glasgoed nas mesurodd saer
    Esgynni oddi ar ysgubau'r ŷd:
I'r anwel tawel sy ar bob tu
Ym mynwes Coed y Mynydd Du.

Mi adwaen rywun dyner-lais
    A huda'r adar ar ei hôl;
Ac oen ni sugna, os hon a'i cais,
    Na ad ei ddala hyd y ddôl;
Ni thycia'i thyner arfer hi,
Ei theg lais dwys ni'th oglais di.

Ond pan fo'r chwa yn lleddfu'th ofn
Heb unswn estron ar ein min,
A phan na bo'n y goedwig ddofn
Ond gosteg hyd ei phellaf ffin,
Tithau, bryd hyn, agori big
Dy ddiniweidrwydd yn y wig.

(*HChE*, IV)

Gweld naturioldeb y sguthan yng Nghoed y Mynydd Du y mae yma.
Dyna'r 'Tylluanod':

Pan fyddai'r nos yn olau,
A llwch y ffordd yn wyn,
A'r bont yn wag sy'n croesi'r dŵr
Difwstwr ym Mhen Llyn,
Y tylluanod yn eu tro
Glywid o Lwyncoed Cwm-y-Glo.

Pan siglai'r hwyaid gwylltion
Wrth angor dan y lloer,
A Llyn y Ffridd ar Ffridd y Llyn
Trostynt yn chwipio'n oer,
Lleisio'n ddidostur wnaent i ru
Y gwynt o Goed y Mynydd Du.

Pan lithrai gloywddwr Glaslyn
I'r gwyll, fel cledd i'r wain,
Pan gochai pell ffenestri'r plas
Rhwng briglas lwyni'r brain,
Pan gaeai syrthni safnau'r cŵn,
Nosâi Ynysfor yn eu sŵn.

A phan dywylla'r cread
Wedi'i wallgofddydd maith,
A dyfod gosteg ddiystŵr
Pob gweithiwr a phob gwaith,
Ni bydd eu Lladin, ar fy llw,
Na llon na lleddf—'Tw-whit, tw-hw!

(*CG*, 6)

Wrth ddarllen y geiriau hyn cofier am ei ofn o'r nos a'i ofn o sŵn
tylluan: mynegi rhyw fraw cyntefig y mae'r gerdd.

Oni allai'r geiriau hyn am freuddwyd plentyndod o 'Hen Lyfr
Darllen' fod yn eiriau'n disgrifio man ym Mhenllyn?

> O hynny hyd yn awr mi dreuliais derm
> Mewn llawer tyddyn mwyn a llawer fferm,
> Ym Mhenllyn Meirion, ac ym Maldwyn, do,
> Ym Mhen-y-Llyn yn Arfon ar fy nhro.
>
> (CG, 14)

Y mae Penllyn hyd yn oed yn 'Trem yn ôl', cerdd ar adeg ymddeol:

> Mae'n debyg y dywed pob athro drwy'r byd
> Mai'r Gwener yw'r gorau o'r dyddiau i gyd.
> Pan oeddwn ym Mhenllyn ym mil naw un tri
> Dydd Gwener oedd pob dydd o'r flwyddyn i mi.
>
> Cans yno'r oedd niwloedd a chymoedd a choed
> I awen na charodd yr heulwen erioed.
> A dyna, ond odid, y rheswm paham
> Ym mwg Sir Forgannwg na chafodd fawr gam.
>
> Ni châr hi fân drefi ychwaith ond o raid,
> Lle ni ellir dianc rhag crafanc yr haid.
> Rhowch iddi hen gorlan criw diddan Caerdydd,
> Neu gornel o ryw Lanfihangel-y-Gwŷdd.
>
> (CG, 21)

Hyn oll heb sôn am 'Blwyddyn', cerdd y dyfynnwyd ohoni'n barod.

Ond mae'r flwyddyn yn bwysicach na'r cyfeiriadau hyn hefyd – neu ni fyddai o werth i mi sôn amdani. Awgrymais mai gwrthryfel yn erbyn llwybr dyrchafiad a gyrfa, gwrthryfel yn erbyn ei dad, a ddaeth â Williams Parry i Benllyn. Mae'r gwrthryfel yn ddyfnach na gwrthod cerdded llwybr swydd ac y mae'n sylfaenol yng nghanu Williams Parry.

Fe'i magwyd mewn cymdeithas gapelgar ac mewn awyrgylch lle'r oedd derbyn athrawiaethau crefydd yn beth cyffredinol – derbyn rhagluniaeth ddaionus, derbyn nefoedd a bywyd tragwyddol ar ôl angau. Yn llanc, fe ganodd yntau safbwyntiau uniongred ei gefndir. Fe'u ceir yn ei englyn ar fedd cyfaill cyfoed a gafodd ddamwain ar ei ffordd i'r chwarel a marw:

> Dafydd annwyl, dy fedd unig—ennyn
> Aml fynwes ddrylliedig;
> Ond y rhos o'i briddawl drig
> A gwyd yn ddiwygiedig.

Maent yn awdl 'John Bunyan', awdl anfuddugol Eisteddfod Genedlaethol Abertawe 1907. Maent yn yr englyn a luniodd ar glawr Beibl yn anrheg:

Cymer hwn; ac am arweiniad—a nerth
  Glŷn wrtho yn wastad:
Coelia'r bri, y clwy a'r brad,
Gwarth y cur, gwerth y Cariad.

Ond fe wrthryfelodd yn erbyn y safonau hyn. Gwrthododd sicrwydd cred ei dad a'i daid; gwrthododd y syniad o fywyd tragwyddol. Gwrthododd y gwareiddiad diwydiannol. Cerdd yn gwrthod gwerthoedd Tal-y-sarn a chapel Hyfrydle yw awdl 'Yr Haf'. Cerdd yw hi am fwynhau bywyd byr tra mae; am flasu bywyd i'r eithaf a'i storio'n atgofion i'r dyfodol – gan nad oes dim parhad, ond bywyd dros gyfnod byr yn ailflaguro fel natur. Yn sgil y gerdd honno daeth Williams Parry yn arweinydd y bywyd llenyddol newydd yng Nghymru.

Ond nid oedd yn fodlon ar 'Yr Haf'. Cerdd academaidd ac esthetaidd oedd hi, cerdd yn ymateb i bethau mawr bywyd – byw a marw – trwy lenyddiaeth, nid trwy fywyd. 'Roedd ei hiaith yn llenyddol – *macwy*, *pali*; 'roedd ei dodrefn yn llenyddol – cymeriadau dychmygol fel Brawd Gwyn, Macwy'r Haf. Cerdd *Pre-Raphaelite* oedd hi. Gwrthododd ei hiaith, gwrthododd yr elfen anterliwt. Gwnaeth hwyl am ei phen yn awdl 'Yr Hwyaden'.

Os oedd bywyd yn fyr ac yn derfynol, os profiad oedd popeth o bwys, cael profiadau uniongyrchol a chyfleu'r rheini oedd y peth pwysig ac nid byw ar gawl eildwym llenyddiaeth.

Fe fentraf i honni mai yn y Sarne y gwelodd Williams Parry ei lwybr. Yno y gwelodd beth oedd byw naturiol, iach. Y gerdd bwysig yn y cyswllt hwn yw 'Yr Iberiad'. Cerdd o adeg y Sarne yw hi yn ôl rhai, megis Llwyd o'r Bryn. Yr oedd ei thema'n bwysig i Williams Parry, mor bwysig nes ei fod, fel y gwelir yn nes ymlaen, am lunio cerdd hir arni:

Ha wŷr fy mrodyr! Fel 'roedd hedd
Y ddaear hawddgar ar fy ngwedd
Pan glywn y durtur gylch fy nghell
Yng nghysgod coed y Berwyn pell.

'Roedd yno lonydd, Duw a ŵyr,
A golau'r dydd fel golau'r hwyr;
A chodai'r mynydd wrth fy nôr
Ymhell o'r byd, ymhell o'r môr.

'Roedd yno gordial at bob clwy
Mewn unigeddau fwy na mwy,
Lle rhoddai'r nef i fachgen lleddf
Ddifyrru 'i ddydd yn ôl ei reddf.

Ac nid oedd yno ddim rhyw boen,
Ond tristwch mwyn fel hanner hoen,
Pan wylai f' ienctid moethus, clyd,
Y dagrau difyr cyn eu pryd.

O ddyddiau fy niddanwch pur
Pan oeddwn arglwydd ar fy nghur!
Ar fron a chlogwyn, ac ar ffridd
Yn profi'r heddwch sydd o'r pridd.

Mi gefais goleg gan fy nhad,
A rhodio'r byd i wella'm stad;
Ond cefais gan yr hon a'm dug
Fy ngeni'n frawd i flodau'r grug.

Ha wŷr fy mrodyr! Fel bai hedd
Y ddaear hawddgar ar fy ngwedd
Pe clywn yng nghoed y Berwyn pell
Y durtur eto gylch fy nghell.

(*HChE*, XXIII)

Cerdd ydoedd hon am ddod i delerau â phrofiadau pridd y ddaear.

Ni chanodd Williams Parry awdl ar ôl dod i'r Sarne – ac eithrio digrifawdl. Yn wir, ychydig o ganu caeth a luniodd, ac eithrio englynion. Daeth i ganu'n symlach o dipyn i beth. Mae Llwyd o'r Bryn wedi cofnodi iddo ddweud wrth J.W. Rowlands y cynganeddwr unwaith yn stesion Llandderfel 'ei fod am aberthu ei anfarwoldeb a dod i ganu yn nes i'r Werin'. Mewn gwirionedd, sicrhau ei anfarwoldeb a wnaeth. Y Sarne a wnaeth 'Y Llwynog' a 'Clychau'r Gog' yn bosib – ymhen wyth mlynedd. 'Roedd y flwyddyn ym Mhenllyn yn mil naw un tri yn bwysig iawn yn ei yrfa. 'Does ryfedd ei fod yn sôn mor aml amdani.

9

Y *Rhyfel Mawr, 1914–1918: 'Ger y Ffos Ddu'*

ERGYD a daniwyd gan fyfyriwr ifanc, aelod o'r Llaw Ddu – cymdeithas gêl Serbaidd – ar 28 Mehefin 1914, a enynnodd y Rhyfel Mawr. Yn Sarajevo y taniwyd yr ergyd honno a laddodd yr Arch-ddug Franz Ferdinand o Awstria. Yn y man – ar 28 Gorffennaf – parodd hyn i Awstria gyhoeddi rhyfel yn erbyn Serbia. Tynnodd y sefyllfa economaidd a gwleidyddol gymhleth genhedloedd eraill i'r gyflafan, a barhaodd hyd 11 Tachwedd 1918.

Pan dorrodd y rhyfel yr oedd Williams Parry, fel y dywedwyd, yn athro yn Ysgol Sir y Barri, wedi cael ei wthio yno, chwedl yntau, gan ei dad, a'i dynnu gan Silyn Roberts. Ym Mro Morgannwg dioddefai byliau o hiraeth am Gefnddwysarn, yn enwedig am nad oedd mynyddoedd yn Y Fro. Yn Chwefror 1914, gyda'i bennaeth yn yr ysgol, Major Edgar Jones, aeth i weld gêm rygbi ryngwladol yng Nghaerdydd. Enillodd Cymru yn erbyn yr Alban. Sylw Williams Parry oedd: 'Cenedlaetholwr Cymreig fyth oddi ar hynny.' Y mae'n amlwg i'r gêm rygbi hon gael cymaint o ddylanwad ar Williams Parry â'r gêm arall honno y bu Cynan yn ei gweld ac a ysbrydolodd ei gerdd 'Y Dyrfa'.

Ym mis Mai 1915, galwyd Williams Parry i'r Bwrdd Addysg yn un o bedwar a ymgeisiodd am dair swydd Arolygydd Ysgolion. Efô oedd yr un nas penodwyd, eithr dywedodd O.M. Edwards wrtho y byddai'n cofio amdano. Ac, yn wir, fe wnaeth hynny ym mis Mai 1919; ond gwrthod y cynnig hwnnw yn ddiolchgar a wnaeth Williams Parry.

Yn ddiweddarach yn 1915, ym mis Tachwedd, fe'i cynigiodd Williams Parry ei hun i'r fyddin. Fe'i gwrthodwyd am nad oedd ei olwg yn ddigon da. Yn Ebrill 1916, gadawodd Ysgol Sir y Barri a mynd yn athro Saesneg i Ysgol Ganolraddol Caerdydd. Yn Nhachwedd 1916, fe gafodd ei dderbyn yn A1 gan y fyddin: 'ei safon wedi gostwng', chwedl yntau.

Ni fu'r ymrestru hwn heb ei helyntion. Y mae dwy fersiwn o'r hanes, un gan Major Edgar Jones a'r llall gan J.Ll. Williams. Wrth symud i

7. Y bardd yn filwr.

fyw o'r Barri i Gaerdydd 'doedd Williams Parry ddim wedi gadael i awdurdodau'r fyddin wybod am y newid cyfeiriad. Pan anfonwyd rhybudd listio iddo i'r Barri nid anfonwyd ef yn ei flaen iddo. Am ddau neu dri mis bu'r fyddin yn chwilio amdano, gan amau ei fod yn wrthgiliwr (*deserter*). Yna daethant o hyd iddo, ei basio'n A1, a rhoi diwrnod iddo hel ei bac.

Fe all fod Williams Parry wedi cyfarfod swyddog y lle listio fwy nag unwaith, er nad yw hynny'n gwbl glir. Gellir tybio fod fersiwn J.Ll. Williams yn trafod y cyfarfod cyntaf a fu rhwng Williams Parry a'r swyddog hwnnw. Oherwydd y cyfeiriad at y '2nd Welsh [*sic*]' gan J.Ll. Williams fe ellir tybio mai dyma gyfarfod cyntaf y bardd â swyddog y lle listio, ond y mae ei ffrae â'r swyddog hwnnw yn swnio fel yr un y cyfeiria Edgar Jones yntau ati. Sut bynnag, noda J.Ll. Williams ei fod ef 'y tu allan i'r drws' pan ddigwyddodd ffrae rhwng Williams Parry a'r swyddog. Wele bwt o'i adroddiad ef am y sgwrs a fu rhwng y ddau – y swyddog sy'n llefaru gyntaf:

'Why the hell didn't you turn up yesterday?'
'How the hell could I?' meddai'r bardd.
'Right! You will be in the 2nd Welsh [sic], and you won't like it.'

Daeth Williams Parry allan. Ar ôl i J.Ll. Williams glywed am ei bicil penderfynodd y ddau fynd draw i'r Barri i weld Silyn Roberts. Daeth hwnnw gyda Williams Parry i Gaerdydd a phwyso arno i ymddiheuro i'r swyddog. Gwnaeth hynny, a chael deng niwrnod i hel ei bethau.

Dyma a ddywed Edgar Jones, gan ddyddio'r digwyddiad yn amryfus yn Hydref 1917. Yr oedd yn ei stafell yn RC Barracks yng Nghaerdydd yn ystod y dydd y cyfarfu Williams Parry y swyddog am y tro cyntaf, efallai. Clywodd sŵn y tu allan:

> Dyna lle 'roedd Bob Williams Parry yn edrych braidd yn gyffroes. 'Dowch i mewn,' meddwn, ' be' di'r mater,' a dywedodd ei hanes.
> 'Rwyf newydd gael gwys oddiwrth Swyddog Recriwtio yn fy ngalw i fyny ac yn fy nghyhuddo o fod yn deserter.'
> 'Sut felly?' meddwn.
> 'Gwyddoch i mi adael yr ysgol yn y Barri yng Ngorffennaf am yr High School Caerdydd. Ymddengys i wys yn fy ngalw i'r fyddin gael ei hanfon i'm hen gyfeiriad yn y Barri, ac i wraig y tŷ yno anghofio ei hanfon i mi i Gaerdydd. Ac yn awr y mae'r Swyddog yn dweud ei fod am fy anfon yfory['r] bore i'r 3rd Welsh [sic]' (bataliwn a chymeriad go arw yn cyfateb i'r hen Militia).

Dywedodd Edgar Jones wrth y bardd ei fod yn adnabod y swyddog ac y ffoniai ef y funud honno. Gwnaeth hynny, a threfnu i Williams Parry fynd i'r swyddfa recriwtio drannoeth: 'Addawodd Bob yr aethai.' Ond nid aeth. Tua chanol dydd drannoeth daeth galwad i Edgar Jones gan y swyddog: 'Dydi'r gwalch yr oeddech yn siarad amdano neithiwr ddim wedi cyrraedd.' Fe ffoniodd Edgar Jones Silyn Roberts.

Er 1916 yr oedd Silyn yn Ysgrifennydd Adran Gymreig o *Officers' Training Corps* (OTC) Ysbytai'r Frawdlys. Yr oedd yno am ei fod wedi tynnu sylw at y ffaith nad oedd graddedigion Prifysgol Cymru yn cael chwarae teg i gael eu penodi'n swyddogion mewn catrodau Cymreig. Dyna pam y ffoniodd Edgar Jones ef 'yn ei swyddfa'n y Registry', sef Cofrestrfa Prifysgol Cymru, yng Nghaerdydd. 'Mi af i'w weld yr eiliad yma,' meddai Silyn. Ac i ffwrdd ag ef i lety Williams Parry:

> . . . a dyna lle 'roedd wrth y tân yn edrych yn ddigalon ac wedi 'pwdu'.

'Doedd o ddim am fynd at y swyddog, rhaid oedd iddynt ddod i'w 'mofyn, ac aeth yn fwy ystyfnig.

Ceisiodd Silyn ei berswadio i ail-ystyried gan ddisgrifio'n fyw fel y byddai raid iddo gerddyd [*sic*] trwy strydoedd Caerdydd rhwng dau blismon milwrol, a phawb yn edrych arno'n ddirmygus.

O'r diwedd cytunodd y bardd i fynd gyda Silyn i'r swyddfa recriwtio.

A dyna ffrae! Y swyddog yn ei felltithio a'i alw'n bob enw, a Bob yn colli ei dymer ac yn rhoi ateb air am air, peth anghyffredin mewn swyddfa milwrol [*sic*].

Fe welir fod rhywfaint o anghysondeb rhwng y ddwy fersiwn, ond fod y ddwy'n gytûn ar y prif fater, sef bod yna helynt ynglŷn â'r bardd yn listio.

Y mae llythyr gan Silyn Roberts at ei wraig yn cyfeirio at yr helynt. Y dyddiad ar y llythyr hwnnw yw 21 Tachwedd 1916. Fe'i hanfonwyd o Gofrestrfa'r Brifysgol:

Mae'r awdurdodau milwrol yma wedi cydio yng ngwddw Williams Parry a'i fwrw i'r fyddin fel ysgerbwd: Class A: general service. Y mae Edgar a minnau wedi bod heddyw trwy'r dydd yn ceisio ei rwystro [rhag mynd] i'r 3rd Welch. Ac o'r diwedd cafwyd ei draed yn rhydd am *10 days yn unig*. Ymddengys iddo adael ei digs yn Barry heb notifyio'r powers that be, a bu agos iawn iddo gael ei arrestio fel deserter! Ond be wyr y Saeson diawl yma am Fardd yr Haf? Ofnaf mai i'r 3rd Welch y bydd raid iddo fynd ar ddiwedd y 10 days.

Yn ôl J.Ll. Williams yr hyn a ddigwyddodd wedyn oedd fod Williams Parry wedi gwneud apêl i ymuno ag Ysbytai'r Frawdlys i ddilyn cwrs swyddog yn y fyddin. Cafodd ei dderbyn. Dyma alw eto yn y swyddfa listio yng Nghaerdydd. Yr oedd y swyddog gelyniaethus yn wallgof pan glywodd hanes y bardd ac fe'i cadwodd yn y swyddfa o naw y bore tan bump yr hwyr yn disgwyl am ei bapurau, ac yntau i fod yn Llundain erbyn 9.30 y bore wedyn.

Yn OTC Ysbytai'r Frawdlys y bu am gyfnod. Ond rid oedd fawr o siâp swyddog arno. Yn ôl J.Ll. Williams aeth i ddrilio cadetiaid un diwrnod a'u cyfarch yn foneddigaidd, 'Attention please!' Yna fe'i cafodd ei hun yn Berkhamstead, swydd Hertford, mewn Ysgol Inffantri. Ymddengys iddo gyrraedd yno'n gynnar yn Chwefror 1917. Ar 25 Mawrth 1917, ysgrifennodd lythyr at Thomas Jones, CH, o Hetherfield Cadet School, Berkhamstead. Ei gais oedd: 'Could you persuade the powers that be at the War Office to request my transfer into a R.G.A. [Royal Garrison Artillery] Cadet School from this Infantry School?' Noda iddo gael ei enwebu ar gyfer comisiwn yn yr

RGA (Sir Gaernarfon) gan Uchel Siryf Sir Gaernarfon, bod pethau wedi mynd yn hwylus a bod Capten Chard, pennaeth 'yr ysgol hon,' wedi addo y câi drosglwyddo i Ysgol RGA Ond aeth pethau o chwith: 'At the end of the first month, however, . . . a test paper was sent us, and I must say I did rather badly at it. I obtained 40 marks out of a maximum of 100.' Galwyd yr ugain ar waelod y rhestr at y Capten Chard:

> . . . in that interview he told me that I must do much better at the next test paper, otherwise he would have to send me to a line regiment as a Tommy. (He did not put it as bluntly as that, but his words were to that effect.)

Yr oedd papur prawf arall yn agos:

> I have worked jolly hard for the last three weeks, but the intricacies of Infantry Drill make me quite silly, and I fear I am a perfect mug at it. I know I should do better at Artillery work: I have done sufficient Maths., and I have also passed Matric. Mechanics and Dynamics.
>
> Capt. Chard's opinion of me is, I believe, that I lack the necessary 'bounce' which should belong to an officer of Infantry units. He thinks I am slow, and have not enough self-confidence when ordering men about, in spite of the fact that every testimonial I have had from Heads of Schools makes a point of mentioning that I am a very sound disciplinarian!
>
> In conclusion, I do not blame anyone, not even myself and least of all Capt. Chard. He has every right to think that I am slow-witted and lack initiative. It is the irony of fate: I cannot, like Chaucer, be a soldier *and* a poet.

Â rhagddo i ddweud nad yw wedi camymddwyn mewn unrhyw fodd. Yn wir, meddai:

> . . . if I am washed out at the end of this week it will be because I am not enough of a 'bounder'!
>
> . . . I think, however, I am too good to be disgraced by being sent to a line regiment: it would spoil not only my military career but my civil prospects also, and I abhor the prospect of associating with ruffians after living with a nice set of fellows for the last 3 or 4 months.
>
> . . . I suppose a word from the Prime Minister to somebody in authority at the War Office would get me transferred without any difficulty.

Y mae llyfr nodiadau'r fyddin o'r eiddo Williams Parry – dros 100 tudalen ohono – yn tystio i'w ddiwydrwydd ac i'w ymdrechion i feistroli medrau milwrol. Ceir nodiadau fel a ganlyn gyferbyn â dyddiadau:

Chwef. 6 1917 Messages Capt. Chard. (Sut i lunio negesau oedd y pwnc.)
Chwef. 10 Map Reading
Chwef. 14 Firing Positions (Sut i ddysgu rhai i saethu.) . . .
9 Mawrth Gas (Sut i rywun ei amddiffyn ei hun rhagddo.)

Ond, fel y gwelwyd, ni thyciodd ei ddiwydrwydd. 'Methiant truenus fel milwr', oedd ei eiriau ei hun am ei brofiad.

Yn Ebrill 1917, fe symudwyd Williams Parry i wersyll yr RGA yn Mornhill, Caer-wynt (Winchester). Ei sylw am y symud oedd: 'at fy mhobl fy hun – hogiau Môn ac Arfon. Gartref oddi cartref yno.' Y mae gan Huw Hughes atgofion hynod ddifyr am Fardd yr Haf yn Mornhill. Yr oedd yn noson wlyb ac oer yn Ebrill 1917, ychydig cyn hanner nos, pan glywodd sŵn troed y tu allan i Gwt 48. Yr oedd Huw Hughes yn effro: yr oedd rhywun yn chwilio am y drws. Cododd ac agorodd iddo. Wele'r sgwrs – Huw Hughes sy'n llefaru gyntaf:

'Do you want somewhere to put your head down old boy?'
'Yes, please,' [atebodd Williams Parry].
'Alright, come and lie by my side here.'
'Thank you very much brother,' ebr ef.
'Have you got a blanket?'
'Yes.'
'Well, we will put the two together and they will act as a double bed for us. Put your kit-bag under your head, it will make a pillow for you.'
'A very good idea, brother.'
'I expect you are tired.'
'Yes, I can hardly walk.'

A dyna'r ddau'n cysgu tan y caniad drannoeth.

Y bore wedyn 'roedd hi'n olau braf: 'Are you coming for a wash, brother?' gofynnodd Huw Hughes, gan ddefnyddio gair Williams Parry y noson cynt, gair anghyffredin yn y fyddin. 'Follow me.' Cychwynnodd y ddau am y cafnau ymolchi a Huw Hughes yn mwmian canu hen alaw 'Hobed yr Hoelion'. Pan glywodd Williams Parry hyn dyma fo'n gofyn:

'Fachgen, arhoswch funud; Cymro!'
'Wel, frawd annwyl, ia, Cymro bob modfedd.'
'O b'le yr ydych yn dŵad, frawd annwyl?'
'O Lanrwst.'
'O Lanrwst ai e? Cymro go dda hefyd' ['roedd wedi sylwi ar dreiglo Llanrwst].
'Wel, a gaf finnau ofyn o b'le yr ydych chi yn dyfod?'

'O Dal-y-sarn, Sir Gaernarfon.'
'A beth yw'r enw?'
'Robert Williams Parry.'
'Y nefoedd fawr! Nid Bardd yr Ha' ydach chi?'
'Ie. 'Wyddoch chi rywbeth amdano fo?'
'Gwn, ychydig. 'Roeddwn yn Eisteddfod Bae Colwyn yn 1910, a chofiaf y beirniad yn traethu ei feirniadaeth ar 'Awdl yr Haf'.'
[Yma adroddodd Huw Hughes bwt o'r awdl.]
'Llanrwst y llenor ystwyth,' meddai [Williams Parry], ac o'r adeg honno hyd ei fedd, Llanrwst neu 'Llan' y'm galwai.

Dyna ddechrau eu cyfeillgarwch. 'Nid wyf yn credu imi dreulio gymaint ag un noson yn ystod y 14 mis . . . yn Winchester heb fod Llanrwst gyda mi,' meddai Williams Parry mewn llythyr at D. Tecwyn Evans, 25 Medi 1918. Sonia hefyd am 'aml i orig hwyliog . . . gyda Llanrwst yn Winchester' fel yr unig fwyniant a gafodd yn y fyddin.

Private R.W. Parry oedd y bardd y diwrnod cyntaf yn Winchester, ond erbyn yr ail ddiwrnod yr oedd yn Gunner R.W. Parry. Sonia Huw Hughes am Williams Parry yn cyfarfod Lifftenant, 'un a adwaenai'n bur dda', y diwrnod cyntaf yn y gwersyll, ond ni fynnai hwnnw wneud fawr ddim ag ef. Gwahanol iawn oedd agwedd y Capten Richard Williams (o Fangor) ato. Dridiau ar ôl dyfodiad Williams Parry 'roedd y Capten yn arwain catrawd o filwyr pan sylwodd ar ŵr yn glanhau gwn mawr ar ymyl y ffordd. Yn y fan a'r lle rhoes orchymyn i'w ddynion gymryd egwyl:

'Williams Parry, yntê?' [meddai].
'Ie, Syr.'
'Na hidiwch am y 'Syr' yna. Ers pa bryd ydach chi yma, Parry?'
'Ers tridiau.'
'A phwy a'ch gyrrodd yma i olchi'r gwn?'
'Y Sarjant Major.'
'Biti, biti, caf air ag ef ganol dydd. A fuasech chi'n hoffi cael dod i'r offis yn glerc?'
'Buaswn yn wir, Syr.'

Ac yn swyddfa'r gwersyll y bu Williams Parry tra bu yn Mornhill. Fel y dywed Huw Hughes, 'Nid rhyfedd i'r bardd lunio englyn mor wych' i'r Capten Williams:

Yn dy galon diogeli—nwyd gynnes
Dy genedl a'i theithi;
Y rhan oedd oer ohoni
Roet i Sais a'r O.T.C.

Yn ei nodyn ar y Capten dywed Williams Parry:

Bu am ddeugain mlynedd yn gwarchod pwrs anhapus Coleg Bangor. Y
mae'n Gymro twymgalon, ac yn aelod o Eglwys Loegr. Yn aelod o Eglwys
Loegr ac o'r Urdd. Yn aelod o'r Urdd ac yn Swyddog yn y Fyddin. Yn
swyddog yn y Fyddin ac yn Gymro brwd. Rhyfedd ac ofnadwy y'i gwnaed.

(CG, 100)

Mewn llythyr (11 Hydref 1917) at E. Morgan Humphreys cyfeiria
Williams Parry at un arall a gyfarfu yng Nghaer-wynt:

Nid oes yma neb i ymgyfeillachu ag ef, oddieithr y Bombardier Timothy
Lewis, oedd yn gyd-ddarlithydd a Gwynn Jones a Tom [sef T.H. Parry-
Williams] yn Aberystwyth. Byddaf yn ei weld yn achlysurol: yn 'Y' Battery
y mae ef, a minnau yn 'X'. Son am wreiddiau geiriau y bydd yr hen gyfaill
pan welwyf ef. Y mae yn fachgen clen, ac yn un pur *sincere*.

Tua chanol neu ddiwedd Tachwedd 1917, mewn llythyr arall at E.
Morgan Humphreys, soniodd Williams Parry am ei safle fel clerc gyda
pheth gofid: 'Rwyf yn disgwyl cael gair i fynd allan o'r office bob dydd
rwan, am fod pob A1 *man* i fynd dros y dŵr. Mae dau o'r clercod wedi
mynd eisoes.'

Ymhlith y pethau 'hynod' a gofia Huw Hughes am Williams Parry yr
oedd ei allu i siafio – a hynny gyda rasal hen-ffasiwn – tra byddai'n
cerdded o gwmpas. Wedyn dyna wallt y bardd. Dim ond Huw Hughes
a gâi dorri ei wallt yn y fyddin: 'Yn wir yr oedd yn hynod falch gyda'i
wallt tra fu yn y fyddin.'

Mewn fersiwn lawnach nag un *Yr Eurgrawn* yn 1956, cyfeiria Huw
Hughes ato'i hun yn danfon Williams Parry i orsaf pan oedd hwnnw
yn mynd adref ar *leave*. Gofynnodd y bardd i'w gyfaill am gymwynas,
sef y byddai, y Sul canlynol, yn mynd at hen 'bwlpud', sef boncyff
arbennig yn y wlad, ychydig funudau cyn pump: 'Ar ol cyrraedd yno
peidiwch â meddwl am ddim; hynny ydi, glanhau eich meddwl o bopeth
a pheidio â meddwl am ddim ond yn unig gwrando.' Gwnaeth Huw
Hughes hynny:

Yr oeddwn yn feistr hollol arnaf fy hun a phobman yn dawel fel y bedd. Yn
araf bach clywn sŵn canu yn dod o rywle, ac yn dod yn nes, nes, nes
'roeddwn wedi ymgolli'n lân yng nghanol rhyw nefoedd ryfedd i mi. A beth
oedd ond yr hen dôn Eifionydd . . . yn cael ei chwarae'n fendigedig ac yna
yn tawelu ac yn darfod.

Pan ddychwelodd, y peth cyntaf a ofynnodd Williams Parry oedd a oedd Huw Hughes wedi cadw'r cytundeb. Oedd, ac adroddodd yr hanes. Edrychodd y bardd arno'n foddhaus a dweud: 'Dyna yn union beth oeddwn i yn ei wneud yn y parlwr bach gartref yn Nhal-y-sarn, sef canu *Eifionydd* ar y piano.'

Cofia Huw Hughes hefyd am hoffter Williams Parry o'r llyfr *Sioned* gan Winnie Parri: 'ni fyddaf byth yn blino ar ei ddarllen', oedd sylw'r bardd am y llyfr. Y mae llythyr at D. Tecwyn Evans (25 Medi 1918) yn cadarnhau hyn:

> Dyma'r llyfr yr wyf fi ddyledus iddo am y mwyaf o gysur a hedd o ddim llyfr a ddarllenais erioed. Y mae'n gydymaith ffyddlon i mi ers blynyddau lawer. Y mae cymaint o galon ynddo.

Tra oedd yng Nghaer-wynt bu'n gohebu'n gyson â Winnie Parry o tua Mai 1918 ymlaen.

Y mae un peth arall sydd o ddiddordeb 'hynodol', fel petai, i gyfnod Williams Parry yng Nghaer-wynt. Fe gafodd hosanau gan ferched Dyffryn Nantlle, ac anfonodd yntau gerdyn i ddiolch am y rhodd a chynnwys y cwpled hwn arno:

> Fy socs a nghlocs yw fy nghledd,
> Fy nhraed yw fy anrhydedd.

Un mater sydd o ddiddordeb arbennig yw'r hyn a ddywed Huw Hughes am y modd y byddai Williams Parry yn cyfansoddi cerddi. Y peth cyntaf a ddywed yw hyn: 'Erbyn hyn yr oedd yn ymgyfarwyddo â phethau, ac wedi newid ei fyd dechreuodd brydyddu drachefn.' Ceir yma awgrym cryf fod yn rhaid i'r bardd deimlo'n weddol ddiogel – o leiaf beidio â theimlo'n anesmwyth – cyn y gallai brydyddu. Gofynnai yng Nghaer-wynt, fel y gwnâi mewn mannau eraill, am farn ei gyfeillion am ei gyfansoddiadau:

> Byddai'n gofyn fy marn arnynt ac yn gwrando'n ofalus arnaf yn eu darllen. Gwelais ef yn newid rhai ac yn eu caboli, ac yn dyfod â hwy i lawr nos drannoeth i mi eu darllen.

O'r hyn a ddywedodd ei fyfyrwyr ac eraill a glywodd Syr John Morris-Jones yn darllen cerddi y mae'n eglur fod ei ddull yn un apelgar iawn. Yr oedd Williams Parry yn un o fyfyrwyr Syr John, ac ymddengys fod ei ddull o ddarllen wedi cael argraff arno. Dyma Huw Hughes ar y pwnc:

Yr oedd Williams Parry wedi fy nysgu'n weddol i ddynwared goslef Syr John Morris-Jones. Câi ambell blwc o chwerthin am ei ben ei hun yn dynwared yr un gŵr – byddai ganddo chwerthiniad hir, main, gan fynd yn ôl ac ymlaen a'i ben i lawr. Ni fyddai dim yn ei foddhau'n fwy na'm clywed yn gwneud fy ngorau i ddarllen ei englynion a'i sonedau yng ngoslef John Morris-Jones.

Un o dystiolaethau pwysicaf Huw Hughes am Williams Parry yw honno am y modd y cyfansoddodd ei englynion coffa i Hedd Wyn. Lladdwyd Hedd Wyn ar 31 Gorffennaf 1917, ym mrwydr Cefn Pilkem, ar y ffin rhwng Ffrainc a Gwlad Belg, ar ôl dim ond rhyw awr o frwydro yn ei ymosodiad cyntaf gyda Phymthegfed Bataliwn y Ffiwsilwyr Cymreig Brenhinol. Ymhen tair wythnos y daeth y newydd swyddogol i'w gartref. Dydd Iau, 6 Medi, oedd diwrnod cadeirio awdl Hedd Wyn 'Yr Arwr' yn Eisteddfod Birkenhead – cadeirio yr awdl a'r bardd yn ei fedd. Os yw'r hyn a ddywed Williams Parry ei hun yn gywir am yr adeg y clywodd am ladd Hedd Wyn, y mae yna gamgofio dyddiad yn adroddiad Huw Hughes. Yn ôl Williams Parry – mewn llythyr (28 Awst 1917) at J.D Richards, gweinidog yr Annibynwyr yn Nhrawsfynydd – wrth ddarllen 'nodiad i'r perwyl yn *Y Genedl* am yr wythnos ddiweddaf' y daeth i wybod i Hedd Wyn golli ei fywyd. Ailadrodda hyn mewn llythyr (11 Hydref 1917) at E. Morgan Humphreys. Cyfeirio'n ôl at ymweliad â Morgan Humphreys y mae:

Pan soniech am Hedd Wyn wrthyf y prynhawn y bum acw, nid oeddwn yn gwybod ei fod wedi mynd yn soldiwr. Un o nodiadau Sylwedydd yn y *Genedl* a agorodd fy llygaid gyntaf ar y rheswm iddo fod yn destun ein hysgwrs ar eich aelwyd. Trist iawn oedd amgylchiadau'r cadeirio eleni onid e?

Yn ei lythyr at J.D. Richards, â Williams Parry rhagddo i ddweud hyn:

Rwyf wedi anfon gair o gydymdeimlad at ei rieni, ond wrth gwrs, nid wyf yn hoffi gofyn man ac amser ei gwymp ganddynt hwy. A fyddwch chwi fwyned a gadael i mi wybod, os gwelwch yn dda? Prin iawn fu f'adnabyddiaeth i ohono ond tua'r Nadolig 1914 (credaf mai'r dydd olaf o'r flwyddyn oedd hi) euthum i a John Morris, BSc, Ffestiniog cyn belled â'i gartref . . . [c]awsom orig gydag ef, a chipolwg ar y Wyddfa, etc, oddiar y llechwedd tu ol i'w dy. Nis gwelais fyth oddiar hynny, ond byddwn yn anfon fy nghofion ato bob haf bron drwy gyfrwng Ellis Davies, Cynlas, ger y Bala. Byddai'r olaf yn ei weld adeg cneifio yn Nhrawsfynydd.

A oedd rhywun wedi gofyn i Williams Parry lunio cerdd goffa i Hedd Wyn, ynteu ai ei syniad ef oedd canu cerdd iddo? Yn sicr, y mae'r diddordeb a welir yn y llythyr uchod yn dangos fod rhywbeth yn cyniwair yn y bardd. Ond os yw ei ddyddiad yn anghywir, y mae'r hyn sydd gan Huw Hughes i'w ddweud am yr argraff a gafodd y newydd arno'n swnio'n drawiadol o wir:

> Nid anghofiaf byth yr olwg a gefais arno [Williams Parry] y bore Gwener cyntaf o Awst 1917. Yr oeddwn wrthi'n pedoli hen geffyl mawr, a hwnnw'n cicio pawb a phopeth o'i gwmpas. Daeth Parry i mewn i'r efail a golwg gynhyrfus arno.
> 'Bob annwyl, beth sydd yn bod?' meddwn wrtho.
> 'Dowch allan am funud, Llan,' meddai. Erbyn hyn sylwais fod deigryn yn ei lygad, a bu mudandod rhyngom am ychydig.
> Yna dywedodd, 'Hedd Wyn enillodd y Gadair ddoe, ac y mae o wedi ei ladd yn Ffrainc.'

Y nos Sul ar ôl hyn aeth y ddau i'r capel – capel yr Annibynwyr yng Nghaer-wynt. Dyma Huw Hughes:

> Yn y capel hwnnw un nos Sul y dechreuodd y bardd lunio ei englynion coffa i Hedd Wyn. Eisteddem yn yr un sêt ein dau, fel arfer, a methwn â deall pam nad oedd ef yn codi i ganu ar ddiwedd y bregeth. Rhois bwniad bach iddo a gofyn: 'Beth sydd gennych ar y gweill, Bob?'
> 'Hedd Wyn, Llan,' meddai.
> Ymhen tua noson neu ddwy, daeth â'r tri englyn cyntaf i mi eu darllen iddo. Erbyn diwedd yr wythnos yr oedd wedi eu gorffen ac yn eu llafarganu imi, a gofyn i minnau eu llafarganu iddo yntau.

Yn ôl tystiolaeth Williams Parry ei hun, mewn llythyr (27 Ionawr 1946) at Kate Roberts, meddai:

> . . . nyddais yr wyth englyn . . . ar un eisteddiad megis, a hynny wrth wrando(!) pregeth mewn capel yn Winchester. Yr 'Amen' ar y diwedd a'm deffroes o'm per lewyg. Wrth gwrs cabolais beth arnynt drannoeth.

Yr awgrym cryf yw mai cyfansoddi yn ei ben a wnaeth Williams Parry ac ysgrifennu wedyn.

Ceir tystiolaeth ddiddorol am gyfansoddi cerdd arall yng Nghaer-wynt, sef 'Y Ddrafft'. Mewn llythyr (diwedd Tachwedd 1917) at E. Morgan Humphreys cynhwysodd Williams Parry soned ar gyfer *Y Goleuad* gan nodi: 'Dymunwn lofnodi'r sonnedau a f'initials yn unig o hyn allan.' 'Y Ddrafft' oedd y soned honno. Esbonia: 'Effaith tipyn o *wind-up* (ymadrodd soldiwrs am ofn) yw'r sonned.' Y mae Huw Hughes yn esbonio'n fwy cyflawn beth oedd y ddrafft:

Yn fyr, dyma ydoedd: pan fyddai cannoedd o'r bechgyn wedi cael eu lladd a'u clwyfo yn y rhyfel, anfonid cannoedd o'r bechgyn cryfaf, iachaf, i lenwi'r bylchau . . . Byddai dau neu dri o fandiau pres, band ffliwtiau, cotbibau etc., wedi eu rhannu yma ac acw ymhlith y cannoedd milwyr druain, er mwyn codi eu calonnau a'u hysio i ryfel. Yr oedd y ddrafft yn cynhyrfu'r bardd. Gwelais ef fwy nag unwaith yn edrych yn ddifrifol wrth weld yr hogiau'n tyrru o gwmpas y bwrdd du i weld a oedd eu henwau ar restr y ddrafft.

Er bod Williams Parry ar y pryd yn A1 o ran ei iechyd, yn ôl fersiwn lawn o sylwadau Huw Hughes dywedir ei fod yn C3 'os cofiaf yn iawn':

Dywedais mai C3 oedd safon iechid R Wms Parry gan y meddygon yr adeg honno, a byddai'n rhaid iddo ymddangos ger ei bron bob tri mis i edrych a oedd yn ddigon da ei iechid iw roi ar y *Ddrafft*. Os gallai'r bardd gadw ei hun yn C3 yr oedd yn ddiogel. Byddai'r bardd yn dod i gwt 48 am bilsen y noson cynt. Efo yn gofalu am y drygs a minnau yn gwneud y bilsen. Byddwn yn mynd i'r Cookhouse ac yn cael tipyn o beilliad mewn amlen, yna yn gorchuddio'r bilsen â'r peilliad a Bob yn ei lyncu rhyw awr cyn ymddangos o flaen y meddygon. Yr oedd gan y bardd ffydd mawr yn y bilsen fach, ac yr oedd yn esmwythau ei wewyr bob tro.

A beth oedd y 'drygs'? 'Clap bach o sebon wedi ei orchuddio gyda blawd.' Ar ôl ei archwiliad meddygol a'i gael yn C3 o hyd byddai'r bardd yn ei uchelfannau. Gwerth seicolegol oedd i ddefod y bilsen, wrth gwrs, a châi'r bardd a'i gyfaill hwyl amdani – ar ôl i'r archwiliad fynd heibio.

Dyna gefndir 'Y Ddrafft'. Ceir y gerdd ei hun yn *Yr Haf a Cherddi Eraill*:

> Clywi dabyrddau'n dadwrdd, a thrwy'r rhain
>   Y drwm sy'n agor drysau seinia'n nes:
> Cei wrando'r adar yn y ffliwtiau main
>   A'r gwenyn yn y fagbib. Utgyrn pres
> Utganant, tincia'r symbal, yna'r lleng,
>   Colofn saethyddion mewn diwyro drefn
> Yn camu wrth fesur heibio o reng i reng;
>   Pob serchog bwn yn clymu am bob cefn,
> A thros bob ysgwydd galed y gwn mud
>   Yn ffroeni helfa o bell. O gam i gam,
> Y gwych a'r gwachul o bob lliw a phryd,
>   Rhagddynt y cerddant. Heb na phle na pham
> I'w hapwyntiedig hynt y try pob gwedd,—
> I Ffrainc, i'r Aifft, i Ganaan, i hir hedd.

(HChE, XXXIX)

Y mae'n amlwg fod y bardd yn amau a gâi ei gerdd weld golau dydd:

> 'A ydych yn meddwl y caiff hon ymddangos mewn papur newydd neu
> gylchgrawn yng Nghymru, Llanrwst?'
> 'Wel Parry, mae'r darlun yn berffaith gywir. Ai ofni na fydd y geiriau
> "gwych a gwachul" ac "i'r [*sic*] hir hedd" wrth fodd yr awdurdodau a gwŷr
> y wasg Gymreig [yr ydych]?'
> 'Dyna hi Llan, yr ydych wedi rhoi eich bys arni.'

Fe welwyd mai at E. Morgan Humphreys y gyrrodd ei soned.
Drannoeth y dydd iddo anfon y gerdd at Morgan Humphreys, anfon-
odd lythyr arall ato, y tro hwn yn ymboeni – yn ôl ei arfer – am union
eiriad darnau o'i gerdd:

> Nid wyf yn esmwyth iawn fy meddwl ynghylch y gair 's'nwyro' yn un o
> linellau'r sonned yrais i chwi ddoe. Yr wyf fi fy hun yn gyfarwydd iawn ag
> o, ac mae'n debyg fod y Dr parchedig o Frynsiencyn [John Williams]! Ond
> ai dyma'r term y mae'r Deheuwr yn ddefnyddio? Y mae'n air da, yn
> enwedig yn ei ystyr fwyaf gwreiddiol: *sensing the chase from afar*. Ond ai
> *tybed* a yw'n peidio bod yn sathredig mewn sonned o'r natur? Dyna'r
> anfantais o fyw ymhlith dynion na fase waeth i chwi ofyn i'r gwn ei hun am
> eu barn na'r eiddynt hwy. Y mae'r unig fachgen y gallwn ofyn iddo – Hugh
> Hughes o Lanrwst – yn codi tatws i ryw ffarmwr dair milltir oddiyma yn
> ystod y *week end* yma. Fel hyn yr oedd gennyf ar y cyntaf –

> Ac ar bob ysgwydd bawd y gwn mud
> Yn ffroeni'r helfa o bell.

Dylai'r gair *ffroeni* fod yn ddealladwy i bawb, beth bynnag. Ond y mae
ystyr arall i ffroeni wedyn: fel yn yr ymadrodd: 'Mi ddechreuodd ffroeni ar
unwaith', sef chwythu *allan* drwy'i drwyn fel y bydd dyn pan y mae'n
dechre colli ei dymer. Os bydd hwn wedi eich cyrraedd cyn i'r cysodydd gael
gafael ar y sonned, hwyrach y penderfynnwch drosof, pa un ai 'ffroeni'r
helfa' yntau 's'nwyro'r helfa' sydd ore.
    Yr oedd y llinell ddiweddaf yn rhedeg fel hyn gennyf ar y cyntaf:

> I Ffrainc, i'r Aifft, i Ganaan, ac i'r bedd.

Ond yr oedd y llinell fel yna'n awgrymu unwaith yr ai dyn i Ganaan mai'r
bedd fyddai 'ran. Yr hyn a olygaf wrth gwrs yw'r pedwar *alternative*:
Ffrainc, neu'r Aifft, neu Ganaan, neu'r bedd. Heblaw hynny, y mae 'i'w hir
hedd' yn fwy *restrained* ac awgrymiadol. Rhaid cofio fod gan rai
darllenwyr well deall na'r awdur ei hun: ac y mae'n *insult* i'w dychymyg
ddweyd pethau rhy benodol wrtho.

Mewn ôl-nodyn ychwanega hyn: 'Petawn yn dweyd fy mrest yn llawn
am "Y Ddrafft" gallwn ddweyd fel y dywed Ioan yn adnod olaf ei
efengyl. Ac y mae cell y carcharorion dan unto'r office!' Gwna hyn oll

yn gwbl eglur mai drafft o ofnadwyaeth ac o farwolaeth oedd y dewis enbyd hwn o filwyr i'r bardd.

Ym Mehefin 1918, cafodd Williams Parry ei symud o Gaer-wynt i Billericay, i 'Anti-Aircraft Station' yno, 'i amddiffyn Llundain rhag y *Zeppelins*', chwedl yntau. Mewn gohebiaeth â Miss L.M.Roberts, dyma oedd ganddo i'w ddweud am y lle:

> Mae yma ddau gwt, un i gysgu a byw ynddo, a'r llall i fwyta. Ar y lawnt o
> flaen y cytiau y mae'r ddau wn, a'u trwynau tua'r ffurfafen uchod. Yr ydym
> yn bur gaeth yma; chawn ni ddim crwydro hanner llath o'r camp canys
> 'does wybod pa awr o'r dydd neu'r nos y del y Germans drosodd.

Oherwydd y caethiwed noda ei fod yn cael '24 hrs off bob rhyw dair 8 nos'. Yr adeg hynny byddai'n crwydro o gwmpas y wlad fel rheol. Dywed hyn: 'Yr wyf finnau yng nghanol y wlad yn y fan hon – mae yma goed cauadfrig, llwyni crynion, ffyrdd gwledig, meysydd toreithiog, a thipyn go lew o hamdden hefyd, chwarae teg iddynt.' Yr oedd yn hapusach yno nag mewn lle'n y byd er pan ymunodd â'r fyddin. Mewn un llythyr sonia am ei wasanaeth ar wyliadwriaeth: 'Byddaf ar *guard* yng ngwyliadwriaethau'r nos bob pumed noson, a phrofiad newydd a rhyfedd yw cerdded yn ol a blaen yn nistawrwydd y nos neu'r plygain.' Ar ddyletswydd fel hyn yr oedd, meddai, pan luniodd y soned 'Plygain' (*Yr Haf a Cherddi Eraill*, XXXV) yn 'disgrifio'r hyn a welais ac a glyw-ais . . . ryw fore' yng Ngorffennaf 1918.

Yn ei lythyr at D. Tecwyn Evans (25 Medi 1918) crybwylla R. Williams Parry fater o bwys prydyddol. Dyma ei eiriau:

> Y mae fy *magnum opus* yn dechrau cymryd ffurf yn fy mhen ers ychydig
> fisoedd – Yr *Iberiad*: ond ychydig obaith sydd gennyf i'w ddechreu – heb son
> am ei orffen – yn y Fyddin. Rhyw gerdd o tua dwyfil o linellau – wyth-wyth –
> y dymunwn iddi fod yn rhoi ar gof a chadw *bob* profiad a gefais mewn tua 30
> mlynedd – h.y. byth o'r pan y dechreuais sylweddoli fy mod yn fyw.

Y mae cerdd yn dwyn y teitl 'Yr Iberiad' yn *Yr Haf a Cherddi Eraill*, XXIII (gweler tt.86–7 uchod). Cyhoeddwyd hi gyntaf yn *The Welsh Outlook* yn Nhachwedd 1914. Ymddengys mai yn y Barri y cyfansodd-odd y gerdd, yn fuan ar ôl iddo adael Cefnddwysarn. Cerdd yn sôn yn hiraethus am dangnefedd cefn gwlad ardal Cefnddwysarn ydyw. Sonia ynddi am 'Brofi'r heddwch sydd o'r pridd' ac am gael ei 'eni'n frawd i flodau'r grug'. Symbol o ddyn mewn cytgord â natur yw'r Iberiad. Sylwer mai 8.8 yw mesur y gerdd, mesur a gafodd Williams Parry gan William Williams Pantycelyn, efallai.

Ym mhle y cafodd y syniad hwn am yr Iberiad? Yn ôl barn

boblogaidd gan haneswyr ddechrau'r ganrif yr Iberiaid oedd trigolion Prydain cyn y Celtiaid. Y farn amdanynt oedd mai pobl fach, dywyll oeddynt, yn byw yn yr awyr agored. Dyma Owen M. Edwards ar y pwnc yn ei lyfr *Wales* yn y gyfres 'The Story of the Nations' (Llundain 1901): 'The Iberian is still the chief element among the people of Wales. He predominates everywhere among the peasantry, he is generally the poet of the present day' (t.9). Yr oedd Islwyn, meddai, yn 'typically Iberian' o ran pryd a gwedd, fel Goronwy Owen yntau. Ymhellach: 'The dark and mysterious druidism was possibly Iberian.' Gellir gweld rhamant y syniad yn cyffroi O.M. Edwards. Y mae'n syniad a gyffrôdd Williams Parry hefyd, ac yng Nghefnddwysarn teimlai iddo ddod i adnabod yr Iberiad ynddo ef ei hun.

Y tebyg yw fod y syniad am Iberiad yn cyniwair ynddo cyn hyn. Y mae'r gerdd 'Y Mynydd a'r Allor' (*Cerddi'r Gaeaf*, 18), a gyhoeddwyd gyntaf yn *The Welsh Outlook* yn Ionawr 1914 (gweler t.71 uchod), yn sôn am bethau tebyg. Cerdd ar y mesur 8.8 am Lydaw yn 1911 ydyw, pan oedd y bardd yn fyfyriwr yno. Cyfeiria at ddwy ŵyl Gristnogol, sef y Pasg a'r Nadolig, a noda mai rhagorach ganddo ef yw tynfa'r daearol:

> Pan ar hafddydd tua rhosydd
> Noeth y mynydd euthum innau,
> Pob dewislais daear glywais
> A gwrandewais gyrn ei duwiau.

Ar y Pasg, gwrando ar gyrn duwiau'r ddaear a wnaeth y bardd. Ac ar nos Gatholig y Nadolig:

> Gyda'r cudyll a'r cornicyll
> Hoffais dywyll affwys daear.

Y mae yna gerddi eraill sydd, yn ôl pob tebyg, i'w cysylltu â'r dynfa Iberaidd. Dyna 'Y Bedd' (*Yr Haf a Cherddi Eraill*, XI) a gyhoeddwyd gyntaf yn *Y Drysorfa* (Chwefror 1916) – o bob man! Cerdd ar y mesur 8.8 yw hon eto, a cherdd o gyfnod y Barri. Am ofn a dychryn y bedd y sonnir; ni fydd yno ddim profiadau dynol:

> Cans ni bydd ynot ganu cân,
>   Na hiraeth pur, na llawen nwyf;
> Na chalon serchog megis tân,
>   Na dim ohonof fel yr wyf.

Yma agwedd ddynol, ddaearol un sy'n caru pethau'r ddaear, nid agwedd uniongred y crediniwr sydd gan y bardd.

Y mae agwedd Iberaidd hefyd i'r gerdd 'Y Gwynt' (*Yr Haf a Cherddi Eraill*, XXII). Y mae dau symudiad i'r gerdd hon, a'r ddau ar y mesur 8.8. Yn yr un cyntaf fe ddywedir fod chwiban lleddf y gwynt, 'Fel pibau pagan er cyn co'. Ymdeimlad paganaidd o rymusterau naturiol a geir yn y gerdd. Yn yr ail symudiad cyfeirir at ryw hen, hen amser:

> Cyn dyfod dydd y ganed ofn
> Yn ogofeydd y galon ddofn,
> Pan nad oedd bywyd namyn byw,
> Pan ydoedd dynion cyn bod duw.

Ceir yma arlliw o wynfa goll, a gwrthod crefydd a duw a ddaeth ag ymwybod ag *ofn* i'r byd.

Y mae'r gwynt i'w gael eto yn y gerdd 'Yr Aflonyddwr' (*Yr Haf a Cherddi Eraill*, XXXVIII), yn rym sy'n deffro hen deimladau yn y bardd. Yn *The Welsh Outlook*, Gorffennaf 1917, y cyhoeddwyd y gerdd hon dan y teitl 'Y Gwynt' – ar fesur 8.8 – yn drydedd mewn triawd o gerddi dan y teitl cyffredin 'Oriau Hiraeth'.

Ymddengys mai o ddefnyddiau fel y rhain y byddai Williams Parry wedi nyddu ei gerdd hir o brofiadau Iberaidd yn nodi ei bererindod ramantaidd. Y mae'r syniad o gyfansoddi cerdd o brofiadau fel hyn yn galw i gof gerdd William Wordsworth 'Intimations of Immortality', a diau fod y gerdd honno rywle y tu ôl i fwriad y bardd. Ond ni ddaeth dim o'r bwriad: y gerdd nesaf o bwys a gyfansoddodd oedd yr awdl 'Yr Hwyaden' (*Yr Haf a Cherddi Eraill*, XXXIII) ac, erbyn hynny, yr oedd llawer o'r nwyf rhamantaidd wedi pylu.

Yn ei lythyr (25 Medi 1918) at D. Tecwyn Evans dywed fod archwiliad meddygol wedi barnu ei fod wedi 'disgyn o fod yn A1 i fod yn B2: ac echdoe anfonais at Brifathro'r Ysgol Ganolraddol yng Nghaerdydd i ofyn iddo fy hawlio o'r Fyddin'. Ond ni ddaeth o'r fyddin tan fis Rhagfyr 1918. Yn Ionawr 1919, yr oedd yn ei ôl yng Nghaerdydd.

Heblaw'r cerddi a grybwyllwyd hyd yn hyn cyfansoddodd Williams Parry gnul galarus o gerddi coffa, a geir yn *Yr Haf a Cherddi Eraill*, am y bobl hyn:

'In Memoriam' –
Meddyg: Dr Raymond Jones, MB, RAMC, a syrthiodd yn Ffrainc, 10 Gorffennaf 1916.
Milwr: Lifftenant Richard Jones, RWF.
Morwr: Naval Instructor Tom Elwyn Jones. Aeth i lawr ar y *Defence* ym mrwydr Jutland, 31 Mai 1917. Yr oedd yn gyd-fyfyriwr i Williams Parry yng Ngholeg Bangor. (XLII)

'John Alfred' – John Alfred Griffith, a gwympodd yn 19 oed, chwe wythnos ar ôl iddo adael Tal-y-sarn. (XLIV)
'Robert Einion' – Robert Einion Williams, RAMC, o Ben-y-groes a syrthiodd yn Ffrainc 20 Medi 1917. (XLV)
'Ysgolhaig' ac 'Ef a'i Frawd' – Robert Pritchard Evans, MA, Melin Llecheiddior, Eifionydd; Private O.E. Evans, Melin Llecheiddior, brawd Robert. Bu farw o'i glwyfau yn Ffrainc, 20 Hydref 1917. Yr oedd y ddau hyn yn gyfeillion o ddyddiau ysgol i'r bardd. Yn ôl Hywel D. Roberts, arferai fynd atynt i gerdded Y Lôn Goed. (XLVI)
'Dysgedigion' – Lifftenant Thomas Roberts, MA, Borth-y-gest; Lifftenant Timothy David Williams, BA, y Barri; Corporal J.R. Joseph, BA, Garn Dolbenmaen. (XLVII)
'Mab ei Dad' – Llywelyn ap Thomas Shankland. (XLVIII)
'Milwr o Feirion' – Thomas Jones, Cefnddwysarn. Bu farw mewn ysbyty yng Nghaeredin, 27 Awst 1916. (XLIX)

Cyhoeddwyd y rhan fwyaf o'r cerddi hyn un ai yn Y Goleuad neu The Welsh Outlook.

Cerddi eraill a ganwyd tra oedd yn y fyddin ac a gyhoeddwyd gyntaf yn 1917 oedd:

'Gadael Tir', The Welsh Outlook, Ebrill 1917, (HChE, XXXVII).
Rhan o awdl 'Cantre'r Gwaelod', The Welsh Outlook, Mehefin 1917, (HChE, XVII).
'Oriau Hiraeth', The Welsh Outlook, Gorffennaf 1917.
Soned, 'Mae hiraeth yn y môr . . .', Y Goleuad, 19 Hydref 1917, (HChE, XXI).
Soned, 'Bu amser pan ddewiswn rodio ar led', Y Goleuad, 26 Hydref 1917, (HChE, VI).
Soned, 'Mae mewn ieuenctid . . .', Y Goleuad, 2 Tachwedd 1917, (HChE, II).
'Mater Mea', Y Goleuad, 7 Rhagfyr 1917, (HChE, XL).
'Nid oes i mi ddiddanwch . . .', Y Goleuad, 14 Rhagfyr 1917, (HChE, XIX).

Er gwaethaf y rhyfel a'i ddychrynfeydd a'i ladd fe lwyddodd y bardd, rywfodd, i ddal i ganu, os canu mewn cywair lleddf. Hyd yn oed cyn y rhyfel yr oedd yn teimlo mai byr yw parhad bywyd, a bod yna gysgodion a fyddai'n dyfnhau wrth i'r daith fynd rhagddi, ond seriodd y rhyfel i'w enaid rai profiadau o beidio â bod, a chanodd yntau am fwyniant bywyd ac arswyd ei ddarfod. Efallai mai mewn llythyr (28 Awst 1917) at y Parchedig J.D. Richards, llythyr y dyfynnwyd ohono'n barod, y ceir ei wir deimlad yn ystod y Rhyfel Mawr:

Yr wyf yn teimlo fy hun yn cerdded Gwastatir Annwn y dyddiau hyn – Annwn y Mabinogi felly, y tir *no man's land* hwnnw sydd yn llwyd gan wywdra bywyd – wedi gadael y byd oedd imi, ac wedi cyrraedd anialdir y *Never Never.*

Ac yn ei lythyr at D. Tecwyn Evans dywedodd:

Erbyn hyn yr wyf wedi byw (os byw) ddwy flynedd o fywyd (os bywyd) milwr: ac y mae'n rhyfeddod fy mod yr ochr yma i'r dŵr. Cefais aml i orig hwyliog, yn enwedig gyda Llanrwst yn Winchester. Ond gwastadedd moel fu'r deuparth o'r amser. Annwn ddi-goed, ddi-hedd, ddi-galon, ar benrhynion bywyd. Buaswn farw onibai am atgof

Oriau gofir a gefais

chwedl J.J. [Williams]. Y mae hiraeth wedi mynd o fod yn deimlad i fod yn nwyd aruthrol. Gwn erbyn hyn beth yw profiad yr hen: canys onid henaint yw colli ffrindiau, colli cynefin, a cholli hoen.

10

'Yn ôl i'r Wlad' – 1921

DYCHWELODD Williams Parry i Gaerdydd yn Ionawr 1919 ac ailafael yn ei waith yn athro Saesneg yn Ysgol Uwchradd y Bechgyn. Dychwelodd i le brafiach o dipyn na'r ysgol a adawsai ddwy flynedd a deufis ynghynt. Yr adeg honno 'roedd pethau'n enbyd o flêr – athrawon yn codi dani yn erbyn prifathro dros-dro, disgyblaeth yn chwilfriw, a Phwyllgor Addysg y Ddinas yn ymchwilio'n swyddogol i achos yr helynt. 'Peidiwch â mynd yno ar unrhyw gyfri, – ma' nhw'n ymladd fel cwn yno', meddai O.M. Edwards wrth R.T. Jenkins pan glywodd ei fod ar hwyl cynnig am le'n athro hanes yn yr *High School*.

Erbyn Ionawr 1919 'roedd prifathro newydd, J.R. Roberts, wedi cydio yn yr awenau ac wedi llwyddo'n rhyfeddol i greu awyrgylch cyfeillgar ac adfer trefn:

> Difodwr, cosbwr casbeth,
> Noddwr mwyn pob addfwyn beth,

meddai Williams Parry amdano mewn englyn, ychydig ar ôl hyn. 'Roedd J.R. Roberts yn un y gallai Williams Parry gydweithio'n hapus ag ef. Ac 'roedd athrawon diwylliedig eraill yn gydweithwyr cyfeillgar ar y staff – J. Llywelyn Williams, yr athro Cymraeg, cyfyrder i Williams Parry, yn un, ac R.T. Jenkins (er gwaethaf cyngor O.M. Edwards) yn athro hanes yno erbyn hyn:

> Dysg yn gymysg â hiwmor—feddai ef,
> Y ddau yn eu tymor;
> Llyfrgell fu'i gangell a'i gôr,
> A diwylliant ei allor.

ebe Williams Parry amdano ef. Englyn i gydweithiwr, a oedd hefyd yn aelod o ddosbarth nos yr awdur yng Nghaerdydd, oedd hwn. 'Roedd yn rhan o'r un gyfres â'r englyn i'r Prifathro – pedwar englyn 'Beddargraffiadau'r Byw (Caerdydd a'r Cylch)' a ymddangosodd yn y *Western Mail* yn Hydref 1922.

Yn ogystal ag ysgol braf i weithio ynddi, 'roedd hefyd gwmnïaeth hwyliog 'criw diddan Caerdydd'. Idwal Jones, clerc mewn swyddfa a bardd, Louis Thomas, cofrestrydd Coleg Caerdydd, Major Hamlet Roberts o Ben-y-groes, J. McLaud o Bwllheli, oedd rhai o aelodau'r frawdoliaeth hon a fyddai'n cwrdd yn gyson uwchben peint neu gêm o filiards, yn y Bodega yn Heol Fair, er enghraifft, neu yn y Cottage. Caradog Prichard sydd wedi sôn yn rhywle am Williams Parry yn taro i mewn i'r Cottage, yn gweld Louis Thomas ac Idwal Jones wrth y bar ac yn eu cyfarch yn syth:

> Wyt ti yma, Louis Tomos,
> Yn dal jwg i Idwal Jôs.

Cafodd y cyfeillion hyn hwythau gyfres o englynion. Yn y *Western Mail*, union fis ar ôl yr englynion i hoelion wyth y diwylliant Cymraeg yn y dref, 'roedd pedwar englyn arall, 'Beddargraffiadau'r Byw (Y Gwyneddigion, Caerdydd)' – i McLaud, y tenor yn y cwmni; i J.H., pwy bynnag oedd hwnnw; i Hamlet Roberts; ac i Idwal Jones:

> Carai osber llonder llwyr—a mwg maith
> Ymgom hir drwy'r awyr:
> Sam Johnson sôn a synnwyr,
> Coleridge encil yr hwyr.

Gair llwythog yw *gosber* yn yr englyn hwn! I'r un cyfnod yn union y perthyn englyn beddargraff arall, un mwy hwyliog fyth, i Idwal Jones:

> Yfodd a fedrodd tra fu—o gwrw,
> A gwariodd nes methu.
> Carai dast y cwrw du;
> Mewn dŵr y mae'n daearu!

Un o Ben-y-groes yn Arfon, o'r un cynefin â Williams Parry, oedd Idwal Jones, ac 'roedd yna sôn fod mynwent Macpela yn y pentref hwnnw yn lle hynod o wlyb. Mae'r englyn yn rhan o ddiddanwch cyfeillach y dafarn yng Nghaerdydd. Oedd, 'roedd y ddinas yn 1919–20 yn lle difyr ar lawer cyfri. 'Roedd gan Williams Parry swydd iawn. 'Roedd y cyflog yn dda – yn well nag mewn ysgolion eraill. 'Roedd ganddo ei gym-deithion llengar, rhai y gallai ymlacio a bod yn fo'i hun naturiol yn eu plith. Ddechrau Haf 1920 prynodd foto-beic Douglas; ar gefn hwnnw gallai grwydro fan hyn a fan draw – i Bengam, er enghraifft, i edrych am gyd-fyfyriwr ym Mangor o'r enw Hugh D. Jones. Ond rywust 'setlodd Williams Parry ddim yn iawn yng Nghaerdydd ar ôl dod yn ôl. 'Hoffi Caerdydd ond hiraethu am gefn gwlad,' meddai yn y braslun hunangofiannol wrth sôn am y blynyddoedd hyn. Cyfleodd yr un peth wrth Stafford Thomas ar sgwrs pan aeth y ddau ohonynt am dro ar gyrion y dref. 'Mae'r bryniau glas yma'n hardd,' meddai Stafford Thomas wrtho. 'Ydyn,' atebodd, ac yna ychwanegu ar ôl ysbaid fer, 'Ye are na Mary Morison.' Dyfynnu o un o gerddi Burns yr oedd. 'Roedd y merched yn neuadd y ddawns yn hardd, yn ôl Burns, ond eu cymharu â Mary Morison a wnâi ef a'u cael yn brin:

> Tho' this was fair, and that was raw,
> And yon the toast of a' the town,
>   I sigh'd, and said amang them a'
> 'Ye are na Mary Morison'.

Yng nghanol bryniau Morgannwg, 'roedd hiraeth am fynyddoedd y gogledd ac am y wlad yn cnoi ym mynwes Williams Parry.

Yn Hydref 1919 sgrifennodd at Miss L.M. Roberts fel y sylwyd eisoes ym mhennod 8 (t.82). 'Roedd hi'n ffrind agos iddo, yn athrawes yng Nghaerffili, ond ar y pryd gartref yn Gellïoedd, Llangwm. Gwelai ef ei hun fel Mab y Mynydd Ceiriog, oddi cartref, a 'doedd fawr o hwyl ers tro ar wneud cân. Cofiai'r flwyddyn yng Nghefnddwysarn a gofidiai iddo erioed adael yr 'uchel nef' honno am y dref. 'Rwyf wedi *penderfynu* mynd i'r wlad at yr Haf nesaf,' meddai mewn llythyr at Miss L.M. Roberts yn Ionawr 1920 – gan danlinellu'r gair 'penderfynu'.

Aeth ati'n syth i wireddu ei ofuned. Sgrifennodd am 'list o wagleoedd' mewn tair sir yn y gogledd. Daeth ateb o Sir Ddinbych yn ddiymdroi: 'roedd Trofarth (Betws-yn-Rhos), Llansannan a Llangwm yn wag – ysgolion Eglwys bob un. Llangwm a aeth â'i ffansi. Anfonodd at Miss L.M. Roberts yn gofyn rhes o gwestiynau am y lle – Oes yna dŷ'r ysgol? Sut bobol ydi'r bobol? Oes yna ryw benadur tra arglwyddiaethol, fel Robert Evans, Crynierth, yng Nghefnddwysarn? Sut adeilad ydi'r ysgol? Daeth ateb yn ôl a oerodd ei sêl. 'Ni buaswn yn lecio bod at alwad ac amnaid yswain na pherson, ac yn sicr ni buaswn yn relishio canu organ mewn Eglwys!' meddai wrth ddiolch am yr wybodaeth. Anghofiodd am Langwm ond daliai ati i chwilio o hyd.

Diwedd y chwilio oedd iddo, ar ddechrau 1921, dderbyn lle dan Bwyllgor Addysg Sir Drefaldwyn yn brifathro Oakley Park. 'Roedd ei gydweithwyr yn yr *High School* yn syn pan gyhoeddodd iddynt ei fod yn ymadael. Gadael Caerdydd am rywle na chlywsai'r un ohonynt amdano erioed a mynd am gyflog sylweddol lai: be' gebyst oedd wedi dod dros ben y dyn? Yr un ymholi dryslyd oedd ymateb ei dad yn Nhal-y-sarn. 'Roedd Robert Parry wedi synnu pan ddewisodd ei fab fynd i Gefnddwysarn yn 1913; 'roedd wedi gwneud ei orau i'w annog i symud oddi yno i'r Barri. Wyth mlynedd yn ddiweddarach dyma'r hogyn unwaith eto'n troi ei gefn ar bob awydd am wella'i stad.

Dechreuodd Williams Parry ar ei waith yn Oakley Park ar ganol tymor, drannoeth Gŵyl Ddewi 1921. Ardal wledig, wledig oedd hon, ardal o ffermydd ar chwâl, rhwng afonydd Cerist a Hafren, heb bentref o unrhyw fath, ddwy filltir a hanner o Lanidloes, a phum milltir o Gaersws. Bach oedd yr ysgol, dim ond 38 o blant, yn amrywio o bump oed i bedair ar ddeg, a dim ond dau, y prifathro ac un cynorthwywr, i ddysgu popeth iddynt. Mae'r llyfr lòg yn llaw Williams Parry yn yr ysgol o hyd ac yn tystio am y mân ddyletswyddau a syrthiai i'w ran – anfon bachgen adref am fod y ddrywinen arno; ymgynghori â'r trefnydd sir ynghylch sut fath o wersi addysg gorfforol i'w rhoi i'r plant. Saesneg oedd iaith yr ysgol: Saesneg oedd iaith y rhan fwyaf o'r plant yn Oakley Park, hyd yn oed yn 1921. Ond cafodd Williams Parry lety ar aelwyd Gymraeg, ar fferm Cefn Mawr. Mae Aneurin O. Edwards yn cofio galw yn y fferm i 'mofyn menyn rywdro tua'r Pasg 1921. Synnodd gwrdd â Williams Parry yno, 'wedi ymwisgo'n drwsiadus', meddai Mr. Edwards, 'ond yn edrych braidd yn wyllt': 'roedd ei foto-beic wedi nogio wrth ei gario o'r ysgol ar ddiwedd y pnawn.

A oedd Williams Parry'n hapus yn Oakley Park? 'Wn i ddim. 'Roedd yno dawelwch, mae hynny'n siŵr; 'roedd coedydd a moelydd, digon o adar, a briallu yn eu tymor yn gnwd afradlon hyd bob man. Ond yn wahanol i Benllyn, bach iawn o draddodiad o ymhél â'r pethe a oedd yn y fro. Prin sobor yw unrhyw sôn am y lle yn y llên gwerin a dyfodd am Williams Parry ac yn hynny mae'n wahanol i bobman arall lle bu ef yn byw. 'Roedd ef, wedi'r cwbl, yn greadur eithriadol hoff o gwmni, yn ogystal ag o natur, a rhyw amau yr wyf fi, ond heb fawr ddim tystiolaeth, fod Oakley Park yn ormod o neilltuaeth. Na, nid ail Gefnddwysarn mo'r fan. Mae cyfeiriadau at ardal y Sarnau yn dew yng nghanu Williams Parry. 'Does dim un cyfeiriad, hyd y sylwais, at greadur na bryncyn yn ardal Oakley Park. Yr unig grybwyll yw'r sôn am 'hen gynefin ddrws' (Cerddi'r Gaeaf, 29) lle curai am groeso yng Nghaersws.

Drws tŷ Dr Edward Rees a'i wraig, Awen Mona, oedd hwn. Galwai Williams Parry yno'n aml yn ystod ei gyfnod yn Oakley Park. Mae sôn am yr ymweliadau hynny mewn telyneg a luniodd Awen Mona i ddiolch i'r bardd am ei gerdd er cof am ei gŵr. 'Llion' oedd enw barddol Williams Parry pan enillodd ar awdl 'Yr Haf':

'Rwy'n cofio'r curo, Llion,
    Ar dderw'r prydferth ddrws,
A'r brys gan dri i'w agor
    Pan ddeuech i Gaersws.

'Rwy'n cofio'r llygaid rheini
    Lle dawnsiai'r twincl iach
Wrth wrando ar eich straeon
    Hyd oria'r bore bach.

Cyfieithu William Davies
    A chân yr Abad gwyn,
A gofyn barn y doctor,
    'Wnaiff hon y tro fel hyn?'

Y methu codi trannoeth,
    Y rasio i Moat Lane
A chwrdd Llewelyn Phillips
    'Rôl methu cwrdd y trên.

Moat Lane oedd y gyffordd yn ymyl Caersws lle gallai Williams Parry
ddal trên am stesion Dôl-wen, filltir a hanner dda o waith cerdded
wedyn dros y gefnen i ysgol Oakley Park. Llewelyn Phillips oedd clerc
Pwyllgor Addysg Maldwyn ar y pryd a gŵr na fynnai athro ysgol iddo
ei weld yn rhuthro'n hwyr am ei waith.

Ond mwy diddorol na'r cip yn y gerdd ar godi'n hwyr a'r strach i ddal
y trên yw'r sôn am y seiadu ynghylch llenyddiaeth. 'Cyfieithu William
Davies', meddir. W.H. Davies, y tramp, oedd hwn. Yn Oakley Park
cyfieithodd Williams Parry ei delyneg ef, 'The Moon', i'r Gymraeg:

Dy degwch ddena'm serch a'm bryd,
    O Loer mor agos, Loer mor lân.

Yno hefyd bu'n trosi i'r Saesneg rannau o gywyddau y credid mai
gwaith Dafydd ap Gwilym oeddent. Cywydd yr Alarch oedd un:

Yr alarch ar ei wiwlyn,
    Abid galch fel abad gwyn.

Dyna 'gân yr Abad gwyn', cyfeiriad at y cyfieithiad Saesneg gan
Williams Parry o'r gerdd uchod, 'The Swan':

Thou art like none in habit save
Most like a surpliced abbot grave.

Thou art more white than is the flow
Of headlong waters seen like snow.
Two gifts are thine, for thou hast skill
Afloat or flying, at thy will.
When thou dost fish, thou beauty bright,
Thy fishing-rod's thy neck so white.
God gave thee leave for life to take
Thy levy from Syfaddon Lake.

Cyhoeddwyd hon, 'The Snow', 'from the Welsh of Dafydd ap Gwilym', a'r cyfieithiad o W.H. Davies yn y *Western Mail* ddechrau Rhagfyr 1921, y cerddi cyntaf i Williams Parry eu cyhoeddi yn y papur hwnnw.

'Roedd bri W.H. Davies yn uchel ar y pryd ac 'roedd gan Williams Parry feddwl y byd o'i waith. Bu'n siarad amdano yn y Gymdeithas 'Lit. and Deb.' yn yr *High School* cyn gadael Caerdydd. Fis Tachwedd 1921 aeth i Lerpwl i ddarlithio arno yn y Gymdeithas Genedlaethol Gymraeg. Yn ei ddarlith soniodd am y tebygrwydd rhwng dull Davies o ddarlunio pethau natur a dull Dafydd ap Gwilym ac Eifion Wyn, thema a ddatblygodd mewn sgwrs radio ac ysgrif ymhen blynyddoedd ar ôl hyn. Dywedodd rywbeth arall diddorol hefyd wrth geisio diffinio awen W.H. Davies. 'Nid yn unig', meddai, 'y mae yn gallu gweld yr agos yn bell a'r pell yn agos, ond gall fynd allan gyda chlust y byddar a llygad y dall.' Telyneg 'Gofuned', meddech chi. Ie, wrth gwrs. 'Roedd cnewyllyn y delyneg yn dechrau ymffurfio yn 1921. Ond 'roedd pedair blynedd arall i fynd heibio cyn llunio'r gerdd ac erbyn hynny 'roedd Williams Parry wedi hen adael Maldwyn o'i ôl. Gwelodd hysbysebu swydd ym Mangor yn darlithio ar y Gymraeg. Cynigiodd amdani a'i chael. Ar 12 Rhagfyr 1921, ddeg diwrnod cyn diwedd y tymor, sgrifennodd yn llyfr lòg Oakley Park: 'My position as Head Teacher of this School terminates today.' 'Roedd ei yrfa symudol fel athro ysgol ar ben. A 'does dim awgrym yn unman iddo 'ddifaru gadael y tro hwn.

11

'Hanner yn Hanner'

I WILLIAMS PARRY bu'r dauddegau'n gyfnod digon diddig. Yn 1923 priododd Myfanwy Davies o Rosllannerchrugog – 'y peth callaf a wneuthum', chwedl yntau. Bu hi'n warchodol iawn ohono trwy gydol ei fywyd. Ymgartrefodd y ddau ym Methesda, ger gwlad agored ac ynghanol cyfeillion. 'Doedd o ddim yn cael ei blagio gan afiechyd; fel yr âi'n hŷn y daeth hynny i'w flino. Yr oedd yn fardd ar uchaf ei ddawn ac yr oedd ei waith yn cael derbyniad cynnes. Cyhoeddwyd ei gyfrol gyntaf, *Yr Haf a Cherddi Eraill*, gyntaf yn 1924. Cafwyd argraffiadau eraill yn 1925 ac 1928. Yn y cyfamser yr oedd llif cyson o gerddi ganddo wedi cael eu cyhoeddi mewn papurau newydd a chylchgronau. Ysgrifennai ysgrifau beirniadol ar farddoniaeth i'r wasg Gymraeg; darlithiai mewn ysgolion haf; derbyniai wahoddiadau lluosog i feirniadu cystadlaethau barddoniaeth yn yr Eisteddfod Genedlaethol ac eisteddfodau lleol. Yna, ac yntau'n hwylio'n deg am ei ganol oed, cododd camddealltwriaeth rhyngddo ac awdurdodau Coleg Prifysgol Gogledd Cymru, Bangor, ynghylch telerau ei benodiad. Cyffrowyd y bardd yn ddwys gan yr helynt a chafodd effaith barhaol arno ef a'i waith.

Swydd ddarlithydd prifysgol go anarferol oedd swydd Williams Parry. Câi ei gyflogi'n rhannol fel cynorthwy-ydd i Syr John Morris-Jones ac Ifor Williams o fewn yr Adran Gymraeg, ac yn rhannol gan Bwyllgor Dosbarthiadau Tiwtorial i gynnal dosbarthiadau nos y tu allan i'r Coleg. Yr oedd yn well gan Williams Parry y gwaith allanol. 'Doedd o ddim yn gartrefol o gwbwl o flaen dosbarth Anrhydedd; gymaint felly nes y byddai'n amau ei allu ei hun i ddysgu cwrs academaidd. Ond o flaen dosbarth ysgol nos yr oedd yn ddedwydd a hyderus. Yn Rhoshirwaun yn Llŷn, neu Langybi yn Eifionydd yr oedd ynghanol pobol y wlad, yn ôl yn awyrgylch Cefnddwysarn. Yno gallai drafod crefft llenydda, heb fod arno unrhyw bwysau academaidd. Yr oedd y gwaith wrth ei fodd, yn enwedig pan fyddai aelodau ei

8. R. Williams Parry a'i wraig, Myfanwy. *(Llun: Llyfrgell Genedlaethol Cymru)*

ddosbarthiadau'n troi ato am farn ar eu gwaith llenyddol eu hunain. Tua diwedd 1928 awgrymwyd iddo y gallai gael lle fel darlithydd llawn-amser yn yr Adran Gymraeg i gryfhau'r dysgu yn yr Adran honno. O ystyried ei agweddau, nid yw'n anodd deall pam y dywedodd yntau y byddai'n well ganddo ymroi iddi'n llawn-amser i ddysgu dosbarthiadau ysgol nos. Ystyriwyd ei ddymuniad gan wahanol bwyllgorau ac, yn y man, caniatawyd ei gais – neu felly y tybiai.

Yn ddiweddarach fe ddarganfu mai penodiad dros dro, penodiad am flwyddyn oedd yr un mewn efrydiau allanol. Gwrthododd benodiad a ymddangosai mor ansicr a cheisio cael ei benodi'n llawn-amser yn yr Adran Gymraeg – penodiad yr oedd wedi ei wrthod dipyn ynghynt. Ond erbyn hynny 'doedd y swydd honno ddim ar gael. Canlyniad y cyfan oedd fod Williams Parry yn dal fel yr oedd cynt, hanner i mewn yn yr Adran Gymraeg a hanner allan gyda'i ddosbarthiadau ysgol nos, neu 'hanner yn hanner, heb ddim yn iawn', chwedl yntau. Teimlai ei fod wedi cael ei gamarwain gan awdurdodau'r Coleg i wrthod swydd fewnol barhaol er mwyn penodiad allanol ansicr, a'u bod wedyn wedi peidio â gwneud iawn trwy ei benodi i ddarlithyddiaeth barhaol mewn barddoniaeth. Y mae'r stori'n un dra chymhleth. Ond cyn belled ag yr oedd Williams Parry yn y cwestiwn yr oedd pethau'n syml ac eglur – yr oedd wedi cael cam, ac wedi ei frifo.

Ni wnaeth ei siom yn gyhoeddus, ar y pryd nac wedyn. Ond yn 1931, yn *Y Ford Gron*, cylchgrawn newydd ei sefydlu, cylchgrawn nad oedd yn un academaidd, cyhoeddodd y gerdd 'Chwilota' (*Cerddi'r Gaeaf*, 56). Dyma'i gerdd ddychanol gyntaf. Ynddi fe ddywed y bardd wrthym, gyda chryn ddigrifwch, am rai ffeithiau trawiadol ynghylch hanes llenyddiaeth Gymraeg, ffeithiau 'roedd ef ei hun wedi eu darganfod ar dudalennau llychlyd y *Gentleman's Magazine* a'r hen *North Wales Gazette*:

> Pwysicach yw'r chwilotwr
>   Nag awdwr llyfr o gân;
> Cans onid yw'r pysgotwr
>   Yn fwy na'r pysgod mân?
> Rhof heibio i siarad drwy fy het
> I stydio'r hen *North Wales Gazette*.

Yr oedd, meddai, wedi taro ar ffaith o dragwyddol bwys, sef fod 'Jac Glan y Gors', y dychanwr o'r ddeunawfed ganrif, yn briod. Ond wele, siom oedd yn ei ddisgwyl am fod David Thomas, yr athro a'r ym-chwilydd o Fangor, wedi darganfod y ffaith hon o'i flaen. Ond na ddigalonner, onid oedd wedi darganfod fod Ieuan Brydydd Hir wedi marw flwyddyn o flaen y dyddiad cydnabyddedig. Ond ow! eto, 'roedd G.J. Williams, Caerdydd, wedi dod o hyd i hyn o'i flaen.

> Pa beth yw hyn fel diod
>   Gadarn a gŵyd i'm pen?
> 'Roedd Jac Glan Gors yn briod!
>   Mae-o yma i lawr ar len.
> Rhyw Saesnes oer o Cumberland
> Oedd gwraig John Jones; rhyw ddynes grand.
>
> Ai syn bod dyn yn ffrom os
>   Dygir oddi arno'r palm?
> Cans dyma David Thomas
>   Yn gwybod hyn ers talm!
> Ond erys llawer seler win,
> Megis y *Gentleman's Magazine*.
>
> Pa les yw i feidroldeb
>   Geisio goleuo'i lamp
> Ar heuldir anfarwoldeb
>   A hynny â matsen damp?—
> Nid oes dim newydd dan y ne',
> Nid oes, o leiaf, i G.J.

Cyfeiria wedyn at 'feddwol ddarganfyddiad' ynghylch Steddfod Fach

Llangollen, sef iddi gael ei chynnal flwyddyn *ar ôl* y dyddiad cydnabyddedig:

> Ionawr y 6ed oedd y dêt,
> Ond nid yn 1788.

Nid ymddengys fod neb arall yn gwybod hyn:

> O'r gorau! Pan fwy'n croesi
> Hen ddyfroedd oer y glyn
> Bydd rhywbeth i'm goroesi
> Tu mewn i'r *Bulletin.*
> Rhydd Cymru f'enw mwy yn rhes
> Ei chymwynaswyr am a wnes.

Ar yr wyneb ymddengys hyn fel tipyn o smaldod diniwed ar draul y pedant a selogion y troednodiadau, yr union beth i blesio brawdoliaeth y colegau. Tuthia'r penillion yn eu blaenau'n hwyliog: ond o dan y direidi y mae yna ergyd. Fel rhagymadrodd iddi ceir isbennawd maith, wedi ei osod mewn iaith hynafol, yn null yr hen faledi:

Cân Newŷdd yn Rhoddi Allan y môdd y gall Prydyddion cymmru fod o Wasanaeth yw Gwlâd yn y dyddiau Cyfing hyn trwy droi at waith Difrif yw chanŷ ar swît Research neu Ddifyrwch y bardd.

Awgrymir yma y byddai prydyddion Cymru o fwy o les i'w gwlad pe baent yn troi at ymchwil academaidd. Y mae hynny'n sylwadaeth frathog ar ymddygiad awdurdodau'r Brifysgol. Credai Williams Parry ei fod ef ei hun wedi dioddef am nad oedd yn ysgolhaig cydnabyddedig gyda rhes o erthyglau wrth ei enw, ac edrychai ar ei fethiant ei hun i gael swydd barhaol fel arwydd o ddiffyg parch at lenyddiaeth, ac at lenyddiaeth Gymraeg yn enwedig, yng nghylchoedd academaidd Cymru. Mae'r geiriau 'dyddiau Cyfing' wedi eu hanelu at y rheini yn y Brifysgol a ddadleuai na ellid mewn modd yn y byd fforddio darlithyddiaeth annibynnol mewn barddoniaeth. O gofio hyn nid yw geiriau agoriadol y gerdd i'w cymryd yn ysgafn. Y maent yn nodi'r hyn a deimlai Williams Parry oedd yn wir:

> Pwysicach yw'r chwilotwr
> Nag awdwr llyfr o gân . . .

Y mae'r gerdd yn mynegi siom ac anfodlonrwydd y bardd, a hynny dan gochl.

Y mae cerdd arall nas ceir yn *Cerddi'r Gaeaf*, sef cerdd a gyhoeddodd yn *Y Ford Gron* (II, 1932, t.72) dan y ffugenw 'Llywelyn', yn ddarn arall dychanol heb fod yn rhy ddifrifol yn parhau'r ymosod trwy geryddu Prifysgol Cymru'n watwarus am anrhydeddu beirdd Saesneg fel John Masefield ac W.H. Davies â gradd D.Litt. a rhoi gradd MA, 'gradd ymchwilydd' fel y mynnai Williams Parry ei galw, i feirdd Cymraeg:

MEGIS AG YR OEDD—

Ystalwm yng Nghymru
   Bu dadlau deheuig
Na pharchai'r Brifysgol
   Mo'r awen Gymreig;
Ac nad oedd ei Llysoedd
   Yn hynod o sgut
I gredu bod Cymro
   Deilyngai *D.Litt.*

Nid ydyw hi bellach
   Fel 'r ydoedd hi gynt;
Symudwyd 'i raddau'
   Pan shifftiodd y gwynt.
Bydd Pedrog ac Elfed
   A Job a J.J.,
A Dyfnallt o'r diwedd
   Yn marw'n M.A.

Mae honno'n ddiamau'n
   Gynhysgaeth go nobl
I feirdd a ddarllenir
   Gan ddyrnaid o bobl.
Rhaid canu yn Saesneg,
   Ac ennill gwir fri
Fel Masefield a Davies
   Cyn derbyn *Litt.D.*

Yn y ddwy gerdd hyn cyflwynodd Williams Parry ei sylwadau'n ffraeth. Erbyn heddiw gellir darllen y ddwy'n o ysgyfala. Yn wir, fel yna y darllenir hwy fynychaf. Y mae cerdd arall, 'Cymry Gŵyl Ddewi', a osodwyd yn nesaf at 'Chwilota' yn *Cerddi'r Gaeaf*, yn chwerwach ac yn llai uniongyrchol ei dull o drin yr un thema. Cerdd mewn dwy ran ydyw am Goronwy Owen, offeiriad o fardd o Fôn yn y ddeunawfed ganrif, a fethodd ddod yn ei flaen yn yr Eglwys yn ei wlad ei hun. Am hyn ymwadodd â'i awen a mynd i Virginia, yn America. Yn rhan gyntaf y gerdd ceir amlinelliad bywiog o yrfa Goronwy Owen:

Gronwy ddiafael, Gronwy Ddu,
Tragywydd giwrat Cymru Fu!
Cest yn dy glustiau fwy o glod
Nag o geiniogau yn dy god.

Ni chefaist ganddynt dŷ na gardd
Ni buost berson, dim ond bardd,
Rhyw hanner dyn a hanner duw,
Creadur Pope, creawdwr Puw.

Arglwydd rhyw anghyfarwydd iaith
Oeddit, ac ni chyhoeddit chwaith;
I Arglwydd heb na thir na thŵr
Nid oedd, yn wir, ond croesi'r dŵr.

Y mae'r ymadrodd 'Tragwyddol giwrat Cymru Fu' yn cyfleu'r
ymadrodd eglwysig 'perpetual curate' i'r dim, ond y mae ynddo ryw
arlliw arall hollbwysig sy'n disgrifio safle isel ac ansad Goronwy. Ar
olwg arall y mae'r ymadrodd yn cyfleu safle Williams Parry ym Mangor
– o leiaf, fel y gwelai ef bethau. Tragywydd giwrat ydoedd yntau, yn
methu cael dyrchafiad. Yn ail ran y gerdd gofynnir cwestiwn:

Yr Ianci Bach, pe troet yn ôl
I'th bau o'th bell ddisberod ffôl,
Pa fyd fai arnat?

Yng Nghymru'r tridegau sut y byddai hi ar Goronwy? Cyngor y bardd
yw iddo aros lle y mae, achos er y câi fri am ei farddoniaeth, ni châi
gydnabyddiaeth fwy materol:

Aros lle'r wyt, yr Ianci Bach,
Cyflwr dy henwlad nid yw iach.
Os caet y ciwdos a gadd Pope
A gaet y cysur hefyd? *Nope.*

Dal yn gyndyn i gydnabod awdur Cymraeg y mae'r sefydliad Cymreig,
meddai Williams Parry – byddai pethau'n wahanol iawn pe bai ei gân
wrth fodd y Sais:

Ond pe gogleisit glust y Sais
Nes cael dy ganmol am dy gais,
A 'mgrymai Cymro wrth bob dôr
O'th ffordd i hedd a ffafar? *Shore.*

Er na chyhoeddodd Williams Parry y gerdd hon tan 1938, y mae'n adlewyrchu teimladau'r bardd yn 1933. Gwelir fod ei anniddigrwydd yn troi yn chwerwedd. Am flynyddoedd bu'n ceisio cael awdurdodau'r Brifysgol i wneud iawn am gamddealltwriaeth 1929. Ofer fu ei ymdrech. 'Roedd hi'n demtasiwn iddo roi'r gorau i'w swydd fel protest, ond ni allai fforddio gwneud hynny. Ond fe allai wneud yr hyn a wnaeth Goronwy Owen: rhoi'r gorau i fod yn awdur Cymraeg. A dyna a wnaeth, ym mis Mai 1933. Aeth ar streic lenyddol, ac ar streic y bu am rai blynyddoedd.

12

'Troi'n Ieithydd wedi Troi'r Hanner Cant'

NID YN FYRBWYLL y penderfynodd Williams Parry ymddiswyddo fel awdur Cymraeg. Nid ildio i ffit o ddiawledigrwydd a wnaeth; nid pwdu, fel y bydd plentyn yn gwneud, ychwaith. Yr oedd wedi bod ar '*go slow*' llenyddol, chwedl yntau, ers dros dair blynedd. Yn awr, ym Mai 1933, aeth 'ar streic' gant y cant. Am fod awdurdodau'r Coleg, fel y tybiai ef, yn ddibris o'i gyfraniad i farddoniaeth ac i feirniadaeth, fe roddai'r gorau i ysgrifennu. Fel hyn fe gâi ef ryw gymaint o fodlonrwydd i leddfu ei anniddigrwydd: yr oedd, o leiaf, yn protestio yn erbyn yr hyn a ystyriai ef yn Anghyfiawnder byddar 'y pŵerau ysydd', ac yr oedd hynny'n well na gwneud dim.

Ar ôl cyhoeddi ei fod ar streic, yr oedd yn rhaid dal ati. Gwnaeth yntau hynny yn gyndyn benderfynol am dair blynedd dda. Gwrthododd y gwahoddiad i feirniadu yn Eisteddfod Genedlaethol Caernarfon 1935. Gwrthododd ddarlledu. Gwrthododd adolygu – yr oedd wedi addo i D. Tecwyn Evans 'cyn ymdynghedu' yr adolygai *Ganiadau Gwili* yn *Yr Eurgrawn*, ond erbyn i'r gyfrol honno ymddangos yng ngwanwyn 1934 yr oedd ar streic. Postiodd Tecwyn Evans y llyfr ato. Anfonodd Williams Parry ef yn ei ôl, a llythyr i'w ganlyn yn gofyn am gael ei ryddhau o'i addewid, ac amgaeodd gyda'r llythyr 'werth 3c. o stampiau a wariwyd yn ofer gan Olygydd *Yr Eurgrawn* arnaf'. Ceisiodd Gwasg Gregynog ganddo ganiatáu cyhoeddi argraffiad hardd o'i gerddi. Yr oedd y Wasg wedi cyhoeddi *Caniadau* T. Gwynn Jones yn 1926, *Penillion Omar Khayyâm* yn 1928, *Caniadau* W.J. Gruffydd yn 1932. Williams Parry oedd y dewis nesaf amlwg. Gwrthod y gwahoddiad yn gwrtais a wnaeth. Gwrthododd hefyd adael i artist beintio ei lun. Yr oedd Iorwerth Peate ar y pryd yn awyddus iawn i gael casgliad o bortreadau yn yr Amgueddfa Genedlaethol o lenorion cyfoes Cymru. Soniodd am y syniad wrth Syr Leonard Twiston Davies, a chydsyniodd y gŵr hwnnw i ymgymryd â'r gost. Yr oedd Peate i baratoi rhestr o lenorion a chael ganddynt gytuno i 'eistedd': yna fe ofynnai Syr Leonard i Evan Walters, Morse Brown a Phowys Evans wneud y darluniau. Ym Medi 1936 ysgrifennodd Peate at Williams Parry yn gofyn am ei gydsyniad. Gwrthod a wnaeth. Yn un peth, 'nid yw tynnu fy llun, hyd yn oed â chamera, yn apelio dim ataf: llawer llai ei beintio ar gynfas'. Ond ei bennaf rheswm, fel yr eglurodd yn ei lythyr gwrthod, oedd ei fod 'wedi gwrthod yn gyson bob anrhydedd a gynigiwyd imi ers rhai blynyddoedd bellach: e.e. gan Gwmni Gwasg Gregynog, gan yr Eisteddfod Genedlaethol, gan y B.B.C. Hyn fel protest yn erbyn dibristod Coleg y Gogledd ohonof.' Yr oedd yn resyn am y llun, oherwydd fel y dywedodd Dr Peate wrthyf, 'yn ei ddyddiau olaf, fe beintiwyd ei lun, a hwnnw sydd yn yr Amgueddfa, ond nid yw ond cysgod oer o'r Bob Parry a adwaenem ni gynt'. I Williams Parry ar y pryd, fodd bynnag, yr oedd ei ffydd yng nghyfiawnder ei achos yn dibynnu ar gadw'i air: yr oedd yn rhaid gwrthod pawb.

Daliai i ddilyn ei waith yn y coleg, wrth gwrs: darlithio ar lenyddiaeth y ganrif ddiwethaf, ar Lydaweg, ar Ddafydd ap Gwilym. Daliai i ganlyn arni gyda'i ddosbarthiadau nos. Yn ei ymwneud â'i gyfeillion a'i gydnabod, yn y Coleg a'r tu allan, yr oedd yn union fel cynt, yn hynaws, yn hwyliog, yn ofnus. Âi i Gaerdydd i'r gemau rygbi rhyngwladol: sicrhau tocynnau gan Sam Jones, teithio i lawr efo Gwilym Evans ac O.M. Roberts, a chwrdd â Griffith John Williams cyn y gêm. Yr oedd yno yn y gêm wefreiddiol rhwng Cymru a'r Crysau Duon yn Rhagfyr 1935, yn gyffro i gyd yn ei sedd yn y stand, a Sam Jones wrth ei ochr yn egluro iddo fanylion mwy astrus y chwarae. Ddeng munud cyn y diwedd yr oedd Seland Newydd 12 i 10 ar y blaen; anafwyd un o'r chwaraewyr a bu'n rhaid ei gludo o'r cae. Aeth y tyndra'n drech na Williams Parry. 'Os arhosa' i yma, mi gaf *heart attack*,' meddai wrth Sam Jones. Cododd o'i le ac allan ag o. Cerdded ôl a blaen o dan y stand y bu am funudau olaf y gêm, a cholli gweld Rees-Jones yn sgorio cais a roddodd i Gymru fuddugoliaeth o un pwynt. Collodd wefr y cais buddugol, ond mwynhaodd y trip. Dyna un fersiwn o'i hanes yn y gêm arbennig hon; y mae un arall sy'n dweud iddo adael y gêm yn gynnar heb nodi rheswm.

Mewn pethau fel hyn yr oedd popeth yr un fath ag o'r blaen. Un peth oedd yn wahanol: nid oedd yn llenydda. Y gerdd newydd olaf a gyhoeddodd, hyd y gwn i, oedd 'Clychau'r Gog' yn *Yr Efrydydd* am fis Gorffennaf 1932. Y nesaf oedd ei gerdd ingol bersonol i 'A.E. Housman'. Bu Housman farw yn 1936. Ers blynyddoedd buasai gan Williams Parry feddwl uchel iawn o delynegion y bardd Saesneg hwn. Gwelai ynddynt, mae'n debyg, yr un tristwch dwys wrth feddwl am fywyd a marw a'r un cydymdeimlad dwfn â dynoliaeth ag a gyffroai ei ganu ef ei hun. Wrth feddwl am farw Housman ailgyneuwyd ei ddychymyg. Lluniodd gerdd, ac ynddi mynegodd ei gyffes ffydd ddyfnaf un. Ymddangosodd y gerdd yn *Y Llenor*, yn rhifyn Haf 1936, heb gymaint â llythyren wrthi i ddweud pwy a'i gwnaeth.

Rhwng hon a 'Clychau'r Gog' yr oedd pedair blynedd o fudandod. Mae ychydig o eithriadau, mae'n wir, ac mae'n werth eu nodi am mai eithriadau sy'n profi cysondeb y rheol a osodasai iddo'i hun ydynt bob un.

Bu farw Gwallter Llyfnwy, cyfaill y bu'n ymwneud cryn dipyn ag ef. Lluniodd Williams Parry gerdd goffa iddo a gyhoeddwyd yn *Y Ford Gron*, Medi 1932. Ond cerdd wedi ei haddo oedd hon.

> 'Rhag ofn nad erys odid sill
>   O'r gwaith a wnes ar go',
>   Gyr ditha' i rywla, Bob, ryw bill.'
>   'R hen gyfaill, dyma fo.
>
>   (CG, 34)

Yr un math o rwymedigaeth bersonol i bobl a barodd iddo lunio'r ddau englyn arall sy'n ymddangosiadol yn torri'r streic. Fore Sadwrn, 23 Mehefin 1933, bu trychineb garw yn ardal Rhoshirwaun yn Llŷn: aeth tri o feibion Tir Dyrys – nid Llwyn Dyrus fel y dywedir yn y Nodiadau sydd yn *Cerddi'r Gaeaf* (t.101) – allan mewn cwch i godi rhwyd bysgota, a boddwyd y tri. Yr oedd Williams Parry wedi bod yn cadw dosbarth nos yn Rhoshirwaun, a phan dderbyniodd gais oddi wrth ewythr i'r tri bachgen, aelod o'r dosbarth, am englyn beddargraff i'w dorri ar fedd y bechgyn ym mynwent capel Hebron ni allai wrthod. Adeg agor Neuadd Mynytho yr un modd – aelodau dosbarth Addysg y Gweithwyr ym Mynytho oedd wedi codi'r Neuadd, hwy oedd wedi casglu'r arian a threfnu i'w hadeiladu gan bobl ddi-waith yr ardal gyda chymorth gwirfoddol y pentrefwyr. Yr oedd gan Williams Parry ddosbarth nos ffyniannus ym Mynytho. Yn naturiol fe'i gwahoddwyd i'r cyfarfod agor, 30 Tachwedd 1935. Gwrthodasai'n bendant addo siarad. Yn y cyfarfod eisteddai yng nghefn y llwyfan, 'gymaint ag a allai o'r golwg', yn ôl un a oedd yno. Siaradodd Syr Percy Watkins, T.H. Parry-Williams, Mrs Silyn Roberts ac eraill. Yna galwodd y cadeirydd arno yntau ymlaen. Ufuddhaodd 'yn hynod ddiymhongar'; dywedodd nad oedd ganddo ddim i'w ddweud, ond ei fod 'wedi gwneud englyn bach' i'r Neuadd, ac adroddodd hwnnw:

> Adeiladwyd gan Dlodi,—nid cerrig
>   Ond cariad yw'r meini;
>   Cydernes yw'r coed arni,
>   Cyd-ddyheu a'i cododd hi.

Yr englyn oedd ei gyfraniad ef at lafur cariad yr adeiladu. Yn ddiweddarach torrwyd yr englyn ar lechen ar dalcen y Neuadd – yn gwbwl briodol: yr oedd yn rhan ohoni.

Cerddi bardd gwlad oedd y ddau englyn, cerddi cymwynas i rai y tu allan i'r coleg. Wrth eu llunio, nid oedd yn torri ei air. Nid oedd yn anghyson ychwaith wrth gytuno i feirniadu'r farddoniaeth mewn eisteddfodau yn Chwilog ac ym Methesda yn Ionawr 1935. Eisteddfodau lleol oedd y rhain; cyfeillion iddo ef, pobl y dosbarthiadau nos, oedd yn eu trefnu, rhai nad oedd a wnelo ei brotest ef ddim â hwy. Yn erbyn Awdurdod yr oedd ei gŵyn, yn erbyn y 'Sefydliad' yn y Coleg ac yn y Brifysgol a oedd, fel y gwelai ef bethau, yn honni ymhoffi mewn llenyddiaeth Gymraeg ond yn amharod i roi i lenor Cymraeg ei ddyledus le. Y llenor cyhoeddus 'cenedlaethol' oedd ar streic, ac yn hynny bu'n gwbwl gyson. Unwaith yn unig, am a wn i, y llaciodd ei reol: pan adawodd i T.H. Parry-Williams gynnwys chwech o'i gerddi yn *Elfennau Barddoniaeth*, Gwasg Prifysgol Cymru, 1935. Ildio i'w gefnder a wnaeth y tro hwn. Oni bai am hyn, ni chyhoeddodd ac ni chynhyrchodd ddim llenyddiaeth rhwng Mai 1933 a Haf 1936.

Yn hytrach troes at ysgolheictod a chyhoeddi nodiadau dysgedig ar bynciau iaith yn *Bwletin y Bwrdd Gwybodau Celtaidd*. Un gŵyn, fel y cofir, yn ei erbyn gan Ifor Williams, a chan Emrys Evans, pan geisiodd 'wella'i stâd' yn y Coleg oedd na chyhoeddai ef ffrwyth ymchwil ar faterion iaith neu ar hanes llenyddiaeth, fel y disgwylid gan ŵr prifysgol ei wneud. Yn awr, ar ôl rhoi heibio lenydda, ymroes i gywiro'r gwall. Os oedd eisiau iddo chwarae'r gêm academaidd, yna fe wnâi ef hynny.

Yr oedd argraffiad Ifor Williams o *Pedeir Keinc y Mabinogi* wedi ei gyhoeddi yn 1930. Cymerai Williams Parry ddiddordeb yn y llyfr. Flynyddoedd ynghynt, â'r argraffiad o destun moel y Pedair Cainc a gyhoeddodd Ifor Williams yn 1911 wedi hen fynd allan o brint, perswadiodd Williams Parry ef i adael i Swyddfa'r *Dinesydd* argraffu testun *Mabinogi Pwyll* yn llyfryn bychan swllt, am fod arno angen amdano ar gyfer ei ddosbarthiadau allanol. Ar ôl i gyfrol 1930 ymddangos yn cynnwys rhagymadrodd a nodiadau llawn bu Williams Parry yn pori ynddi'n bur llwyr. Sylwodd ar un neu ddau o bethau lle y tybiai ef y gallai gynnig esboniad gwell ar ystyr y testun. Soniodd am y peth wrth Ifor Williams, ac anogodd yntau ef i droi'r cynigion yn nodiadau ar gyfer y *Bulletin*. 'Yn un peth,' meddai Williams Parry, 'y mae am imi gael fy mhig i mewn i'r cylchgrawn diddorol hwnnw.' Ddechrau'r flwyddyn 1935 aeth ati i lunio nodyn: tynnodd oddi ar ei wybodaeth o gystrawennau'r Llydaweg i gynnig y gellid deall yr ymadrodd *pan y gwnaeth Pwyll* yn chwedl Manawydan i olygu 'since Pwyll did it' yn hytrach na 'which Pwyll did'. Defnyddiodd ei wybodaeth o Lydaweg eto i gynnig esboniad gwahanol ar linell yn yr ail englyn a adroddodd Gwydion wrth Lleu yn rhith eryr ym mlaen derwen yn chwedl Math. Ond ofnai roi ei droed ynddi, a 'pheri crechwen o Gaergybi i Gaerdydd'. Am hynny fe anfonodd y cynigion at Griffith John Williams a gofyn iddo ef roi 'barn ddidostur' arnynt. ''Fedrwch chi falu'r ddau'n dipiau? Rhwydd hynt ichwi: fe'm harbedwch rhag drwg a fo waeth.' Cymeradwyodd G.J. Williams y cynigion, y cyntaf yn gyfan a'r llall mewn rhan. Twtiodd Williams Parry hwy a'u cynnig i Ifor Williams ac fe'u cyhoeddwyd yn y *Bulletin*, yn rhifyn Mai 1935.

Mynegwyd y cyfan o'r ysgolheictod yn foel academaidd a sobor, ar wahân i un frawddeg am yr englyn ym mhedwaredd gainc y Mabinogi.

O blaid y cynnig gellid honni bod ei fydriad dilestair yn fwy cyson â chyflymiad nerfus yr englynion eraill at y diwedd, er mai englyn gwastad yw hwn ac englynion cyrch y lleill . . .

Hynny yw, yr oedd Williams Parry yn ymateb i gelfyddyd yr englyn yn ogystal â dilyn trywydd ieithegol.

Yn rhifyn Mai 1936 y *Bulletin* y mae Williams Parry yn trafod cywiriadau M.J. Cuillandre o ddehongliadau o ddramâu miragl Cernyweg. Unwaith eto y mae'n mynd ati'n fanwl a thrylwyr i drafod pynciau ieithyddol. A beth am y gwrhydri hwn? Mewn llythyr at Griffith John Williams (12 Chwefror 1936) y mae'n dweud mai beirniadu gwaith eraill yw'r cyfan y gall ef wneud – sylw sy'n awgrymu nad oedd ganddo fawr o feddwl o'r math hwn o weithgarwch. Ond nid dyma ben draw'r cynnyrch ysgolheigaidd. Yr oedd wedi bod yn gweithio ar linell olaf Tri Englyn y Juvencus, fel y'u gelwir: tri englyn dyrys a ysgrifennwyd yn y nawfed ganrif yw'r rhain, a thri englyn yr oedd Ifor Williams wedi rhoi cynnig ar eu hesbonio. Mewn llythyr at G.J. Williams (28 Chwefror 1935) yr oedd Williams Parry wedi trafod un llinell; dychwelodd at y pwnc mewn llythyr arall ato (30 Tachwedd 1936). Erbyn 7 Mawrth 1936 'roedd y nodyn ar yr englynion wedi ei lunio. Ar 6 Hydref 1937 fe wrthododd Ifor Williams y truth ar gyfer y *Bulletin*. Fe roes hyn ben ar ysgolheictod geiriol Williams Parry. Tua'r Pasg 1937 dywedodd hyn mewn llythyr at G.J. Williams:

Nid yw'n debyg y poenaf chwi'ch dau [G.J. Williams a'r Athro J. Lloyd-Jones] eto; mae nyddu cerddi (dychanol gan mwyaf yn y byd sydd ohoni) yn fwy yn fy lein.

Ond erbyn hynny, wrth gwrs, yr oedd pethau eraill yn y Gymru oedd ohoni – megis mater yr Ysgol Fomio – wedi bwrw nodiadau geiriol o'r naill du.

Anfodlon ei fyd oedd, ac yn meddwl am adael Bangor. Yr oedd Iorwerth C. Peate wedi sôn wrtho y byddai Thomas Gwynn Jones yn ymddeol o'i Gadair yn Adran Gymraeg, Aberystwyth – gwnaeth hynny yn 1937. Ond ni fynnai Williams Parry ystyried dim a allai ddeillio o hynny gan y gwyddai na fyddai olynydd i Gwynn Jones. Ond fe fyddai wedi hofi cael swydd D.T Davies, swydd Arolygydd Ysgolion – fe gofir iddo wrthod swydd debyg yn 1919, ond 'bellach byddai'n dda gennyf fynd iddi o'r lle a'r modd yr wyf'.

13

'Yr Academig Dost'

DYFYNIAD o un o sonedau Williams Parry yw'r teitl, dyfyniad o'r
soned chwyrn 'J.S.L.':

Disgynnaist i'r grawn ar y buarth clyd o'th nen
    Gan ddallu â'th liw y cywion oll a'r cywennod;
A chreaist yn nrysau'r clomendy uwch dy ben
    Yr hen, hen gyffro a ddigwydd ymhlith colomennod.
Buost ffôl, O wrthodedig, ffôl; canys gwae
    Aderyn heb gâr ac enaid digymar heb gefnydd;
Heb hanfod o'r un cynefin yng nghwr yr un cae—
    Heb gorff o gyffelyb glai na Duw o'r un defnydd.
Ninnau barhawn i yfed yn ddoeth, weithiau de
    Ac weithiau ddysg ym mhrynhawnol hedd ein stafelloedd;
Ac ar ein clyw clasurol ac ysbryd y lle
    Ni thrystia na phwmp y llan na haearnbyrth celloedd.
Gan bwyll y bwytawn, o dafell i dafell betryal,
Yr academig dost. Mwynha dithau'r grual.

(CG, 76)

Sôn am y soned a'i chefndir y byddaf yma.

Y cefndir, yn gyffredinol iawn, yw helynt llosgi'r Ysgol Fomio yn
Llŷn – y digwyddiad unigol mwya'i ddylanwad ar y bywyd llenyddol
Cymraeg yn ystod y ganrif hon. Ar y dechrau gadewch imi'ch atgoffa o
dri neu bedwar o ddyddiadau, yn syml iawn, ynghylch y llosgi gan
Saunders Lewis, D.J. Williams, a Lewis Valentine:

1.   Medi 1936, yn oriau mân y bore, Dydd Mawrth, 8 Medi, llosgi rhai
    o adeiladau'r Ysgol Fomio ym Mhenyberth yn Llŷn.

2. Bum wythnos union wedyn, Dydd Mawrth, 13 Hydref, yn llys y
   seisys yng Nghaernarfon methodd y rheithgor gytuno ar ddedfryd.
3. Dri mis yn ddiweddarach, Dydd Mawrth, 19 Ionawr 1937, yn yr
   Old Bailey yn Llundain cafwyd y tri diffynnydd yn euog ac fe'u
   dedfrydwyd i garchar am naw mis.
4. Saith mis yn ddiweddarach eto, ar 27 Awst 1937, lai na blwyddyn ar
   ôl y llosgi, rhyddhawyd y tri o garchar Wormwood Scrubs.

Dyna'r ffrâm amseryddol – Medi 1936, y llosgi; Hydref 1936, seisys
Caernarfon; Ionawr 1937, prawf yr Old Bailey; Awst 1937, rhyddhau o
garchar.
   Mae dau ddyddiad arall lawn mor bwysig o ran soned 'J.S.L.':

1. Dydd Llun, 18 Hydref 1936, yn syth ar ôl seisys Caernarfon, ond
   cyn i lys barn ei gael yn euog, penderfynodd Cyngor Coleg
   Abertawe wahardd Saunders Lewis rhag darlithio.
2. Dydd Llun, 15 Chwefror 1937, yn dilyn y dedfrydu yn yr Old
   Bailey, Cyngor Coleg Abertawe yn diswyddo Saunders Lewis, ac yn
   fuan wedyn awdurdodau'r Coleg yn symud i benodi darlithydd
   arall yn yr Adran Gymraeg.

O safbwynt llenyddiaeth Gymraeg, mae'n deg dadlau mai'r camau hyn
gan Gyngor Coleg Abertawe gafodd y dylanwad mwyaf. Yn sicr, o ran
ymateb Williams Parry, dyna'r catalist mawr. Wrth ddweud hyn 'fynnwn i
er dim fychanu pwysigrwydd y llosgi – y ffaith i dri o arweinwyr plaid
wleidyddol, ar ôl i bob protest resymol fethu, ddewis gweithredu'n
anghyfreithlon. 'Roedd hynny'n ddigwyddiad hanesyddol bwysig, wrth
gwrs. 'Roedd penderfyniad y Twrnai Cyffredinol, hynny ydi, penderfyniad
y Llywodraeth, i symud y prawf o Gaernarfon i Lundain, 'roedd hynny
hefyd yn fater pwysig iawn, iawn. Fe ddeallodd Lloyd George hynny.
Meddai ef mewn llythyr o Jamaica at ei ferch Megan ar 1 Rhagfyr 1937:

> I think it an unutterable piece of insolence, but very characteristic of the
> Government. They crumple up when tackled by Mussolini and Hitler, but
> they take it out on the smallest country in the realm which they are
> misgoverning . . . This is the first Government that has tried Wales at the
> Old Bailey . . . I certainly wish I were 40 years younger. I should be prepared
> to risk a protest that would be a defiance.

Ond er mor bwysig yn wleidyddol oedd y llosgi, er mor bwysig y
gallasai mater symud y prawf fod wedi bod, o ran ei oblygiadau i
lenorion a'i ddylanwad ar lenyddiaeth, diswyddo Saunders Lewis oedd
y cyffro mawr. Hynny, yn sicr, a esgorodd ar y soned 'J.S.L.'

Creadur anwleidyddol oedd Williams Parry ei hun. 'Roedd o'n genedlaetholwr, oedd. Ar ddechrau'r dauddegau 'roedd yn un o aelodau Cymdeithas y Tair G – y Gymdeithas Genedlaethol Gymraeg ym Mangor, un o'r ffrydiau a lifodd ynghyd i ffurfio Plaid Genedlaethol Cymru yn 1925. Ar ôl sefydlu'r Blaid 'roedd yn aelod llawn. Efô oedd cadeirydd Pwyllgor Rhanbarth y Blaid newydd yn Sir Gaernarfon. Efô fu wrthi, yn ei gar bach, yn cludo siaradwyr o gwmpas ac yn rhannu taflenni pan safodd Lewis Valentine yn enw'r Blaid yn etholiad 1929. 'Roedd yn mynd i Ysgolion Haf cynnar y Blaid. Mae emyn answyddogol yr Ysgol Haf ar y pryd yn sôn am hynny:

> Ni bydd Saunders yn y nefoedd,
>   Ni bydd Bebb yn Nhŷ fy Nhad,
> Ni ddaw'r Trefnydd chwaith na'r Doctor
>   I gynteddau'r hyfryd wlad.
>   Williams Parry
>   Ddaw i'r golwg yn y man.

Ond y seiadau llenyddol yn yr Ysgolion Haf, ymhlith eneidiau hoff cytûn, yn hytrach nag unrhyw ddadansoddi ar wleidyddiaeth, oedd yn mynd â bryd Williams Parry. Efô ddywedodd, na 'pherthyn y bardd i'r byd fel i natur werdd' ac na ddylai bardd ddringo i bulpudau'r oes nac ar focs y gwleidydd. Yn hynny o beth 'roedd yn ei ddisgrifio'i hun. Efô ddywedodd hefyd amdano'i hun, yn gwbwl gywir:

> Anhyglyw ac anamlwg yn y cwrdd,
> Diasgwrn-cefn ac ofnus ymhob cad.
>
> (CG, 71)

Fe fuasai Williams Parry wedi anghymeradwyo sefydlu Ysgol Fomio yn Llŷn, wrth gwrs – fel bron iawn bawb ystyriol yng Nghymru, mae'n ymddangos. Ond 'welais i ddim sôn amdano'n cymryd unrhyw ran gyhoeddus, amlwg yn y gwrthdystio. Ym Mehefin 1936, dri mis cyn y llosgi, fe anfonwyd llythyr at y Prif Weinidog yn pwyso arno dderbyn dirprwyaeth ynglŷn â'r mater. Arwyddwyd y llythyr gan nifer fawr o Gymry amlwg, yn eu plith yr Athro Ifor Williams, yr Athro T. Gwynn Jones, yr Athro T.H. Parry-Williams. 'Does dim sôn am enw Williams Parry. Anhyglyw ac anamlwg oedd ef yn y brotest – am mai un felly oedd o. 'Chanodd o yr un gerdd, 'luniodd o yr un llythyr ar bwnc codi'r Ysgol Fomio a'r diystyru ar y farn gyhoeddus yng Nghymru. Tan y tanio – yn wir, tan rai wythnosau ar ôl y tanio – 'does yna ddim arwydd o gwbl y gallasai helynt yr Ysgol Fomio effeithio ar gynnyrch Williams Parry; 'does dim awgrym o'r newid gwleidyddol a ddaeth i'w

9. Trydydd Ysgol Haf y Blaid yn Llandeilo, Awst 1928. Y pedwerydd o'r dde yn yr ail res o'r blaen yw R. Williams Parry; y trydydd o'r chwith yw Saunders Lewis. (*Llun: Plaid Cymru*)

ganu. Y tanio a chanlyniadau'r tanio yng Nghymru ac ymhlith y Cymry oedd y trobwynt.

Yn Llundain ar ei wyliau yr oedd Williams Parry noson y llosgi. 'Roedd hi'n gyda'r nos nos Fawrth pan glywodd am y tân gan Caradog Prichard. Bore trannoeth fe welodd yr hanes yn y papurau. Yn syth anfonodd gerdyn post at O.M. Roberts:

> Hetiau i ffwrdd i'r hogiau! Gwych ryfeddol, a thrist ryfeddol. Gresyn na buasai eu gwlad yn eu haeddu.

'Hetiau i ffwrdd i'r hogiau!' Yn yr ymadrodd Saesneg yna mae'n cyfleu ymateb parod pob cenedlaetholwr ar y pryd – fod Cymru o'r diwedd wedi taro. Ond dan yr ymateb mae yna ymorol am y tri: 'Gwych ryfeddol, a thrist ryfeddol. Gresyn na buasai eu gwlad yn eu haeddu.' Yn ystod y dyddiau a'r wythnosau nesaf mae'r ymorol pryderus yn tyfu, ymorol oedd yn cael ei ddwysáu gan edmygedd Williams Parry o'r tri – ac yn arbennig o un ohonynt.

'Roedd Williams Parry wedi bod wrthi'n cefnogi ymgeisiaeth Lewis Valentine yn etholiad 1929; 'roedd ganddo feddwl uchel o Valentine. 'Roedd yn adnabod D.J. yn Ysgolion Haf y Blaid. Ond mae'n deg dweud mai Saunders Lewis oedd pennaf gwrthrych ei ofal. 'Roedd edmygedd R. Williams Parry o Saunders Lewis yn ddi-ben-draw. Byth er pan ddechreuodd Saunders Lewis gyhoeddi beirniadaeth lenyddol, yn *The Welsh Outlook* yn 1919 ac yna yn *Y Llenor* yn 1922, 'roedd Williams Parry wedi ei ddal ganddo ac wedi adnabod newydd-deb ei lais. Tyfodd yr edmygedd gyda'r blynyddoedd. Mynegodd hynny'n groyw mewn sgwrs radio yn Chwefror 1933:

> Mewn beirniadaeth, y mae'n ddigymar. Rhoes inni oleuni: ar gyfrinach Dafydd Nanmor, ar gelfyddyd Gutun Owain, ar arddull Pantycelyn, ar feistrolaeth Goronwy Owen . . . ar anturiaeth beirdd cyfoes. Yn bennaf dim, rhoes i Feirniadaeth statws dominiwn yn ymerodraeth lenyddol Cymru.

Yn 1933 'roedd yn sylw craff. Ond mae mwy yma nag sydd ar yr wyneb. O safbwynt Williams Parry 'roedd Saunders Lewis yn cymryd llenydda o ddifri. Oherwydd hynny 'roedd wedi dwyn i fyd ysgolheictod yr Adrannau Cymraeg astudio llenyddiaeth o ddifri am y tro cynta. 'Roedd ganddo weledigaeth ar wareiddiad llenyddol y Gymraeg ac 'roedd yn ceisio cymell honno ar ysgolheigion testunol amharod yr Adrannau Cymraeg. Mater o farn yw hi a yw'r dehongliad yn deg. Ond fel'na yr oedd Williams Parry yn gweld pethau ar y pryd. At hynny 'roedd ef a Saunders Lewis yn ffrindiau personol.

Oedd, 'roedd Williams Parry wedi ei gyfareddu gan Saunders Lewis, a'r parch personol hwn a ddwysaodd ei ymorol am y tri drannoeth a thradwy'r llosgi. Cyfrannodd yn hael at y gronfa a sefydlodd y Blaid yn syth i gwrdd â chostau amddiffyn y tri. Ef a Phrosser Rhys oedd dau o'r cyfranwyr haelaf, ar ôl gwŷr cefnog fel R.O.F. Wynne, Garthewin, J. Alun Pugh, Llundain, a Lewis Williams, y Barri. Mae rhestrau cyfranwyr at y gronfa amddiffyn – yn Y Cymro rhwng 24 Hydref a 14 Tachwedd 1936 – yn ddogfen ddiddorol. Ymhlith y cannoedd enwau fe welwch enwi yr Athro W.J. Gruffydd, Iorwerth Peate, Gwenallt, Stephen J. Williams, T.J. Morgan, J. Lloyd-Jones, Tom Parry, Thomas Jones, Coleg Aberystwyth, B.B. Thomas, Harlech. Ond mae hefyd rai enwau sy'n amlwg absennol, fel yr Athro Henry Lewis a'r Athro Ifor Williams, i nodi dau y mae a wnelon nhw â thema'r bennod hon.

Erbyn mis Hydref 1936 'roedd pryder ymholgar Williams Parry yn tyfu. Daeth brawdlys Caernarfon a'r ffaith i reithgor o Gymry fethu cytuno i ddedfrydu'r tri yn euog, daeth hynny â mymryn o ryddhad. Ond dim ond dros fyr dro. 'Roedd pryder am Saunders Lewis. Sut y byddai hi arno ef yn Abertawe? 'Roedd sôn ymhlith aelodau'r Blaid cyn y llosgi fod yna rai ynglŷn â'r Coleg hwnnw a fyddai'n falch o gael gwared ag ef. Yn y dauddegau 'roedd sôn, mae'n debyg, fod Syr Alfred Mond, A.S. Sir Gâr o 1924 i 1928 ac un o ddiwydianwyr gwaith nicel Mond Nickel yng Nghlydach, wedi bod yn awgrymu y dylasai Coleg Abertawe roi ffrwyn ar wleidydda Saunders Lewis. Yna'n syth ar ôl y gwrandawiad gerbron Ynadon Pwllheli, 'roedd Prifathro Abertawe, Dr C.A. Edwards, wedi gofyn i Saunders Lewis ymddiswyddo; 'roedd Saunders wedi gwrthod ac wedi gofyn am gael cwrdd â chynrychiolaeth o Gyngor y Coleg, ond heb gael ateb i'w gais. Oedd, 'roedd pryder. Ganol Hydref fe wireddwyd yr ofnau i gyd. Chwe diwrnod ar ôl prawf Caernarfon penderfynodd Cyngor Coleg Abertawe atal Saunders Lewis rhag darlithio. Ddydd Llun, 18 Hydref y bu hynny. Ddydd Gwener yr wythnos honno, yn Abertawe ac ym Mangor, cynhaliodd y myfyrwyr gyfarfodydd protest brwd.

'Roedd Williams Parry yn ferw i gyd. Ddydd Iau, 22 Hydref mae'n sgrifennu at G.J. Williams yng Nghaerdydd – G.J. Williams oedd, fel y cofiwch, yn un o sylfaenwyr y Blaid Genedlaethol. Mae'n werth dyfynnu o'r llythyr:

Annwyl G.J.
Beth feddyliwch chwi o'r diawledigrwydd dwytha? Mae myfyrwyr Coleg Bangor yn mynd i gynnal Cwrdd Protest nos fory. A ad athrawon a darlithwyr adrannau Cymraeg y Brifysgol i'r myfyrwyr lamu i'r bwlch bob tro?
   Ond – sylwer. Peidiwch â gwneud dim yn fyrbwyll. Clywais achlust eich bod am ymddiswyddo ped elai'r tri i'r jêl. Gofalwch eich bod yn cael

'mwyafrif' yr athrawon a'r darlithwyr i wneud yr un peth, onid e fe'ch
gadewir at y clwt.

Beth yw 'reaction' Gruffydd i'r bwystfileiddiwch Abertawaidd?

Sylwch ei fod yn sôn wrth G.J. WIlliams am brotest gan fwyafrif
staff yr Adrannau Cymraeg. Drannoeth sgrifennu'r llythyr hwn 'roedd
yn Swyddfa'r Blaid yng Nghaernarfon yn trafod gyda J.E. Daniel a J.E.
Jones sut i brotestio. Y canlyniad fu cytuno ar lythyr i'r wasg – i'r
Western Mail a'r *Daily Post*, ac i'r *Manchester Guardian* hefyd, llythyr
wedi ei arwyddo gan gyd-ddarlithwyr Saunders Lewis i gyd. Pwy oedd
i'w sgrifennu? Pwy ond W.J. Gruffydd, y dadleuwr cyhoeddus mwyaf
miniog yng Nghymru ar y pryd. 'Roedd gan Williams Parry rywbeth i
fwrw ati gydag o. Sgrifennodd at Gruffydd, ac yna at G.J. Williams, ar
28 Hydref 1936, yn awgrymu pwyntiau ar gyfer y llythyr – y math yma
o beth:

Awgrymaf fod Gruffydd yn y paragraff hir cyntaf yn pwysleisio bod safle
Saunders Lewis yn llenyddiaeth beirniadaeth Cymru yn cyfateb yn gymwys
bron i safle T.S. Eliot yn . . . Lloegr. Hyn er mwyn y Saeson goleuedig . . .

Aeth ynglŷn â hel addewidion am enwau i lofnodi'r llythyr. Mae'r
brawddegau hyn o lythyr at W.J. Gruffydd, 27 Hydref 1937, yn cyfleu y
corddi a'r ymroddiad:

Ni byddaf yn mynd i'r Coleg ar foreau Mawrth, ond euthum i lawr yn
unswydd i weld Ifor a Tom bore heddiw. Yr oedd Tom ar frys i ateb 'phone'
a ddaethai iddo, ond cefais ddigon o amser i ddweud fy neges wrtho a
chytunai mai gwych o beth a fai protest oddi wrth staffiau'r Adrannau
Cymraeg. Felly yr oeddwn yn siŵr ohono ef cyn mynd i fyny at Ifor. Cefais
dderbyniad siriol fel arfer ganddo, ond y peth cyntaf a ddywedodd oedd na
lofnodai ef mo'r brotest ar gyfrif yn y byd. Rhoes amryfal resymau dros ei
safiad: megis ei fod yn erbyn 'Force' o ba gyfeiriad bynnag y delai; nad oedd
yn cymeradwyo'r llosgi; nad oedd am i'r Cymry ddilyn eisampl y
Gwyddelod, etc. Yn anffodus daeth R.T. Jenkins i mewn, ac ymroes i borthi
Ifor hynny a allai. Ond dyma Tom i mewn, a dadlau nad oedd dulliau'r
Gwyddelod i'w cymharu am funud â dulliau'r Tri. Ond dal yn gyndyn a
wnâi'r hen ddyn. 'Wel', meddwn i, 'a wyt ti am i'r brotest gynnwys enw
pawb ond d'enw di?' 'Mae hwnna'n sylw annheg', ebe R.T.J. 'Statement of
fact', ebe finna. 'Roedd yn rhaid i Ifor fynd am ei ddarlith, gyda dweud,
'Ydw, os felly y bydd hi.'

Fan yna, yn Hydref 1937, y mae hedyn y soned, er bod yna rai misoedd
eto cyn y bydd hi'n egino.

Syrthio'n fflat wnaeth y llythyr protest. 'Doedd W.J. Gruffydd ddim yn gweld grym ynddo heb fod pawb o staffiau'r Adrannau Cymraeg yn torri eu henwau wrtho. 'Wnâi pawb ddim – Ifor Williams, yn un, a Henry Lewis, wrth gwrs. Ffyrnigai Williams Parry. Meddai wrth G.J. Williams, 28 Hydref 1936:

> Onid yw'n arwyddlon iawn mai pobl ddiawen fel Ifor, R.T. Jenkins a Henry Lewis sy'n nogio rhag mynd i'r gad dros gymrodor? Hwy nid ânt, anaf nis gad: a'r anaf yw'r smotyn dall na ad iddynt adnabod llenyddiaeth pan welont hi. Nid oes yr un ohonynt wedi gweld 'magnitude' Saunders, mi gymeraf fy llw.

'Hwy nid ânt, anaf nis gad,' meddai gan adleisio'n grafog linell o gerdd 'Claf Abercuawg' o gyfrol Ifor Williams ar *Canu Llywarch Hen*:

> Pan frysiant cedwyr i gad
> Mi nid af, anaf ni'm gad.

Ar ben siom y llythyr daeth y newydd fod y prawf wedi ei symud i Lundain: 'Beth feddyliwch chi o'r "move" olaf? Imperialaidd iawn, onid e? Ni feiddiasent wneud hyn â'r Gwyddelod, pan oeddynt hwythau dan iau Lloegr . . .,' meddai mewn llythyr at G.J. Williams, 30 Tachwedd 1936. Ac eto, mewn llythyr arall, 6 Ionawr 1937, ychydig cyn prawf yr Old Bailey:

> Meddyliwn cyn iddo ddigwydd y buasai Cymry yn mynd yn wenfflam oherwydd y sarhad. Ond beth sydd i'w ddisgwyl gan 'genedl o gachgwn' . . .? Y drasiedi fwyaf yw bod cyfurdd gwŷr â'r Tri wedi aberthu dros bobl na fyn mo'u hachub.

'Cyfurdd gwŷr', sylwer. Mae'r ansoddair 'cyfurdd' yn digwydd yn chwedl Branwen, testun arall a olygwyd gan Ifor Williams.

'Doedd Williams Parry ddim wedi bod yn barddoni fawr ers tro. Fel y gwelwyd eisoes, 'roedd ar ryw fath o streic lenyddol, ei brotest bersonol ef am fod 'awdurdodau' Coleg Bangor – Ifor Williams yn eu plith – wedi gwrthod, yn ei farn ef, roi swydd lawn, deilwng iddo fel Darlithydd Arbennig mewn Llenyddiaeth. Ond yn awr, yn nechrau 1937, adeg prawf yr Old Bailey, mae ei anniddigrwydd yn berwi'n gyffro ynddo, yr anniddigrwydd nad oedd pobol Cymru wedi mynd yn wenfflam oherwydd sarhad symud y prawf. Mae'n llunio'i soned gyntaf ers dros bedair blynedd ar ddeg, y soned 'Cymru 1937'. Ymddangosodd honno yn *Y Llenor*, Gwanwyn 1937. Am ei fod ar streic ni allai roi ei enw llawn wrthi. Fe'i cyhoeddodd wrth yr enw 'Brynfardd'. Mae'n soned wahanol iawn i'r sonedau cynt. Yn lle rheoleidd-dra Shakespearaidd y rheini, eu llinellau deg sillaf a'u corfannau iambig, mae'n llaesu'r mesur, yn ymestyn ac arafu llinellau, yn gweithio patrwm o odlau unsill acennog ac odlau dwbwl i ddal dicter ei ddychan. Mae'r gwynt a fu yn ei ganu yn symbylwr hiraeth, mae'r gwynt rhamantaidd hwnnw'n troi'n wynt styrbiol fel gwynt y Pentecost:

> Cymer i fyny dy wely a rhodia, O Wynt,
> Neu'n hytrach eheda drwy'r nef yn wylofus waglaw;
> Crea anniddigrwydd drwy gyrrau'r byd ar dy hynt—
> Ni'th eteil gwarchodlu teyrn na gosgorddlu rhaglaw.
> Dyneiddia drachefn y cnawd a wnaethpwyd yn ddur,
> Bedyddia'r di-hiraeth â'th ddagrau, a'r doeth ail-gristia;
> Rho awr o wallgofrwydd i'r llugoer tu ôl i'w fur,
> Gwna ddaeargrynfeydd dan gadarn goncrit Philistia:
> Neu ag erddiganau dy annhangnefeddus grwth
> Dysg i'r di-fai edifeirwch, a dysg iddo obaith;
> Cyrraedd yr hunan-ddigonol drwy glustog ei lwth,
> A dyro i'r difater materol ias o anobaith:
> O'r Llanfair sydd ar y Bryn neu Lanfair Mathafarn
> Chwyth ef i'r synagog neu chwyth ef i'r dafarn.

(CG, 63)

'Rhaglaw' yw'r gair am farnwr Rhufeinig yn y Testament Newydd bob tro. 'Rhaglaw' yma sy'n cynrychioli cyfraith imperialaidd Lloegr. 'Gwna ddaeargrynfeydd dan gadarn goncrit Philistia,' meddai. 'Roedd Saunders Lewis, onid oedd, wedi cyhoeddi tair astudiaeth feirniadol dan y teitl 'Yr Artist yn Philistia'. Mae yna gyfeiriadaeth fwy llwythog yn y soned nag yng ngherddi cynharach Williams Parry, cyfeiriadaeth eironig. Mae'n ddychanol, grafog. Ond cyffredinol yw'r apêl, galwad ar i bobol Cymru ymysgwyd o'u dihidrwydd hunanfodlon.

'Roedd tynged y tri, ac yn arbennig tynged Saunders Lewis, yn dal i'w flino. Daeth y llys a dedfryd o naw mis o garchar. I un fel Williams Parry a oedd yn dioddef yn enbyd o glawstroffobia, 'roedd carchar, 'roedd y syniad o fod tu ôl i ddrws cloëdig, yn fraw ac yn ddychryn. Yn syth wedi'r dedfrydu diswyddwyd Saunders Lewis. Sut yr oedd ef a'i deulu yn mynd i ymgynnal? Nid yn unig 'roedd mewn cell; 'doedd ganddo ef, na'i deulu, ddim cynhaliaeth. 'Roedd yn rhaid ceisio gwneud rhywbeth.

Ailgydiwyd yn y llythyr protest, ond yn awr nid anfon llythyr i'r wasg gan ddarlithwyr yr Adrannau Cymraeg oedd y bwriad, ond petisiwn protest i Goleg Abertawe gan athrawon a darlithwyr y Brifysgol yn gyffredinol, petisiwn wedi ei drefnu yn Abertawe ond yn ehangach na'r coleg hwnnw'n unig. Daeth ffurflenni'r brotest oddi wrth Kenneth Rees, Abertawe, meddai Williams Parry mewn llythyr arall at G.J. Williams ddechrau Chwefror. Aeth yntau ati i hel enwau:

Bum rownd y troops ddydd Mercher a dydd Iau – Tom a minnau. Nid aethom ar gyfyl 'y rhai anhrugarogion' . . . megis y Prifathro ac Archer . . . Am y lleill, gwrthododd tri yn bendant: sef y Cofrestrydd (hen Civil Servant), Chas. Davies (un o Benrhyn Gŵyr), a phennaeth yr Adran Gymraeg (cyfaill mynwesol i Harri Lewis). Cawsom ryw ddau ddwsin o enwau rhwng pawb. Ond y Saeson oedd y llofnodwyr mwyaf di-lol: rhyw grafu'u cyrn gyddfau yr oedd rhai Cymry, megis Hudson Williams ac E.T. Davies.

Fis yn ddiweddarach mae'n dal ar yr un pwnc: 'Mae hi'n bur anobeithiol onid yw? Ifor a Tom (H.P.W.) wedi gwrthod llofnodi'r ddeiseb! Methaf â deall Tom.' O dipyn i beth 'roedd siom Williams Parry yn troi'i ddicter yn chwerwedd. O'r chwerwi hwnnw daeth chwythwm o gerddi mwy penodol eu hapêl a'u hergyd. Cerdd faledol ei thinc a rhwydd ei rhediad oedd y gyntaf. Ymddangosodd dan enw 'Yr Hwsmon' yn Y Ddraig Goch, mis Mawrth 1937. Yn hon mae'n arllwys ei deimladau'n agored. Mae'n agor efo'r sôn yn Llyfr Daniel pennod 3, am y teyrn Nebuchodonosor a'r tri a fwriwyd i'r ffwrn dân am wrthod plygu iddo:

> Onid triwyr a fwriasom ni i ganol y tân yn rhwym? [meddai'r brenin] . . . Wele fi yn gweled pedwar o wŷr rhyddion yn rhodio yng nghanol y tân, ac nid oes niwed arnynt.

Dyma'r gerdd, wedi ei chyfeirio at Gymro cyffredin o'r enw Wil Êl:

'Roedd Nebuchod'nosor a'r dyn ar 'i dwrn
Yn deud bod 'na bedwar i'w gweld yn y ffwrn;
Fydda' fo syn yn y byd gin inna', Wil Êl,
Petai 'na Bedwerydd i'r hogia'n y jêl.

Ma' Twm yn 'i barlwr yn chwara pontŵn,
Ma' Dic yn rhoi swlltyn ne' ddau ar y cŵn;
Ma' Harri'n y Bedol, a'r ddiod fel mêl,—
Dros bobol fel ni, Wil, y mae'r hogia'n y jêl.

Ma' stiwdants drwy'r byd yn rhai brwd dros 'u gwlad,
Ond oer 'di'r athrawon, 'd oes undyn a'i gwad;
Ma' nhw'n rhy athronyddol i deimlo dim sêl,—
Dros addysg a choleg 'ma'r hogia'n y jêl.

Mi ddaw'n wanwyn cyn hir, mi ddaw'r hedydd i'w lais,
A'r falwan i'r ddraenan, fel y deudod rhyw Sais;
Mi fydd popeth yn iawn ar y byd 'ma, Wil Êl;
Mi fydd Duw yn 'i Nefoedd,— a'r Hogia'n 'u Jêl.

Cerdd Robert Browning 'Pippa Passes' sydd tu ôl i'r pennill olaf:

> The year's at the spring
> And day's at morn;
> Morning's at seven;
> The hill-side's dew-pearled;
> The lark's on the wind;
> The snail's on the thorn;
> God's in his heaven—
> All's right with the world!

Yn rhifyn y mis wedyn, rhifyn Ebrill, o'r *Ddraig Goch*, 'roedd soned gan Gwenallt i Saunders Lewis, honno sy'n dechrau: 'Ac er mwyn Cymru buost ti yn ffŵl.' Soned reolaidd ei mydr oedd hon, soned rethregol ei rhuthm a'i rhediad, ond hon, mae'n ymddangos, a helpodd i ysgogi Williams Parry i gyfansoddi'r soned 'J.S.L.' Lluniwyd honno tua chanol Mai 1937, ar ôl i soned Gwenallt ymddangos, a holl fusnes tynged Saunders Lewis yn dal i gorddi.

'Roedd y cynnig i gael holl ddarlithwyr yr Adrannau Cymraeg i brotestio, a thrwy hynny ddwyn pwysau ar Goleg Abertawe, 'roedd hynny wedi methu. Ond 'roedd Coleg Abertawe yn rhan o Brifysgol Cymru. 'Roedd gan y Brifysgol yn gyfan ei chyrff rheoli: 'roedd yna Urdd y Graddedigion, 'roedd Llys y Brifysgol. Yn awr fe geisiwyd defnyddio'r cyfryngau hyn i achub cam Saunders Lewis. 'Roedd Williams Parry yn rhan o'r symudiad hwn. 'Roedd yn amlwg y tu ôl i gais ym Mangor i gael cant o aelodau Urdd y Graddedigion i gyflwyno trwy Goronwy O. Roberts ddeiseb i Ifor Williams yn gofyn iddo fel un o aelodau'r Urdd ar Lys y Brifysgol godi mater Saunders Lewis yng nghyfarfod y Llys. Cyhoeddwyd y ddeiseb a'r cais yn Y *Brython*, 27 Mai 1937; hynny ydi, fe'u gwnaed yn gyhoeddus. Gwrthododd Ifor Williams, wrth gwrs, gwrthod yn gyhoeddus. Meddai yn Y *Brython*, 24 Mehefin:

> Nid wyf yn dymuno cefnogi na chymeradwyo mewn unrhyw ffordd ddefnyddio gorthrech mewn bywyd gwleidyddol Cymreig, peth sy'n hollol wrthwynebol i draddodiadau ein pobl.

Y cam nesaf oedd trefnu i G.J. Williams geisio codi mater y diswyddo yn Llys y Brifysgol.

Yn y cyfwng yna – soned Gwenallt wedi ymddangos ac ymrannu mewnol ymhlith academwyr – y lluniodd Williams Parry ei soned ef ganol mis Mai. Gwyddai'n iawn ei bod yn gerdd gignoeth a phoenai am hynny. Dangosodd hi i T.H. Parry-Williams a ddigwyddodd daro heibio iddo yn ei gartref ym Methesda. Gofynnodd i'w gefnder a oedd Coleg Bangor yn debyg o roi'r sac iddo am ymosod ar gydweithwyr yn y soned. Atebodd Parry-Williams, yn nodweddiadol ddigon, i'r perwyl ei bod yn dibynnu'n hollol a oedd ar y Coleg 'isio esgus' i'w sacio. Poeni oedd rhan Williams Parry wedyn, poeni o ddifri. Gwelodd y cefnder arall, Thomas Parry, ymhen yr wythnos. Dangosodd y soned i hwnnw a holi oedd yna beryg colli'i swydd. Pwpwiodd Thomas Parry y syniad. Yn syth wele Williams Parry yn ei hanfon at W.J. Gruffydd ar gyfer *Y Llenor*: yn wir, gyrrodd ddwy soned, 'Rhyfeddodau'r Wawr' a 'J.S.L.' gan bwyso ar Gruffydd i gyhoeddi'r ddwy yn yr un rhifyn. Ond nid oedd wedi sôn wrth ei wraig, Myfanwy. Pan ddywedodd wrthi, 'roedd hi'n llawn pryder. Rhagor o boeni wedyn. Yn sgil hynny gyrrodd at Gruffydd yn gofyn iddo beidio â chyhoeddi 'J.S.L.', a'r un pryd ceisiodd farn G.J. Williams. Atebodd Griffith John, o blaid cyhoeddi. Telegram wedyn i W.J. Gruffydd i gael y soned i rifyn Haf *Y Llenor*. Ond 'roedd hi'n rhy hwyr. Teimlai Williams Parry yn ddrwg sobor am hynny:

> Yr wyf yn teimlo'n dipyn o gachgi . . . Gwybod yr wyf fod yma fyfyriwr . . . yn barod i gamu i'm sgidiau . . . Fy marn i a barn Gwilym Evans . . . oedd fy mod wedi colli fy nghyfle.

Y cyfle a gollwyd oedd cael y soned allan yn *Y Llenor* cyn cyfarfod Llys y Brifysgol.

Yn iawn am ei fethiant lluniodd gerdd arall, 'Y Gwrthodedig', a'i gyrru at Aneirin Talfan ar gyfer ei gylchgrawn *Heddiw*:

> Mi ddymunwn i'r gerdd i Saunders fod ar y tudalen cyntaf os bydd modd: nid er fy mwyn i, ond iddo ef. Efallai y gwêl rhyw aelod o Lys y Brifysgol hi . . .

> Hoff wlad, os gelli hepgor dysg
> Y dysgedicaf yn ein mysg,
> Mae'n rhaid dy fod o bob rhyw wlad
> Y fwyaf dedwydd ei hystâd.

> Os gelli fforddio diffodd fflam
> A phylu ffydd dy fab di-nam,
> Rhaid fod it lawer awdur gwell
> Na'r awdur segur sy'n ei gell.

> Os mynni ei wadu a'i wrthod ef
> Y diniweitiaf dan dy nef,
> Rhaid fod it lawer calon lân
> A waedai trosot ar wahân.

Os mynni lethu â newydd bwn
Y llwythog a'r blinderog hwn,
Achub yn awr dy gyfle trist,
Ac na fydd feddal fel dy Grist.

Apêl at aelodau Llys y Brifysgol oedd y gerdd hon yn y lle cyntaf, apêl gan un na allai, petai'n aelod, godi i siarad ei hun: 'Llwfr ydwyf, ond achubaf gam y dewr.' (*Cerddi'r Gaeaf*, 71) Ymgais ydoedd i ddylanwadu ar unigolion ym Mhrifysgol Cymru. A cherdd ydoedd a luniwyd yn syth ar ôl soned 'J.S.L.', pan oedd cyffro llunio honno'n dal i stwyrian.

Trwy gydol misoedd yr haf parhaodd yr ymorol – y pwyso ar Goleg Abertawe i adfer ei swydd i Saunders Lewis, yr ymgais i gael gan ddarlithwyr yr Adrannau Cymraeg ddegymu cyfran o'u cyflog yn gynhaliaeth iddo, ac yna'r Gronfa Gynnal a lansiwyd gan y Blaid Genedlaethol. 'Roedd Williams Parry yn fawr ei gonsarn yn y cyfan ac mae manylion y consarn hwnnw'n rhan o'r hyn sydd yn y soned. Ond mae'n hen bryd i mi droi at destun y soned yn benodol.

Apêl ydyw at gyd-ddarlithwyr Williams Parry i godi i achub cam Saunders Lewis. Dyna pam yr oedd ei hawdur mor daer am iddi ymddangos yn *Y Llenor*, cylchgrawn dan nawdd Cymdeithasau Cymraeg y colegau ar y dechrau. Dyna hefyd pam y mae'r rhagenw person cyntaf lluosog *ni* ac *ein* mor amlwg ynddi yn y fersiwn gyntaf:

Disgynnaist i'r grawn ar *ein* buarth llwyd o'th nen
   Gan ddallu â'th liw *ein* cywion oll a'r cywennod . . .

Yn soned Gwenallt fe ddarluniwyd Saunders Lewis fel 'merthyr', fel 'cocyn hitio' yn ffair y byd. Ei ddarlunio fel aderyn diarth lliwgar y mae Williams Parry. Eisoes yn ei sgwrs radio arno yn 1933, 'roedd wedi sôn am newydd-deb ei feirniadaeth. I ardd drefnus yr ysgolheigion Cymraeg, meddai yn y sgwrs honno, daeth Saunders Lewis o'r tu allan ac ysgwyd popeth gyda'i syniadau. Yn Eisteddfod Chwilog, Nadolig 1934, wrth ganmol newydd-deb annisgwyl pryddest J.M. Edwards, fe ddywedodd Williams Parry: 'Yr oedd fel pe gwelid aderyn estron tanlliw yn disgyn oddi ar ei hediad i ganol dofednod buarth.' Daeth delwedd o feirniadaeth 1934 yn agoriad i soned 1937:

Disgynnaist i'r grawn ar y buarth clyd o'th nen
   Gan ddallu â'th liw y cywion oll a'r cywennod;
A chreaist yn nrysau'r clomendy uwch dy ben
   Yr hen, hen gyffro a ddigwydd ymhlith colomennod.

Mae'n mynd rhagddo i fanylu ar yr aderyn diarth – wedi ei fagu a'i

addysgu ar Lannau Mersi, nid yng Nghymru, yn frid gwahanol o
dderyn, ac yn wahanol ei grefydd hefyd – 'Buost ffôl, O wrthodedig,
ffôl . . .'; 'Hyn fu dy fai, O ynfyd' oedd y cynnig cyntaf, ond daeth
gwrthodedig yn lle *ynfyd* ac yn llawer mwy cyfoethog. 'Roedd darlun
y gwrthodedig gofidus yn apelio at Williams Parry:

> Buost ffôl, O wrthodedig, ffôl, canys gwae
>   Aderyn heb gâr ac enaid digymar heb gefnydd;
> Heb hanfod o'r un cynefin yng nghwr yr un cae—
>   Heb gorff o gyffelyb glai na Duw o'r un defnydd.

'Heb ffydd o gyffelyb fflam na iaith o'r un eiliad' oedd yr wythfed linell.
Mae 'Heb gorff o gyffelyb glai na Duw o'r un defnydd' yn gryfach.
    Ar ôl disgrifio dyfodiad Saunders Lewis o'r tu allan, try at y
presennol ym Mai – Mehefin 1937. Mae'r deryn diarth yn ei gell. Mae
ei gymrodyr yn eu stafelloedd yn eu colegau – ddim hyd yn oed yn
fodlon arwyddo llythyr. Ond sylwch sut y cyfleir hyn: 'Ninnau barhawn
i yfed . . .' – 'yfed' yw'r ferf:

> Ninnau barhawn i yfed yn ddoeth, weithiau de
> Ac weithiau ddysg ym mhrynhawnol hedd ein stafelloedd . . .

Mae yna de pnawn ac, yn y man, sôn am dost efo'r te hwnnw.
    Tua 1934–6 'roedd hi'n arfer gan nifer o aelodau staff Cymraeg eu
hiaith Coleg Bangor gwrdd ar bnawn Llun yn stafell Ifor Williams a
chael te-a-thost chwecheiniog. Ifor Williams, R.T. Jenkins, Thomas
Richards, Thomas Parry oedd y selogion ond trawai R. Alun Roberts
heibio yn aml, Williams Parry hefyd ambell dro, ac yn achlysurol Bob
Owen, Croesor. Mân sgwrsio diddan fyddai yno, a chryn dipyn o
dynnu coes. Mae Williams Parry yn dwyn y seiadau te-a-thost
chwecheiniog hynny i mewn:

> Ninnau barhawn i yfed yn ddoeth, weithiau de
>   Ac weithiau ddysg ym mhrynhawnol hedd ein stafelloedd;
> Ac ar ein clyw clasurol ac ysbryd y lle
>   Ni thrystia na phwmp y llan na haearnbyrth celloedd . . .

Fel hyn yr oedd y diwedd yn y cynnig cyntaf:

> O ddydd i ddydd ac o haen i haen betryal
> Mwynhawn academig dost. Mwynha dithau'r grual.

Mae 'petryal' yna; mae 'academig dost'. Ond mae yna gloffni.

Cadwodd y bardd 'yr academig dost', y te-a-thost chwecheiniog yn stafell Ifor Williams. Cadwodd 'petryal'. Mae'n air od ac yn air prin ei ddefnydd yn Gymraeg. Mae'n digwydd yn chwedl 'Branwen' ym Mhedair Cainc y Mabinogi i ddisgrifio bedd Branwen, ac mae nodyn gan Ifor Williams yn ei egluro ac yn dweud mai sgwâr yw ei ystyr. Do, cadwyd 'petryal' ac 'academig dost' a symleiddio a llyfnhau'r dweud o'u cwmpas:

> Gan bwyll y bwytawn, o dafell i dafell betryal,
> Yr academig dost. Mwynha dithau'r grual.

Mae'r crafu'n gignoeth heddiw. 'Roedd yn fwy asidaidd fyth yn 1937. Ym mis Hydref yr ymddangosodd y gerdd yn Y Llenor.

'Annwyl Bob', meddai Saunders Lewis:

Darllenais y soned yn 'Y Llenor' – do, droeon . . . Ni ddarllenais ddim dychan mor ofnadwy yn ei gynildeb erioed [â chwechawd y soned], y mae'n serio. Yr ydych yn ddyn i'w ofni. Mae'n soned nad oes yn yr iaith ei thebyg o ran grym a digofaint Danteaidd.

Ond ddeuddeng mlynedd yn ddiweddarach, mewn llythyr at G.J. Williams, 3 Ebrill 1949, eto'n sôn am Saunders Lewis, meddai Williams Parry: 'Nid yw fy sonedau cignoeth i wedi tycio dim.' Cydiwch â hynyna ddyfyniad arall gan Williams Parry, y tro hwn o lythyr yn niwedd Gorffennaf 1937 at O.M. Roberts:

Mae GJW a minnau yn chwarae â'r syniad o fod y tu allan i borth y carchar pan ddêl Saunders (a Valentine a D.J. hefyd wrth gwrs) yn ôl i'r byd . . . Gwelwch gan hynny fy mod yn fwy o Frawdgarwr nag o Wladgarwr – yn enwedig pan fo'r brawd yn ŵr mor wych â Saunders. Buaswn yn teimlo'n gymwys yr un fath petai wedi llosgi'r ysgol fomio fel Communist neu Basiffist, a'i garcharu . . .

Fe losgwyd yr Ysgol Fomio ym Medi 1936. Methodd rheithgor yng Nghaernarfon gael y tri yn euog a symudodd y Twrnai Cyffredinol y prawf i'r Old Bailey. Fe allasai hynny, meddai Lloyd George, fod wedi bod yn gyfle i herio cyhoeddus gwirioneddol yn enw Cymru: 'defiance' yw ei air. Mi ddylsai Cymru fod wedi mynd yn wenfflam, meddai Williams Parry, ac apeliodd ar y Cymry i wneud rhywbeth yn 'Cymru 1937'. 'Ddigwyddodd fawr ddim. Fe ddiswyddwyd Saunders Lewis. Aeth yn fath o ryfel cartref ymhlith yr inteligensia yng Nghymru. Sianelwyd egnïon yr arweinwyr yn erbyn Coleg Abertawe, nid yn erbyn y drefn lywodraeth o Lundain. Hynny a roddodd fod i 'Y Gwrth-odedig' a 'J.S.L.' ac i soned Gwenallt. 'Thyciodd y rhain ddim, fel y sylwodd Williams Parry, a hynny yn y pen draw am na fu yna mewn gwirionedd brotest wleidyddol effeithiol. Nid creu chwyldro y mae beirdd. Rhan y bardd a'r artist yw mynegi'r tymheredd teimladol, ei ddehongli a rhoi llais iddo.

Fe wnaeth Williams Parry hynny. Yn ei gerddi 1937 ychydig o wladgarwch rhethregol huawdl sydd yna. Yn hytrach, yr hyn a geir yw cydymdeimlad dynol dwfn â'r gwrthodedig. Mae yna hefyd ymdeimlo pryderus â dihidrwydd y mwyafrif ac yn arbennig â difaterwch yr inteligensia yr oedd ef ei hun yn un ohonynt:

> Ninnau barhawn i yfed yn ddoeth, weithiau de
> Ac weithiau ddysg . . .

Mae Williams Parry yn dal y dihidrwydd mewn delweddau penodol sy'n codi o'i brofiad ef ei hun, lluniau pendant, diriaethol mewn man a lle sy'n cael eu llwytho ag arwyddocâd cyffredinol a thros amser. 'Wn i ddim a yw'r soned 'J.S.L.' yn 'Ddanteaidd' ei grym a'i digofaint ond mae hi'n sicr yn soned fawr yn ogystal ag yn un chwyrn a chignoeth.

14

Cerddi'r Gaeaf

DWY GYFROL o gerddi a gyhoeddodd R. Williams Parry: *Yr Haf a Cherddi Eraill* yn 1924 – cyfrol sy'n cael ei theitl oddi wrth awdl 'Yr Haf', a chyfrol sy'n cynnwys canu'r bardd rhwng 24 a 38 oed – y cerddi *cyn* canol oed; a *Cherddi'r Gaeaf*, sy'n cynnwys, heblaw am ddwy gerdd eithriad, ganu'r bardd rhwng 39 a 66 oed – cerddi ei ganol oed. Ceisio cyfleu'n syml iawn rai o brif nodweddion yr ail gyfrol y byddaf yma.

Mi ddywedais fod yn *Cerddi'r Gaeaf* ddwy gerdd eithriad sy'n waith y bardd cyn 1924 – cerddi a adawyd allan o'r gyfrol gyntaf. Gadewch imi gyfeirio'n fyr iawn at y rheini. Maent yn wahanol i gorff y gyfrol, ac fe all hynny beri dryswch ichi. Y gerdd 'Miss Jane a Froken Iohanne' (tt.46–7) yw un ohonynt, cerdd, meddai'r awdur yn y 'Sylwadau' yng nghefn y gyfrol, a nyddodd ef yn 1919 'ar gais Mrs Silyn Roberts'. Profiad Mrs Silyn Roberts sydd ynddi. Wrth ddilyn ei gwaith cymdeithasol yn ystod blynyddoedd y Rhyfel Mawr Cyntaf, fe ddarganfu hi fod yn well gan ferched Cymru fynd i'r dref i weithio nag aros yn y wlad; ar ddiwedd y rhyfel aeth Mrs Silyn i Ddenmarc a chael bod yn well gan ferched ifanc y wlad honno aros gartref yn y wlad. Mydryddodd Williams Parry brofiad Mrs Silyn trwy ganu am Miss Jane o Dyn-y-coed oedd am ffeirio stôl odro wrth droed yr Wyddfa am stôl mewn swyddfa, a'i gwrthgyferbynnu hi â Miss Froken Iohanne a ddewisai fywyd fferm yng nghefn gwlad Denmarc o flaen prysurdeb Kopenhagen. Fe ellid, mae'n wir, ddangos fod y profiad hwn yn un a oedd yn apelio at Williams Parry. 'Roedd yn well ganddo ef y wlad na'r dref. Yn 'Blwyddyn' mae'n cofio'r adeg pan berswadiwyd ef gan ei dad a chan Silyn Roberts i adael Cefnddwysarn ger y Bala, lle 'roedd yn brifathro ysgol fach yn y wlad, a symud i'r Barri i fod yn athro mewn ysgol ramadeg, ac mae'n edliw y cyngor a gafodd:

10. Bardd y Gaeaf. (*Llun: J.O. Williams*)

Och! fy hen gyfaill marw,
   Ac och! fy nhirion dad,
Roes im ddilaswellt lawr y dref
   Am uchel nef y wlad.

                                          (CG, 3)

Yn wir, fe ellid cynnig mai mydryddu profiad Mrs Silyn Roberts er
mwyn dannod i'w gŵr ffolineb y cyngor a roesai ef i'r bardd y mae
Williams Parry. Mae'r gerdd o ran ei syniadaeth yn ffitio yng nghorff
ei waith. Ond rhigwm o gerdd ydyw – yn arwynebol stroclyd ei
mynegiant, fel y dengys ei hodlau dwbwl a'u clyfrwch slic.

   Ac felly ffeiriodd droed yr Wyddfa
   Am droed y bwrdd a stôl y swyddfa,
   A'r llo a frefai gynt mewn beudy
   Am gefnder iddo mewn chwaraedy.

   Mae blas 'Pen-i-gamp' ar linellau fel yna. Dan y ffugenw 'Z' yr
ymddangosodd y gerdd gyntaf, mewn cylchgrawn yr oedd a wnelo
Silyn ag ef, sef *The Welsh Outlook*, rhifyn Mawrth 1919; nid arddelodd

y bardd hi yn ei gyfrol gyntaf; nid yw'n haeddu ei lle yn *Cerddi'r Gaeaf* chwaith.

Y gerdd eithriad arall o gyfnod cynharach yw 'Y Mynydd a'r Allor' (tt.18–19), cerdd gynnar iawn ar fesur rhupunt hir, cyn i Williams Parry droi at soned a thelyneg, y soniwyd amdani eisoes ym mhenodau 7 a 9 (gweler tt.71 a 102 uchod). Bwriodd wyliau Nadolig 1911 oddi cartref yn Llydaw. Aeth i wasanaeth yr offeren mewn eglwys yn St. Michel lle 'roedd cerflun o Grist mynor a chanhwyllau'n olau a chôr yn siantio – awyrgylch tra gwahanol i'r hyn yr oedd ef yn gyfarwydd ag ef gartref yng nghapel y Methodistiaid yn Hyfrydle, Tal-y-sarn. Fe wnaeth yr eglwys a'i holl ddefodaeth lachar argraff arno, ond cyn diwedd y gwasanaeth 'roedd ei galon yn ôl ym moelydd tlawd Tal-y-mignedd yn Nyffryn Nantlle. Yn lle ei fod yn ymroi i fyfyrdodau crefyddol, 'roedd yn ei galon yn hiraethu am brofiadau pridd y ddaear yn ei gynefin. Yn y gerdd mae'n gwrthod y profiad ysbrydol ac yn cydnabod ei hoffter o bethau'r ddaear yr un fath yn union ag y mae'n ei wneud yn soned 'Y Llwynog' (*Yr Haf a Cherddi Eraill*, V) lle mae'n dilyn haul Gorffennaf i'r mynydd yn hytrach na dilyn galwad clychau eglwysi'r llethrau i'r llan.

Heblaw'r ddwy gerdd yna, cerddi'r canol oed yw cynnwys *Cerddi'r Gaeaf*, cerddi aeddfedrwydd y bardd. Gadewch inni fwrw cip trostynt a cheisio'u dosbarthu gan gymryd golwg fanylach ar ambell un.

Cerddi achlysurol yw un dosbarth, cerddi a luniwyd – fel cywyddau beirdd yr uchelwyr gynt – ar alwad, fel petai, i rywun arbennig ar achlysur arbennig. Dyna yw'r englynion – englyn (t.87) i'w adrodd yn seremoni agor neuadd newydd ym mhentref Mynytho yn Llŷn lle 'roedd gan Williams Parry ddosbarth nos; englyn llongyfarch Idris Foster (t.89), hen ddisgybl a chymydog ym Methesda, ar gael ei ethol yn athro Celteg yn Rhydychen, yn olyniaeth Syr John Rhŷs yr athro cyntaf, lle mae'n cellwair yn annwyl trwy ddweud fod 'Cadair Rhys' bellach yn 'Gadair Idris'; englynion yn ffarwelio â chyfeillion yng Nghaerdydd ac yntau'n gadael y ddinas i fynd yn ôl i'r gogledd ac yn cymryd arno ei fod yn eu gadael yno yn y dref wedi eu claddu'n fyw – 'Beddargraffiadau'r Byw' (t.88); a'r englynion coffa am rai a fu farw. Mae yna gerddi achlysurol rhydd hefyd. Dyna'r cerddi coffa i gyfeillion, fel y rheini i Silyn (tt.36–7) a'r ail, 'Yn Angladd Silyn', (t.38) yn ei diwedd yn adleisio cerdd goffa Thomas Hardy i'r bardd o swydd Dorset, William Barnes. Mae cerddi rhydd achlysurol ysgafnach, fel honno i gyfarch Eisteddfod Genedlaethol Abertawe 1926 (t.24), cerdd ar gyfer rhifyn yr Eisteddfod o'r *Western Mail*. Mae cerdd fel 'Yr Hen Lyfr Darllen' (t.14) a wnaed *to order* megis, ar gyfer llyfr ysgol (*Llyfr Darllen Prifysgol Cymru IV*) a'r soned 'Eifionydd' (t.75), y gerdd olaf a gyfansoddodd Williams Parry, yn 1950. 'Roedd Meuryn yn ailgychwyn *Y Genhinen*. Daeth dros ben

Williams Parry i addo rhywbeth i rifyn cyntaf y gyfres newydd. Er mwyn cyflawni ei addewid clytiodd yntau soned am 'Eifionydd' a oedd yn olygydd yr hen *Geninen* ar ddechrau'r ganrif.

Yn wir, mae'n syndod cymaint o'r canu achlysurol hwn sydd yn y gyfrol. Fe fagwyd Williams Parry yng nghanol cymdeithas o feirdd lleol yn Nyffryn Nantlle, englynwyr achlysurol a ganai am ddigwyddiadau'r cylch. Dau o'r beirdd lleol hyn, Anant a Hywel Cefni, oedd ei athrawon barddol ef yn ifanc fel y gwelwyd eisoes. Nid anghofiodd yntau'r cychwyn hwn. Ar ôl iddo ddod yn fardd cenedlaethol enwog ni wrthodai gais neu alwad i nyddu cerdd ar achlysur arbennig pe teimlai ei fod ef dan ryw rwymedigaeth neu'i gilydd, o ran cyfeillgarwch neu barch, i wneud hynny. Fe barhaodd ar un olwg yn fardd gwlad.

Enghraifft dda o'r wedd hon yw'r englyn 'Tri Physgotwr o Ros-hirwaun' (t.96) y soniwyd amdano uchod ym mhennod 12 (t.121). Nid oedd Williams Parry yn eu hadnabod, ac yn ei lythyr yn anfon englyn at ewythr y tri bachgen, a oedd wedi gofyn iddo am englyn i dorri ar eu bedd, y mae'n dweud:

> Drwg gennyf eich cadw cyhyd; ond yr oeddwn dan anfantais braidd am nad oeddwn yn adnabod y gwrthrychau, er eich bod chwi wedi rhoi amryw fanylion amdanynt. Er enghraifft, ni wn ai llanciau ai gwŷr canol oed oeddynt; ai i bysgota yr aethant, ai i ymblesera. Yr wyf gan hynny'n rhoi dau ddarlleniad.

'Y tri physgotwr eon' oedd un darlleniad; 'Y tri llanc ieuanc eon' oedd y llall. Y darlleniad cyntaf oedd y gorau gan Williams Parry, ond dangoswyd y ddau gynnig i fam y bechgyn. Dewisodd hi'r ail, a dyna sydd wedi ei gerfio ar y bedd ym mynwent capel Hebron:

> Y tri llanc ieuanc eon—sydd isod,
> Soddasant i'r eigion;
> Obry ni chynnwys Hebron
> Na physg na therfysg na thon.

Sylwch ar yr esgyll gwreiddiol lle gwrthgyferbynnir y bedd yn Hebron â'r môr. Newidiodd Williams Parry yr esgyll yn ddiweddarach: bwriodd ymaith y gair *obry*, ffurf lenyddol, a chael llinell sy'n mynegi'n fwy syml ac yn blaenach un o themâu mawr ei ganu ef – fod y bedd, fod marw, yn golygu peidio â byw.

> Aethant *ddifater* weithion
> O bysg a therfysg a thon.

Dyna sut yr edrychai Williams Parry ar farw: nid fel cychwyn bywyd tragwyddol – nid oedd ganddo sicrwydd am hwnnw – ond fel diwedd y bywyd a adwaenai ef, diwedd profi, diwedd gweld a diwedd ymateb, yr hyn a alwodd ef yn y gerdd 'Canol Oed' (t.15) yn 'ddiddymdra'r ddaear'. Diddymdra, sylwch; h.y. anfodolaeth, difaterwch terfynol, llwyr.

Tynnwch allan y cerddi achlysurol yn *Cerddi'r Gaeaf*. Beth sydd ar ôl? Mae yna ryw dair o gerddi sylweddol eu hyd, llwythog a dwys eu gwead – 'Canol Oed' (t.15), 'A.E. Housman' (t.40), a'r hwyaf, 'Drudwy Branwen' (t.25) – cerddi personol ac allweddol iawn. Mae yna ddyrnaid o gerddi sydd ar yr wyneb yn grafog gellweirus fel 'Chwilota' (t.56) a 'Cymry Gŵyl Ddewi' (t. 58); mae yna gerddi i Saunders Lewis; ac yna dau ddosbarth arall sy'n cynrychioli'r ddau deip amlycaf yn y llyfr: ar y naill law telynegion yr ugeiniau yn rhan gyntaf y gyfrol; ar y llaw arall sonedau 1937, 1938, 1939, 1940 yn rhan olaf y llyfr. At y ddau deip yma y mynnaf fi droi rŵan.

Y telynegion, i gychwyn. Cerddi am natur yw'r rhain. Un o'u nodweddion trawiadol yw craffter y sylwi sydd y tu ôl iddynt, y tu ôl i'r delyneg 'Yr Haf' (t.5), er enghraifft. Y newid o wanwyn i'r haf yw'r pwnc, ar yr wyneb. Mae Williams Parry wedi sylwi mai'r onnen yw'r goeden ddiwethaf i ddeilio:

> Deilio fu raid i'r ynn
> Na ddeilient, meddent, mwy.

Ar ôl i hynny ddigwydd clywir y gog yn canu ac yna'n peidio. Ar ôl hynny daw rhegen yr ŷd i'r caeau. Ar ôl hynny eto y bydd cywion drudwy yn ymadael â'u nyth. Gwilym Evans, un o gyfeillion agosaf Williams Parry, sy'n sôn fel y byddai'r bardd yn arfer nodi yn ei ddyddiadur bob blwyddyn y man a'r dyddiad y clywai'r gog gyntaf. 'Roedd wedi ei ddonio â synhwyrau effro. Yn 'Gofuned' (t.9) dymunodd synnwyr clywed a synnwyr gweld eithriadol o siarp, i feddiannu'r hyn a alwodd Wordsworth yn 'all the mighty world of eye and ear'. Yr oedd hefyd wedi ei ddisgyblu ei hun i sylwi'n graff. Ac eto 'chewch chi ddim yn y telynegion natur oedi i ddisgrifio'n llawn a manwl. Nid peintio llond cynfas o lun mewn geiriau y mae. Yn hytrach dal ar y manylion pwysig, y rheini sy'n cyfleu hanfodion y llun, a mynegi'r hanfodion yn ddiwastraff gyfoethog. Mae'n ben meistr y dweud cryno sy'n cyfleu llawer, am ei fod wedi sylwi'n ddigon craff i amgyffred y peth pwysig mewn golygfa a hepgor y manylion diangen. Dyna'r cwpled am y Lôn Goed:

> O fwa'i tho plethedig
> I'w glaslawr dan fy nhroed,

> (CG, 2)

neu'r llinell yn disgrifio gwyddau'n cerdded yn un rhes dan glegar:

> Gwawdlyd orymdaith gwyddau.
>
> (CG, 10)

Mae'n dal yr union ystum ac osgo.

Mae'n werth oedi mymryn gyda hyn. Mae yn y telynegion graffter sylwi â'r synhwyrau, ond prin yw'r disgrifio, dim ond cyfleu y cnewyllyn yn fendigedig o glir. Ystyr y ddeubeth yna yw hyn: nid disgrifiwr yw Williams Parry yn ei ganu natur yn *Cerddi'r Gaeaf*, nid peintiwr. Yr hyn y mae ef yn ei wneud yn y telynegion yw rhoi siâp a ffurf ar ei brofiad ef o natur. Yn 'Yr Haf' (t.5):

> Deilio *fu raid* i'r ynn
> Na ddeilient, meddent, mwy.

Fu raid, sylwch. Mae'r un rheidrwydd trwy weddill y gerdd: 'Ni roed y gair, ni roed y gair.' Ystyr *rhoi'r gair* yw gorchymyn. Yna, ar y diwedd, 'Fe roed y gair,' – fe roed y gorchymyn – 'fe ddaeth yr haf.' Sôn am reidrwydd natur y mae'r gerdd, sôn am y 'rhoi'r gair' neu'r gorchymyn sy'n peri i bethau ymddangos yn eu pryd. Nid yw'n datgan hynny yn gyffredinol. Yn wahanol i rai telynegwyr o'i flaen nid yw Williams Parry yn ychwanegu pennill *quod erat demonstrandum* – dyma'r hyn oedd i'w brofi – ar y diwedd er mwyn tynnu gwers neu gasgliad o sylwadaeth y synhwyrau. Siâp y sylwadaeth, y dethol ar yr hyn y mae'n ei gyflwyno, yw'r datganiad. Y gerdd gyfan yw'r hyn y mae'r gerdd yn ei ddweud.

Soniais am Gwilym Evans, un o gyfeillion agosaf Williams Parry ac un o'i gymdeithion pan âi am dro i'r wlad. Un arall o'i gyfeillion agos, yn enwedig yn y dauddegau cynnar, oedd R. Alun Roberts, naturiaethwr ac Athro Botaneg Amaethyddol ym Mangor. R. Alun Roberts oedd un o'r ddau oedd efo Williams Parry pan welsant y llwynog yn croesi eu llwybr uwchben Llanllyfni. 'Rwy'n cofio gofyn i Alun Roberts a fyddai Williams Parry yn ei holi ef pan aent am dro am esboniad ar bethau byd natur. 'Roedd yn hoff o fywyd gwyllt,' meddai yntau, ''roedd o'n sylwgar. Ond 'doedd o'n poeni dim am weddau gwyddonol natur, na byth yn holi am hynny. Yr oedd ymdaro pethau ar ei bersonoliaeth yn ddigon ganddo.' Harddwch natur, rhyfeddod natur, dirgelwch natur, dyna'r hyn a wnâi argraff ar Williams Parry. Derbyniai yntau'r dirgelwch a'r rhyfeddod heb geisio esboniad. 'Nid bywyd yw Bioleg' (t.16) oedd ei gredo. Dyna sydd yn 'Yr Haf' (t.5) – rhyfeddu at ddirgelwch trefn byd natur, y peth y mae'n sôn amdano yn y soned 'Ymson Ynghylch Amser' (t.64):

> *Rhyfedd* yw ffyrdd y Rhod sy'n pennu tymp
> I'r ffrwyth a ddisgyn ac i ddyn sydd wêr,—
> Y chwrligwgan hon a bair na chwymp
> Oraens y lleuad a grawnsypiau'r sêr.

Rhyfeddu fod pethau natur yn dod yn eu pryd, sydd yn 'Yr Haf'. Yr un peth sydd yn y gerdd gyferbyn, 'Clychau'r Gog' (t.4), o'r un cyfnod: 'Dyfod pan ddêl y gwcw.' Mae'r gog yn dod; mae blodau'r gog yn dod yr un adeg. Bob blwyddyn pan ddeuai dechrau Ebrill, meddai Gwilym Evans, byddai'n rhaid mynd am dro yn y car i ddau neu dri llecyn lle credai Williams Parry y gwelai flodau'r gog gyntaf. Bob tro rhyfeddai yntau 'fel petai'n eu gweld am y tro cyntaf erioed'. Rhyfeddai at eu harddwch – y lliw anniffiniol hwnnw sy'n mesmereiddio'r llygaid wrth ichwi edrych ar fôr o garped glas o dan y coed nes bod y lliw a'r golau'n un rhywsut; dotio ar yr arogl cryf, pêr hefyd:

> Y gwyllt atgofus *bersawr*,
> Yr hen lesmeiriol baent.

Rhyfeddai eu bod yno. Rhyfeddai hefyd, a gofidiai, fod eu *mynd*, eu darfod, wedi ei bennu yr un mor sicr anochel.

> Dyfod pan ddêl y gwcw,
> *Myned* pan êl y maent . . .
> Cyrraedd, ac yna ffarwelio,
> Ffarwelio,—Och! na pharhaent.

Cerdd am ryfeddod natur yw hon. Y rhyfeddod hwnnw oedd yr unig beth gwirioneddol real mewn bywyd i Williams Parry. Ni wyddai ef am fywyd ar ôl marw. Yr unig beth a wyddai oedd ei fod ef ei hun yn fyw ac yn profi rhyfeddod bywyd o'i gwmpas. Ni allai dderbyn credoau crefydd; ni wyddai a oeddynt yn wir ai peidio. Yn 'Y Mynydd a'r Allor' (t.18) fe'i gwelsom yn gynnar ar ei yrfa yn gwrthod defodaeth yr offeren yn yr eglwys; yn 'Y Llwynog' (*Yr Haf a Cherddi Eraill*, V) gwrthododd ddilyn clychau eglwysi'r llethrau i'r llan. Yma eto, yn 'Clychau'r Gog' mae'n gwrthod galwad clychau eglwys Llandygái, ac yn dewis yn hytrach lethrau'r moelydd y tu ôl i Lanllechid, lle mae clychau'r gog. Sylwch fel y mae'n tros-osod un math o glychau, clychau'r gog ar un llaw ac, ar y llall, glychau'r eglwys.

> Mwynach na hwyrol garol
> O glochdy Llandygái

Carol yw cân grefyddol o lawenydd ynglŷn â'r Nadolig, cân yn datgan y newyddion da fod Iesu Grist wedi ei eni. Nid Nadolig yw hi yma. Ond mae cloch eglwys yn canu carol bob amser, yn cyhoeddi i Gristnogion newyddion da fod yna Waredwr, fod yna nefoedd, fod yna fywyd tragwyddol. Mae Williams Parry yn cymryd galwad cloch yr eglwys o ddifri, ond gwrthod ei galwad y mae, gwrthod galwad cloch newyddion da Cristnogaeth. *Mwynach* na *charol* yr eglwys iddo ef yw clychau'r gog. Mwynach, sylwch; hynny yw, dewisach ganddo ef. Yna daw'r trososod. Mae cloch eglwys yn siglo pan mae'n cael ei chanu; mae clychau'r gog hwythau'n cael eu siglo; mae'r symudiad fel un dyn yn rhwyfo.* Ond mae cloch eglwys wrth siglo yn canu yn y glust. Canu yn y cof y mae clychau mud y blodau, a dyna gyfleu ymateb un gynneddf ddirnad yn nhermau synnwyr arall:

> Mwynach na hwyrol garol
> O glochdy Llandygái
> Yn rhwyfo yn yr awel
> Yw mudion clychau Mai
> Yn llenwi'r cof â'u canu;
> Och na bai'n ddi-drai!

Profiadau'r synhwyrau o bethau byd natur yw'r hyn y mae'r bardd yn ei ddathlu. Cyfres o brofiadau felly yw bywyd iddo ef. Ond pethau dros dro a byr eu parhad yw'r profiadau hyn, darfodedig fel bywyd ei hun. 'Deilio fu raid i'r ynn', blodeuo fu raid i flodau'r gog; ond bu raid iddynt ddarfod hefyd.

> Cyrraedd ac yna ffarwelio.

Dyna yw trasiedi bywyd i Williams Parry – ei fod mor fyr ac mor frau. Telyneg sy'n cyfleu dirgelwch a rhyfeddod a thrasiedi natur a bywyd yw 'Clychau'r Gog', telyneg sy'n cyfleu godidowgrwydd bywyd a'i wae.

Cerddi'n dangos y godidowgrwydd a'r gwae yw telynegion y dauddegau. Cerddi ydynt sy'n gwrthod popeth sy'n dod rhwng y bardd a phrofi'r gwirionedd hwn sydd o'r pridd – pethau fel trefi a diwydiant sy'n cymylu'n ffenestri ni ar natur, chwedl R.S. Thomas.

---

* Bûm yn trafod y *rhwyfo* yma efo Bedwyr ac awgrymais mai ystyr debyg i *ymrwyfo* ym *Mhedair Cainc y Mabinogi* sydd iddo. Golygai hynny fod y blodau'n symud y naill ffordd a'r llall gyda phyliau'r gwynt. Yr wyf yn meddwl ei fod yn derbyn yr awgrym. G.T.

Och! fy hen gyfaill marw,
    Ac och! fy nhirion dad,
Roes im *ddilaswellt lawr* y dref
    Am uchel nef y wlad.

(CG, 3)

Ie, *nef* y wlad, yr unig nefoedd i Williams Parry yn ei delynegion.

Trown oddi wrth y telynegion at sonedau diwedd y tridegau, ac at 'Rhyfeddodau'r Wawr' (t.62). Mae'r un rhyfeddu yma ag yn y telynegion wrth i Williams Parry roi inni chwech o brofiadau wyneb yn wyneb â natur yn sblander dihalog y bore bach.

Rhyfedd fu camu'n ddirybudd i'r wawrddydd hardd
    A chyrraedd sydyn baradwys heb groesi Iorddonen;
Clywed mynyddlais y gwcw yng nghoed yr ardd,
    A gweld yr ysguthan yn llithro i'r gwlydd o'r onnen;
Rhyfedd fu gweled y draenog ar lawnt y paun
    A chael y cwningod yn deintio led cae o'u twnelau,
Y lefran ddilety'n ddibryder ar ganol y waun,
    Y garan anhygoel yn amlwg yn nŵr y sianelau.

Mae'r ddawn i ganolbwyntio ar y manylyn arwyddocaol mor loyw ag erioed.

A chael y cwningod yn *deintio* led cae o'u twnelau. Mor ardderchog yw'r gair 'deintio'. 'Mae hi mor oer, wna i ddim deintio allan o'r tŷ,' meddem ni, gan ddefnyddio *deintio* i olygu mentro allan. Mae'r cwningod wedi deintio neu fentro led cae o geg y twll. Ond mae *deintio* hefyd yn golygu cnoi. Dyna hi'r wningen i'r dim, yn cnoi'n fân ac yn fuan. Mae hi wedi *deintio* allan o'i thwll ac yn *deintio'r* borfa braf. 'Uchel nef y wlad' sydd yma; *paradwys* a enillwyd 'heb groesi Iorddonen', yma yn y byd hwn. Ond hanner y soned yw hyn'na. Mae ail ran a honno'n dechrau gyda'r gair *rhyfeddach*. Yma y mae'r bardd yn arfer ansoddair gradd gymharol sy'n cyflwyno cymhariaeth neu wrthgyferbyniad. *Mwynach* oedd yr ansoddair colynnol yn 'Clychau'r Gog': mae profiadau natur yn *fwynach* na phrofiad cred a ffydd. Yma mae rhywbeth *rhyfeddach* na rhyfeddod natur, a hynny yw'r posibilrwydd fod 'y rhod', *y drefn* anochel sy'n peri geni a marw yn natur, fod y drefn honno'n peidio, bod yr haul yn aros tu ôl i'r mynyddoedd heb godi:

Rhyfeddach fyth, O haul sy'r tu arall i'r garn,
Fai it aros lle'r wyt . . .

Pe digwyddai hynny, beth wedyn? Beth fyddai'r effaith? Ai peri i ddyn werthfawrogi dirgelwch y drefn a rhyfeddu ati fwy fyth? Nage:

> Rhyfeddach fyth, O haul sy'r tu arall i'r garn,
> Fai it aros lle'r wyt a chadw Dyn yn ei deiau.

Cadw Dyn yn ei deiau, sylwch, difodi dyn oddi ar wyneb y ddaear, ei glirio ymaith fel sbwriel, er mwyn i natur gael ailgychwyn eto fel yn 'sblander bore'r byd'.

> Rhyfeddach fyth, O haul sy'r tu arall i'r garn,
> Fai it aros lle'r wyt a chadw Dyn yn ei deiau,
> Nes dyfod trosolion y glaswellt a'u chwalu'n sarn
> Rhag dyfod drachefn amserddoeth fwg ei simneiau;
> Ei wared o'i wae, a'r ddaear o'i wedd a'i sawyr,
> Cyn ail-harneisio dy feirch i siwrneiau'r awyr.

Craffwch ar *sawyr*. Cofiwch y 'gwyllt atgofus bersawr' – pêr eu *sawr*. Sawyr dyn sydd yma, ac mae blas *unsavoury* i *sawyr*. Yn ei ganu cynt troi ei gefn ar bethau dyn, ar y dref ac ar ddiwydiant, a wnâi Williams Parry – yn 'Miss Jane a Froken Iohanne', yn 'Blwyddyn'; anwybyddu dyn a phethau dyn, a chanolbwyntio ar bethau natur. Yn sonedau'r tridegau mae'n mynd gam ymhellach. Mae'n condemnio dyn a'i wareiddiad – 'amserddoeth fwg ei simneiau'. Mae ail ran y soned yn chwyrn ddychanol. Mae'r tric odlau dwbl oedd yn slicrwydd bas yn 'Miss Jane a Froken Iohanne' yn y soned hon yn rhan o agwedd y gerdd: *simneiau*, *teiau* – bychanigyn dilornus.

Daliai Williams Parry i gredu 'Ni pherthyn y bardd i'r byd fel i Natur werdd' (t.68), ond erbyn diwedd y tridegau yr oedd dyn yn gwneud y fath stomp o'r cread, yn ymyrraeth â natur, fel na allai'r bardd ymatal heb godi ei lais yn erbyn y treisio. 'Doedd dim sôn am ddyn yn 'Yr Haf', yn 'Clychau'r Gog', yn nhelynegion y dauddegau. Yn sonedau'r tridegau mae dyn yn ymyrryd o hyd ac o hyd.

Trown at soned arall, 'Hen Gychwr Afon Angau' (t.74). Cynhebrwng yw'r testun; hynny yw, angau. 'Pen y Daith' oedd y teitl mewn fersiwn gynharach. Angau oedd y pwnc yn yr englyn i'r 'Tri Physgotwr o Roshirwaun'. Yn hwnnw sylwi a wnaeth William Parry ar ystyr angau, mai diwedd byw ydoedd, a gresynu fod bywyd yn ddarfodedig. Nid dyna'r nodyn yn y soned:

> Yn ôl y papur newydd yr oedd saith
> A phedwar ugain o foduron dwys
> Wedi ymgynnull echdoe at y gwaith
> O redeg rhywun marw tua'i gŵys.

Ddaru ichwi ofyn o gwbwl pam 'saith a phedwar ugain o foduron'? Mae yna ateb. Yn *Yr Herald Cymraeg,* papur newydd Arfon, rhifyn 3 Hydref 1938, adroddir am farw'r bargyfreithiwr Ellis W. Roberts, Llandegfan, Sir Fôn. Yr oedd yr angladd, meddai'r adroddiad: 'yn un o'r angladdau mwyaf fu yn y rhan honno o Fôn erioed. Yr oedd 87 o foduron yn yr orymdaith.' Dyna ddwy linell a hanner gyntaf y soned, yn syth o'r papur newydd. Ymateb Williams Parry yw'r gweddill. Iddo ef angau oedd angau, diwedd byw, diddymdra. Nid sôn fod Ellis Roberts wedi peidio â byw yr oedd y papur ond sôn, yn ymffrostgar bron, am rwysg yr angladd a brolio faint o foduron oedd yno (yn 1938, cofiwch, *cyn* bod ceir yn bethau agos mor gyffredin ag ydynt heddiw). Yng ngolwg y bardd yr oedd y newid pwyslais, oddi wrth angau fel difodwr at rwysg yr angladd, yn wrthun. Bod dyn wedi marw oedd y peth. Pa ots faint o geir oedd yn y cynhebrwng? Nid oedd hynny'n berthnasol i'r ffaith fawr bwysicach.

> Yn ôl y papur newydd yr oedd saith
> A phedwar ugain o foduron dwys
> Wedi ymgynnull echdoe at y gwaith
> O redeg rhywun marw tua'i gŵys.
> Fwythdew fytheiaid! Fflachiog yw eu paent
> Yng nghynebryngau'r broydd, ond mor sobr
> Eu moes a'u hymarweddiad â phetaent
> Mewn duwiol gystadleuaeth am ryw wobr.
> A phan fo'r ffordd i'r fferi'n flin i'r cnawd,
> Ac yn hen bryd i'r ysbryd gadw'r oed,
> Onid ebrwyddach yr hebryngir brawd
> Yn y symudwyr moethus nag ar droed?
> Ond ar y dwfr sydd am y llen â'r llwch
> Ni frysia'r Cychwr, canys hen yw'r cwch.

Sylwch ar y gair *rhedeg* yn llinell 4: 'O *redeg* rhywun marw tua'i gŵys.' Mi fyddwn yn arfer *rhedeg* am roi lifft i rywun: 'Mi *reda* i di yno.' Mae hynny yma. Mae mwy. 'Bûm am bythefnos yn ceisio dod o hyd i hwn,' meddai Williams Parry ei hun. 'Rhoddais braw ar y rhain oll yn eu tro: *dilyn, canlyn, ymlid, erlid, hela, helcyd.* Cyfystyr Cymraeg *to chase* oedd yn eisiau arnaf; a chofiais bore heddiw am ryw hen ffarmwr a waeddodd arnaf pan oeddwn yn *chasio'i* fuwch ystalwm, "Paid â rhedeg y fuwch yna, machgian i." ' Mae'r syniad o ruthro yn y gair *rhedeg.* Dyna'r gair 'symudwyr' am y ceir yn llinell 12 eto. Meddai Williams Parry, 'Onid "symudwr" a ddywedwn ni y ffordd yma am fodur cyflym?' Mae am gyfleu'r un pwyslais ar ruthro. Ac yn y fan yma mae'r bardd yn tynnu ar adnoddau'r iaith lafar, peth na wnâi cynt: gwnaeth hynny, efallai, dan ddylanwad *Cerddi* ei gefnder Parry-Williams. Chwilio y mae i gael yr union arlliw iawn, sef y syniad o ruthro sy'n gwrthgyferbynnu â'r 'Ni frysia' ar y diwedd.

Gwrthgyferbyniad yw sail y soned. Mae'r bardd yn cofio am hen syniad y Groegwyr am farw, bod dyn pan yw'n ymadael â'r byd hwn yn croesi afon Stycs ac yn cael ei gludo dros Stycs gan Charon yn ei gwch. Mae'n gwrthgyferbynnu â'r croesi araf hwnnw yr angladd modern modurol cyflym. Mae'n gwrthgyferbynnu urddas yr hen fyth ag adroddiad gwag y papur newydd. Nid gwrthgyferbynnu byw a marw fel cynt, sylwer, ond gwrthgyferbynnu dwy agwedd at farw – yr hen agwedd ddwys, ystyriol ac agwedd ddiweddar y cynhebrwng fflachiog (*flashy*). Yn y gwrthgyferbyniad olaf hwn 'does dim amheuaeth lle mae ei gydymdeimlad ef: 'Fwythdew fytheiaid! Fflachiog yw eu paent.' Dilornus ddychanol yw'r olwg ar yr angladd crand. Dilornus yw ei agwedd at y papur newydd, am ei fod yn mesur marwolaeth yn arithmetig. I Williams Parry mae trin angau fel hyn yn dibrisio angau, ac yn sgil dibrisio angau yn dibrisio rhyfeddod bywyd ei hun. Yn y soned hon hithau, fel yn 'Rhyfeddodau'r Wawr', mae yna gondemnio gwareiddiad diweddar dyn, y gwareiddiad diwydiannol, mecanyddol sy'n dibrisio'r pethau sylfaenol, parhaol, sef bywyd, marwolaeth, natur.

Oes, mae yna newid rhwng telynegion y dauddegau a sonedau diwedd y tridegau, rhwng rhan gyntaf a rhan olaf y gyfrol. Pam? Canu cyn canol-oed yw'r telynegion. Canu 'blynyddoedd crablyd canol-oed' yw'r sonedau. Ai dyna'r gwahaniaeth? 'Roedd Williams Parry ei hun yn ymwybodol iawn o ganol oed. Mewn llythyr yn ·1934, adeg ei ben blwydd yn hanner cant, mae'n sôn am groesi canol oed, fel petai'n sôn am groesi'r cyhydedd. Mae ganddo gerdd 'Canol Oed' (t.15), cerdd frawychus o sobreiddiol, lle mae'n sylweddoli y bydd y synhwyrau a fu mor fyw yn ymateb i ryfeddod natur yn pylu ac y bydd y bywyd sydd ynddo ef yn dechrau cilio.

> O! pan na bo'r galon na chynnes nac oer
> Y claeara'r haul, y clafycha'r lloer.
> A phan rydd yr hydref ei ias i'r mêr
> Y disgyn y dail yng nghoedwigoedd y sêr.
>
> Cans diwedd mabolaeth yw diwedd y byd,
> Dechrau'r farwolaeth a bery gyhyd.

Ystyr hyn fyddai peidio â barddoni, cilio i'r gongl fel hwlc ar fin y distyll, fel y gwnaeth, i raddau, ar ôl canol ei drigeiniau.

Na, nid yw heneiddio yn esbonio'r newid. Beth ynteu? Soniais am delynegion yr ugeiniau a'r sonedau o 1937 ymlaen. Rhyngddynt mae bwlch. Ac yn y fan honno y mae'r esboniad. Fel y soniwyd eisoes, fe siomwyd Williams Parry yn ei yrfa yn y blynyddoedd 1929–34.

Canlyniad ei ymateb i'r siom a deimlai nad ei lenydda ond yn hytrach iaith ei lenydda a oedd yn cael ei ddibrisio gan awdurdodau'r Brifysgol, oedd iddo fynd ar streic fel bardd am gyfnod. Daeth iddo ail siom pan ddiswyddwyd Saunders Lewis o'i swydd yn ddarlithydd ar lenyddiaeth Gymraeg gan awdurdodau'r Brifysgol. A derbyniodd y Cymry hynny.

Ymateb i'r siom gyntaf, y siom bersonol, yw cerddi fel 'Chwilota', (t.56) a 'Cymry Gŵyl Ddewi' (t.58), y cerddi crafog-gellweirus ond mwy crafog na chellweirus. Ymateb i'r ail siom, yn sgil diswyddo Saunders Lewis, yw'r cerddi ffyrnig grafog sy'n sôn am Saunders Lewis, ac y mae cryn nifer ohonynt.

Byrdwn y ddwy siom oedd siomi Williams Parry gan ddynion. Fe'i siomwyd mewn Dyn. Yr un pryd ag y dadrithiwyd ef ei hun fel hyn, yr oedd pethau eraill yn tanseilio ei ymddiried mewn dyn. Yr oedd Hitleriaeth yn tyfu yn yr Almaen. Bomiwyd Guernica o'r awyr – Guernica yng ngwlad y Basgiaid, y lle cyntaf erioed i fomiau gael eu gollwng ar ddinasyddion diniwed. Yr oedd cymylau rhyfel yn crynhoi:

> O! Armagedon, sydd yn gwneud y byd
> A'r bywyd hwn yn gwestiwn oll i gyd.
>
> (CG, 77)

Dywedais mai'r gwahaniaeth rhwng telynegion y dauddegau a sonedau mawr diwedd y tridegau yw fod dyn yn ymyrryd yn y sonedau. Bod Williams Parry wedi ei ddadrithio mewn dyn, dyna sy'n cyfrif am y gwahaniaeth ar ôl y canol oed.

Shakespeare yn y ddrama *Richard III* sy'n dweud: 'now is the winter of our discontent, made glorious summer'. Cwbl groes fu profiad Williams Parry. Cerddi gogoniant yr haf yw telynegion 'Yr Haf' a 'Clychau'r Gog'. Cerddi gaeaf ei anniddigrwydd a'i siom yw sonedau'r tridegau. A cherddi'r tridegau, cerddi 1937 ymlaen, hwy yw *Cerddi'r Gaeaf* mewn gwirionedd.

15

'Diwedd y Byd'

DYFYNIAD yw pennawd y bennod olaf hon, dyfyniad o gerdd gan Williams Parry, sef 'Canol Oed', y gerdd a drafodwyd ar ddiwedd y bennod ddiwethaf. Trwy gyfres iasol o ddelweddau cyfleodd y bardd ddarfodedigaeth yr unigolyn, gyda dyfodiad canol oed, fel diwedd y bydysawd:

> O! pan na bo'r galon na chynnes nac oer
> Y claeara'r haul, y clafycha'r lloer.
> A phan rydd yr hydref ei ias i'r mêr
> Y disgyn y dail yng nghoedwigoedd y sêr.
>
> (CG, 15)

Â rhagddo i draethu'n ysgytwol am ddefod hydref a gaeaf einioes, a sôn am ddiwedd dyn:

> Cans diwedd mabolaeth yw diwedd y byd,
> Dechrau'r farwolaeth a bery gyhyd.
> Diwedd diddanwch, a rydd i'r hwyr
> Ei ysbeidiau o haul cyn y paid yn llwyr,
>
> Cyn dyfod diddymdra'r ddaear a'i stôr—
> Fy synnwyr a'm meddwl, ei sychdir a'i môr.
> Pan chwâl fel uchenaid dros ludw'r dydd
> 'Bydded tywyllwch.' A'r nos a fydd.

Yr oedd y darfod sydd yng ngwead bodolaeth yn deimlad a fu'n cnoi ar galon Williams Parry am flynyddoedd, ac ystyriodd gydag arswyd disgybledig, ond arswyd er hynny, mor siabi y mae bywyd yn debyg o fynd tua'r diwedd: daw diwedd cynheddfau, diwedd barddoni; daw diwedd y byd.

Yr oedd cynddaredd a thristwch yn amlwg yn hunanymwadiad llenyddol Williams Parry ar ôl iddo deimlo ei fod wedi cael ei gam-drin yn ei swydd academaidd. Dwysawyd y cynddaredd a'r tristwch gyda helyntion yr Ysgol Fomio a'r hyn a ddigwyddodd i Saunders Lewis, yn anad neb. Y mae'r ddau deimlad i'w clywed yn y cerddi y methodd ag ymatal rhag eu canu am ei brofiad fel bardd yn academia, ac am yr hyn y bu'n rhaid i Saunders Lewis ei wynebu, sef y cerddi a gyfansoddodd rhwng tua 1936 ac 1944–5. Ychydig o gerddi a gyfansoddodd wedyn – englynion achlysurol gan mwyaf. Ei gerdd olaf oedd ei soned i Eifionydd, golygydd cyntaf *Y Geninen*, cerdd a gyfansoddodd yn 1950 (*Cerddi'r Gaeaf*, 75). Cyhoeddwyd *Cerddi'r Gaeaf* yn 1952.

Ymddeolodd Williams Parry o'i swydd yng Ngholeg y Brifysgol, Bangor, yn 1944, pan oedd yn drigain oed. Yn 1946 dyfarnwyd gradd D.Litt. Prifysgol Cymru iddo – 'Gwell yw'r agwedd tua'r diwedd' oedd ei sylw am yr anrhydedd hwnnw.

Yr oedd yn un pryderus ynghylch ei iechyd erioed, ac yn ei henaint ni chafodd esmwythyd. Y mae tipyn o 'ddiwedd y byd' yn y dyfyniad olaf hwn, sef cofnod o un o ddyddiaduron W. Ambrose Bebb, cofnod y daethpwyd o hyd iddo gan Mr T. Robin Chapman. Dyddiad y cofnod yw 25 Mawrth 1952. Sonia Bebb am ymweliad â Bethesda, Sir Gaernarfon:

Hanner dydd, cerdded i'r Ysgol Ramadeg. Ciniawa yno – a mynd ar fy union, i weld y cyfaill annwyl R. Wms Parry. Gweled llun ei ben – a'r gwallt wedi gwynnu'n enbyd – wrth ddrws yr ardd. Galw arno, a brasgamu. Fe'm hadnabu o bell, wrth reswm, a'm croesawu'n gynnes. Symud . . . tua'r tŷ – go ryw simsan ara' deg, gan roddi ei bwys ar y wal. I mewn, ac eistedd o gwmpas y tân. Yntau'n bywiocáu llawer yn y fan honno, ac yn weddol siaradus – er yn arafach nag arfer. Y wraig wedi cael damwain yn ddiweddar, a newydd fynd i'r Ysbyty am ymgeledd. Awr o sgwrsio digon di-gyswllt, ond yn eithaf iraidd. Y 'frest' yn ei boeni, meddai – a'r cof yn 'gwywo'. 'Tlawd', meddai wedyn, gan edifarhau iddo ymddeol yn 60 oed ar gyflog o £500. Ei gymell i gasglu ei gerddi ynghyd, a rhyw addo 'hanner yn hanner', er dweud ei fod yn eu cael yn siomedig. Gwell ganddo, meddai, y Sonedau sydd yn yr 'Haf a Cherddi Eraill'. Gadael – a mynd yn ôl i'r Ysgol – ac ymdristáu'n dawel bach wrth orfod cyfaddef ei fod wedi heneiddio'n syndod – a 'thorri' hefyd. Chwithig a chwerw – ond O! mor hyfryd ei weld hefyd! Duw yn rhwydd iddo eto – ie, a blynyddoedd llawn a ffrwythlon! Eisiau ymysgwyd sydd ar y gŵr hoffus, yn lle ymgladdu yn ei gornel, ac ymollwng i'r 'henaint' y canodd yn obeithiol iddo unwaith.

Diwedd y byd, nid disyfyd y daw, namyn gan bwyll ac ar ôl hir lesgedd. 'Yn wir yr oeddem wedi ei "golli" ers blynyddoedd,' chwedl

T.H. Parry-Williams. Daeth y tywyllwch, daeth y nos, daeth diwedd byd Robert Williams Parry ar 4 Ionawr 1956. Claddwyd ei weddillion ym mynwent Coetmor. Wrth obeithio fod Cymru'n sylweddoli fod rhywun eithriadol wedi ymadael, dyma a ddywedodd T.H. Parry-Williams:

> Fe gollwyd bellach o'n plith ryw drysor anchwiliadwy, rhyw hanfod elfennaidd nad yw'n trigo yn un o feibion dynion ond unwaith bob cwrs hir iawn o flynyddoedd – os yn wir y digwydd fwy nag unwaith yn hollol yr un fath. Nid elfen neu hanfod sy'n perthyn i ddynolryw ydyw, ac ni allwyd erioed esbonio'r peth yn iawn. Y mae megis rhyw ddoethineb ddwyfol neu ddewiniol sy'n disgyn yn ddiferion prin i enaid ambell un yn awr ac yn y man, a Duw'n unig a ŵyr pwy fydd yr ambell un ffodus – neu anffodus.

Prif Ffynonellau

Pennod 1

Mae gwybodaeth am gefndir diwydiannol a chrefyddol Tal-y-sarn yn: W.R. Ambrose, *Hynafiaethau, Cofiannau, Hanes Presennol Nant Nantlle*, Pen-y-groes, 1872; John Hughes ('Alaw Llyfnwy'), 'Hanes Chwarelau Dyffryn Nantlle', rhif 1 ymhlith llawysgrifau casgliad Nantlle yn Llyfrgell Prifysgol Cymru, Bangor; John Griffith, *Chwarelau Dyffryn Nantlle a Chymdogaeth Moeltryfan*, Conwy, 1935; William Hobley, *Hanes Methodistiaeth Arfon: Dosbarth Clynnog*, Caernarfon, 1910.

Am deulu Williams Parry ar ochr y fam, gweler: H. Meander Jones, *Bywgraphiad o'r Diweddar Barch. William Hughes*, Pen-y-groes, d.d.; ysgrif goffa i William Hughes yn *Y Goleuad*, 11 Hydref 1879, t.13.; ysgrifau am William Dafydd yn *Y Drysorfa*, 1837, tt.119 a 154 ; a chyfrol William Hobley, dan 'Salem, Llanllyfni', 'Talysarn', 'Cesarea' a 'Hyfrydle'. Mae rhan o ach teulu Tynyweirglodd, ach Brynbychan, Nantlle, yn J.E. Griffith, *Pedigrees*, 1914, t.257.

Pennod 2

Mae adroddiadau ysgol, tystysgrif matríc, etc. ymhlith casgliad llawysgrifau R. Williams Parry yn y Llyfrgell Genedlaethol, rhifau 794–801. Cafwyd gwybodaeth hefyd o lyfr lòg Ysgol Gynradd Tal-y-sarn, o Gofnodion Rheolwyr Ysgol Sir Caernarfon ac o Gofrestrau Ysgol Sir Pen-y-groes, i gyd yn Archifdy Gwynedd yng Nghaernarfon.

Am gyfnod Aberystwyth, gweler calendrau blynyddol y Coleg a'r Brifysgol, a dogfennau eraill yn Archifau Coleg Aberystwyth.

Llyfrau lòg Ysgol Bluecoat ac Ysgol Holmer yw fy ngharn am gyfnod Henffordd, a Llyfr Cyflogau Dinas Henffordd yn Swyddfa Addysg y dref.

Pennod 3

Gweler atgofion Wil Ifan yn *Y Genhinen*, Gwanwyn 1956, Alan Llwyd, gol.,
R. *Williams Parry: Cyfres y Meistri*, I, 1979, 82–5 ac ysgrif T.H. Parry Williams
yn *Y Cymro*, 12 Ionawr 1956 (ac yn ei gyfrol *Myfyrdodau*). Ar Anant a Hywel
Cefni, gweler 'Cerddi'r Dyffryn', casgliad Gwallter Llyfnwy o waith beirdd
Dyffryn Nantlle, sef llsgr. 5344 yn Llyfrgell Prifysgol Cymru, Bangor. Mae
gwybodaeth am feirdd y Dyffryn yng ngholofnau *Y Sylwedydd* am 1907
hefyd. Trafodwyd peth o'r farddoniaeth gynnar gan Gwenallt mewn erthygl yn
Llên Cymru, cyfrol IV, rhif 4, 1957, ac ym mhennod gyntaf *Barddoniaeth
Robert Williams Parry: Astudiaeth Feirniadol* (1973) T. Emrys Parry.
Adroddwyd hanes Eisteddfod Ffestiniog 1906 gan Dyfnallt yn *Y Tyst*, 19
Ionawr, t.8, ac yn llawnach a mwy cywir gan O.M. Lloyd, *Y Tyst*, 17 Mai
1956, tt.8–9.

Pennod 4

Ar y flwyddyn ym Mangor, gweler calendar y Coleg am 1907–08; cofrestr yr
Adran Gymraeg yn llaw John Morris-Jones ymhlith llawysgrifau Coleg
Bangor; a *Magazine* y Coleg, rhifyn Mawrth 1908. Rhoir cnawd ar yr esgyrn
ffeithiol yn ysgrif eithriadol werthfawr Hugh D. Jones yn y *South Wales
Evening Post* 1969 ac yn atgofion John Llywelyn Williams yn *Llafar*, Haf 1956,
58–63, a gweler Alan Llwyd, *op. cit.*, 58–60. Elwais lawer hefyd ar lythyrau a
dderbyniais oddi wrth Hugh D. Jones, 18 Mehefin 1969, a J.R. Jones, 11
Gorffennaf 1972, ac wrth sgwrsio gyda J. Llywelyn Williams. Gweler hefyd
ysgrif D. Gwenallt Jones yn *Y Genhinen*, Gwanwyn.1956, 71–8 ac Alan Llwyd,
op.cit., 77–84.

　　Cyhoeddwyd awdl 'Cantre'r Gwaelod' yn llawn, o gopi a wnaeth David
Thomas o gopi R.W.P. ei hun, yn *Lleufer*, Haf 1956, 75–86, a'i hailgyhoeddi
yng nghyfrol T. Emrys Parry, *op. cit.*, 248–58.

　　Am gyfnod Llanberis, gweler yn arbennig atgofion Williams Parry yn J.
Pritchard, *Hanes yr Ysgol Sir ym Mrynrefail* (1940), 92–4, ac ysgrif dda gan
R.A. Roberts yn y *North Wales Weekly News*, 16 Mawrth 1978. Mae
gwybodaeth am Edward Ffoulkes yn y casgliad o'i bapurau ymhlith llawysgrifau
Prifysgol Cymru, Bangor, rhifau 16040–368. Eitem 16351 yn y casgliad hwnnw
yw darlith Annie Ffoulkes ar farddoniaeth Gymraeg ddiweddar sy'n cynnwys ei
thystiolaeth am Williams Parry.

Pennod 5

Dyfynnir llythyr Alafon at T. Gwynn Jones ynglŷn â chystadleuaeth Eisteddfod
Llundain yn David Jenkins, *Thomas Gwynn Jones* (1973), 203.
Ymddangosodd rhannau o'r awdl ail orau yn *Y Geninen*, Hyd. 1909, 285 ac yn
Cymru, Hyd. 1909, 163–4, a'u hailgyhoeddi yn T. Emrys Parry, *op. cit.*, 261–8.

Ar R.W.P. a Chlwb Awen a Chân, gweler O. Llew Owain, *Anthropos a Chlwb Awen a Chân* (1946), 43.

Wrth geisio ail-greu cefndir llunio 'Yr Haf', tynnais ar ysgrif gan R.W.P, 'The Summer of Love,' yng nghylchgrawn Coleg Prifysgol Gogledd Cymru, Bangor, rhifyn Mawrth 1911 a llythyr dyddiedig 17 Medi 1910 oddi wrtho at T. Gwynn Jones, yn y Llyfrgell Genedlaethol; ac ar ddau lythyr diweddarach ganddo – un dyddiedig 12 Rhagfyr 1917 at Annie Ffoulkes (rhif 16232 ymhlith llawysgrifau Coleg Prifysgol Gogledd Cymru, Bangor), a'r llall, dyddiedig 1 Hydref 1931 at W. Phillip Williams (awdur *Bonheddwr Mewn Melfared*). Ceir peth o hanes llunio'r awdl gan Rob Williams mewn llythyr yn *Y Faner*, 25 Ionawr 1956 ac yn ysgrif John El, *Y Faner*, 16 Ebrill 1970.

Mae hanes y cadeirio ym Mae Colwyn yn y *Liverpool Daily Post*, 16 Medi a'r *Faner*, 24 Medi 1910, ac adroddiad am y croeso'n ôl i Dal-y-sarn yn *Y Genedl*, 20 Medi a'r *Brython*, 22 Medi 1910. Gweler hefyd David Thomas, *Diolch am Gael Byw* (1968), 47, a Gwilym R. Jones, *Rhodd Enbyd* (1983), 58. Mae'r telegramau a'r cyfarchion y cyfeirir atynt ymhlith llawysgrifau R.W.P. yn y Llyfrgell Genedlaethol, rhifau 293–345.

Am yr awgrym mai'r Parchedig Howell Harris Hughes a ddarlunnir yn y disgrifiad o'r Brawd Gwyn, gweler copi llawysgrif o adran 'Y Brawd Gwyn' yn yr awdl ymhlith papurau Howell Harris Hughes yn y Llyfrgell Genedlaethol, a nodyn, 'Mynnai'r diweddar Mr J.J. Williams, M.A., i mi gredu mai fy narlunio i yr oedd y bardd yn "Y Brawd Gwyn". Mr Williams Parry ei hun a ddywedodd hynny wrtho. – H.H.H.' Gwilym R. Jones, yn un, a soniodd wrthyf am Riain yr Haf; gweler bellach *Rhodd Enbyd* (1983), 60–1.

Pennod 6

Papurau newydd a chylchgronau Cymraeg ac Eingl-Gymreig 1910–13, a'r *Brython* a'r *Genedl* yn arbennig, yw prif ffynhonnell y bennod hon. Pwysais yn drwm ar ysgrifau Williams Parry ei hun, yr ysgrifau a ailgyhoeddwyd yn *Rhyddiaith R. Williams Parry* (gol. Bedwyr Lewis Jones, 1974); ysgrif Saesneg ar 'The Summer of Love' yn *The Magazine of the University College of North Wales*, Mawrth 1911; 'Mabinogi Newydd Lludd a Llevelys' yn *Y Genedl*, 20 Rhag. 1910; a'r ysgrifau dan enw Macwy'r Tes a ymddangosodd yn *Y Brython*, 20 Hydref 1910, 3 Tachwedd 1910, 30 Mawrth 1911, 7 Tachwedd 1912, 14 Tachwedd 1912. Tynnais hefyd ar lythyrau cyfoes yng nghasgliadau R. Williams Parry, W.J. Gruffydd, E. Morgan Humphreys, a T. Gwynn Jones yn y Llyfrgell Genedlaethol, ac yng nghasgliadau Edward Ffoulkes a Thomas Shankland yn Llyfrgell Prifysgol Cymru, Bangor. Ac elwais, wrth gwrs, ar erthygl hir J.E. Caerwyn Williams ar y Macwyaid yn *Ysgrifau Beirniadol*, IX (gol. J. E. Caerwyn Williams, 1976).

Cyhoeddais ymdriniaeth lawnach ar soned Williams Parry ar briodas G.W. Francis yn *Y Genhinen*, rhifyn Hydref 1973; ailgyhoeddwyd yr ysgrif yn Alan Llwyd, *op. cit.* 313–17.

Ar Llewelyn G. Williams 1886–1926, gweler *Blwyddiadur* y Methodistiaid

1929. Ceir portread ohono gan E. Morgan Humphreys yn *Gwŷr Enwog Gynt* (Yr Ail Gyfres) a chan Williams Parry yn ei ysgrif 'Anatiomaros' ar ddechrau cyfrol o farddoniaeth ei frawd G. Madog Williams, *Cerddi'r Ddrycin*, 1936. Yno fe'i disgrifir fel 'prif feirniad llenyddol Cymru yn ei ddydd', gweler *Rhyddiaith R. Williams Parry*, 144–9.

Un o'r Rhyl oedd W. Hughes Jones ('Elidir Sais'), mab i'r Parchedig S.T. Jones, a brawd i T. Elwyn Jones, 'y Tom gwylaidd, twymgalon' yn englynion 'In Memoriam'. Ar ôl graddio yn Rhydychen, bu'n athro Saesneg a Chymraeg yn Ysgol Sir Bethesda o 1906 hyd 1913. Dechreuodd gyhoeddi cyfres o ysgrifau yn Saesneg, 'Ffetan Elidir Sais', yn trafod llenyddiaeth Gymraeg, yn *Y Brython*, 21 Hydref 1909, a daliodd ati i sgrifennu'n achlysurol ar bynciau llenyddol i'r papur hwnnw hyd Awst 1913. Detholiad o rai o'r ysgrifau hyn oedd cynnwys *At the Foot of Eryri*, 1912. Am gyfnod byr yn 1935 bu'n Gyfarwyddwr Rhaglenni y BBC yng Nghaerdydd. Bu farw yn Rhydychen yn 1951.

Pennod 7

Daily Post, Medi 1910; *South Wales Daily News*, Medi 1910; Papurau Pwyllgor Dewis Cymrodoriaethau Prifysgol Cymru; *Y Genedl*, 9 Ionawr 1912; *The Welsh Outlook*, Ionawr 1914; Llyfr lòg Ysgol Boduan, Llŷn; Llythyrau a phapurau R. Williams Parry.

Pennod 8

Llyfr lòg Ysgol y Sarnau; *Y Genedl*, 8 Mawrth 1926; Adroddiad G. Prys Williams, Arolygwr ei Fawrhydi ar Ysgol y Sarnau; Annie Ffoulkes (gol.), *Telyn y Dydd* (1918); Atgofion rhai o gydnabod R. Williams Parry; Llythyrau R. Williams Parry.

Pennod 9

Adroddiad gan Major Edgar Jones am helyntion cofrestru R. Williams Parry, a ddaeth i law Bedwyr trwy Hywel D. Roberts, Caerdydd; J.Ll. Williams, *Llafar*, Haf 1956, 65–6; Llawysgrifau Llyfrgell Prifysgol Cymru Bangor, 19985.

Hugh Hughes, 'Atgofion am R. Williams Parry' yn *Yr Eurgrawn*, CL, 5 Mai 1956. Yr oedd gan Bedwyr gopi cyflawnach o'r truth yn llaw Hugh Hughes ei hun.

The Welsh Outlook, Tachwedd 1914, Ionawr 1914, Ebrill 1917, Gorffennaf 1917; O.M. Edwards, *Wales*, cyfres 'The Story of the Nations' (Llundain 1901); *Y Drysorfa*, Chwefror 1916; *Y Goleuad*, Hydref 1917, Tachwedd 1917, Rhagfyr 1917; Llythyrau R. Williams Parry.

Pennod 10

Llythyrau O. M. Edwards; *Western Mail*, 3 Hydref 1922, 3 Tachwedd 1922, 2 Rhagfyr 1921; Darlith R. Williams Parry i Gymdeithas Genedlaethol Gymraeg Lerpwl, 1921; Llyfr lòg Ysgol Oakley Park; Llythyrau R. Williams Parry.

Pennod 11

Y *Ford Gron*, Tachwedd 1931, Ionawr 1932.

Pennod 12

Yr *Efrydydd*, Gorffennaf 1932; Y *Ford Gron*, Medi 1932; T. H. Parry-Williams, *Elfennau Barddoniaeth* (Gwasg Prifysgol Cymru, 1931); *Bwletin y Bwrdd Gwybodau Celtaidd*, Mai 1935, Mai 1936; Llythyrau R. Williams Parry.

Pennod 13

Dafydd Jenkins, *Tân yn Llŷn* (1937); Llythyrau D. Lloyd George; Saunders Lewis yn *The Welsh Outlook* (1919) ac yn Y *Llenor* (1922); Sgwrs radio gan R. Williams Parry, Chwefror 1933; Y *Llenor*, Gwanwyn 1937; Y *Ddraig Goch*, Mawrth 1937, Ebrill 1937; Y *Brython*, 27 Mai 1937, 24 Mehefin 1937; *Heddiw*, Gorffennaf 1937; Sylwadau R. Williams Parry ar bryddest Eisteddfod Chwilog, Y *Brython*, 9 Ionawr 1936; Llythyrau gan R. Williams Parry ac ato.

Pennod 14

The Welsh Outlook, Mawrth 1919; *Western Mail*, Rhifyn Eisteddfod Genedlaethol 1926; *Llyfr Darllen Prifysgol Cymru IV*; Y *Genhinen*, Gaeaf 1950–1; Llythyrau gan R. Williams Parry ac ato.

Pennod 15
'Colli Robert Williams Parry', *Casgliad o Ysgrifau T.H. Parry-Williams* (Gomer, 1984), 292–4.

Bywgraffiad Byr gan R. Williams Parry*

1884	Blwyddyn fy ngeni.
1889–96	Disgybl yn ysgol elfennol Tal-y-sarn, sir Gaernarfon.
1896–8	Yn ysgol sir Caernarfon.
1898–9	Yn ysgol sir Pen-y-groes.
1899–1902	Piwpil titsiar.
1902–4	Synfyfyriwr yng Ngholeg Aberystwyth. Llwyddo yn arholiadau'r flwyddyn gyntaf ym mhopeth ond Cymraeg.
1904–7	Athro trwyddedig mewn ysgolion elfennol ac uwch-elfennol yng Nghymru a Lloegr.
1907–8	Myfyriwr yng Ngholeg Bangor. Ennill cadair Eisteddfod y Myfyrwyr, a gradd B.A.
1908–10	Athro Cymraeg a Saesneg yn ysgol sir Llanberis. Ennill cadair Eisteddfod Genedlaethol Bae Colwyn.
1910–11	Yng Ngholeg Bangor eilwaith. Gweithio'n galed y waith hon. Syr John Morris-Jones yn fy enwi am Ysgoloriaeth Osborne Morgan. Allan o'r gystadleuaeth, am na bûm ym Mangor dair blynedd. Dim dicach, gan mai amod yw amod.
1911–12	Treulio'r gaeaf yn Llydaw yn fyfyriwr "ar ei fwyd ei hun," a'r haf yn Llŷn yn athro symudol. Derbyn gradd M.A. am ddraethawd ar "Gysylltiadau'r Gymraeg a'r Llydaweg."
1912–13	Ysgolfeistr yng Nghefnddwysarn.

---

* Cyhoeddwyd hwn gyntaf yn *Gwŷr Llên*, gol. Aneirin Talfan Davies (Llyfrau'r Dryw, 1948).

Medi 1913   Gadael Cefnddwysarn (fy nhad yn fy ngwthio a Silyn yn fy nhynnu) a mynd yn athro Cymraeg a Saesneg i ysgol sir y Barri. Pyliau o hiraeth am y Cefn: dim mynyddoedd yn y Fro.

Chwefror 1914   Mynd gyda'm pennaeth (Major Edgar Jones) i weld Cymru yn curo Sgotland mewn gêm Rygbi yng Nghaerdydd. Cenedlaetholwr Cymreig fyth oddi ar hynny.

Mai 1915   Cael fy ngwahodd i'r Bwrdd Addysg yn un o bedwar ymgeisydd am dair swydd Arolygydd Ysgolion. "Odd man out" – Syr Owen Edwards yn addo cofio amdanaf y tro nesaf.

Tachwedd 1915   Fy nghynnig fy hun i'r Fyddin. Cael fy ngwrthod oherwydd fy ngolwg. Dim dicach eto, bid siŵr.

Ebrill 1916   Mynd yn athro Saesneg i ysgol ganolraddol Caerdydd.

Tachwedd 1916   Cael fy nerbyn fel A1 gan y Fyddin: ei safon wedi gostwng. Methiant truenus fel milwr, a'm gyrru o Berkhamsted i Winchester at fy mhobl fy hun – hogiau Môn ac Arfon. Gartref oddi cartref yno.

Mehefin 1918   Cael fy symud i Billericay i amddiffyn Llundain rhag y Zeppelins.

Rhagfyr 1918   Dychwelyd adref. Holi Dr. Prys Williams a Mr. William Roberts ynghylch gwaith arolygydd ysgolion.

Ionawr 1919   Yn ôl yng Nghaerdydd.

Mai 1919   Syr Owen yn cofio amdanaf. Cael gwahoddiad i'r Bwrdd Addysg. Ei wrthod gyda diolch cynnes, H. Hugh Jones, Llangollen a minnau.

1920–21   Hoffi Caerdydd, ond hiraethu am gefn gwlad.

Mawrth 1921   Mynd yn feistr ysgol wledig ym Maldwyn.

Rhagfyr 1921   Cael fy mhenodi'n ddarlithydd mewnol ac allanol yng Ngholeg Bangor.

[1923   Priodi – y peth doethaf a wneuthum erioed.]

1924   Cyhoeddi *Yr Haf a Cherddi Eraill.*

1925–34   Cyhoeddi sonedau a thelynegion newydd yn y cylchgronau, ysgrifau ar faterion llenyddol yn y papurau llenyddol, beirniadu mewn llu o eisteddfodau lleol, taleithiol, a chenedlaethol, a darlledu ar W.H. Davies, Ceiriog, a Mr. Saunders Lewis.

1929   Marwolaeth Syr John. Cael fy ngwahodd i mewn yn gyfan-gwbl: minnau'n dewis bod allan yn gyfan-gwbl. Pwyllgor

Unedig y Dosbarthiadau Tiwtorial yn darganfod nad oedd ganddo ddigon o gyllid i'm cynnal. Canlyn arni fel cynt, "hanner yn hanner, heb ddim yn iawn." Digio y tro hwn.

1935–6   Troi'n ieithydd wedi troi'r hanner cant, a chyhoeddi nodiadau ar y Llydaweg a'r Gernyweg yn y *Bwletin Celtig*. Ymgaledu rhag darlledu, ac ymwadu â beirniadu.

1944   Ymddeol yn drigain oed heb freuddwydio am ddim anrhydedd.

1946   Cael gradd D.Litt. gan Brifysgol Cymru. "Gwell yw'r agwedd at y diwedd."

Llyfryddiaeth R. Williams Parry

1906

1. 'Efo'r Sant ar Fore Sul': cywydd: *Y Geninen*, Ionawr, t.66.
2. 'Y Bwrdd Billiards': cywydd: *Papur Pawb*, 21 Ebrill. [Eto 1908.5.]

1907

1. 'Dechreu Haf': pum englyn (o awdl rhif 2 isod): *Y Sylwedydd*, 12 Chwefror, t.2.
2. 'Dechreu Haf': awdl anfuddugol Eisteddfod Annibynwyr Ffestiniog, Nadolig 1906: *Y Geninen*, Ebrill, tt.133–4.[1]

1908

1. 'Cantre'r Gwaelod': rhan o awdl fuddugol Eisteddfod Myfyrwyr Bangor, Gŵyl Ddewi 1908: *Mag. U.C.N.W.*, Mawrth, tt.14–26.[2] [Gw. 1915.1, 1917.4, 'Cantre'r Gwaelod 1 a 2' ac 'Araith Seithenyn' yn *HChE*, XVII, XVIII, am ad-drefniannau amrywiol o'r detholiad hwn o'r awdl.]
2. 'Englyn ar Glawr Beibl yn Anrheg': *Y Geninen*, Ebrill, t.128.
3. 'Y Gwynt': englynion: *Y Geninen*, Gorffennaf, t.171.
4. 'Cain a mirain yw Mari': 4 englyn: *Y Genedl Gymreig*, 21 Gorffennaf, t.4.
5. 'Y Bwrdd Billiards': fersiwn diwygiedig o gywydd 1906.2: *Mag. U.C.N.W*, Rhagfyr, t.32.

1909

1. 'Edith Myfanwy': englyn: *Y Genedl Gymreig*, 14 Medi, t.5. [Ail-gyhoeddwyd hwn yn *Y Geninen*, Ebrill 1910, t.135.]

2.   'Siffrwd y Deilios': rhan o awdl ail-orau Eisteddfod Genedlaethol Llundain 1909: *Y Geninen*, Hydref, tt.163–4.
3.   'Y Bannau Gwynion': rhan o awdl ail-orau Eisteddfod Genedlaethol Llundain 1909: *Y Geninen*, Hydref, t.285.
4.   'Cathl y Gair Mwys': cerdd gellweirus a adroddwyd yng nghyfarfod Clwb Awen a Chân, Caernarfon, Tachwedd 1909, wrth ffarwelio â T. Gwynn Jones: *Anthropos a Chlwb Awen a Chân* (O. Llew Owain, 1946), t.43.

1910

1.   'Rhiain yr Haf': rhan o awdl 'Yr Haf': *Mag. U.C.N.W.*, Rhagfyr, tt.17–18.
2.   'Enghraifft a Her' (Meddyliau'r Macwyaid, IV): ysgrif dan enw Macwy'r Tes yn ateb Henafgwr: *Y Brython*, 20 Hydref, t.3.
3.   Llythyr dan enw Macwy'r Tes yn ateb Pedrog: *Y Brython*, 3 Tachwedd, t.2.
4.   'Mabinogi Lludd a Llevelys': ysgrif dan enw Macwy'r Tes: *Mag. U.C.N.W.*, Rhagfyr, tt.12–14.
5.   'Mabinogi newydd Lludd a Llevelys': ysgrif dan enw Macwy'r Tes: *Y Genedl Gymreig*, 20 Rhagfyr, t.6.

1911

1.   'Y Brawd Gwyn': rhan o awdl 'Yr Haf': *Mag. U.C.N.W.*, Mawrth, tt.10–11.
2.   'Serch': pennill o awdl 'Yr Haf': *Y Geninen*, Ebrill, t.210.
3.   'I Mr a Mrs G.W. Francis, Llyn Alaw, Nantlle': *Y Brython*, 11 Mai, t.6.[3]
4.   'Yr Haf': awdl: *Cofnodion . . . Eisteddfod Genedlaethol Bae Colwyn 1910*, tt.43–59.[4]
5.   'The Summer of Love': ysgrif: *Mag. U.C.N.W.*, Mawrth tt.19–21.
6.   'Pwy sy'n lladd yr Iaith': ysgrif dan enw Macwy'r Tes: *Y Brython*, 30 Mawrth, t.5.
7.   'Y Ddwy Stori: Mabinogi Cymru Newydd': ysgrif ar storïau R. Dewi Williams a W.J. Gruffydd: *Y Genedl Gymreig*, 29 Mehefin.
8.   'Englyn Dyfed i'r Dail': ysgrif dan enw Macwy'r Mag: *Y Brython*, 14 Medi, t.5.
9.   'Angerdd Beirdd Cymru': ysgrif: *Y Beirniad*, Hydref, tt.164–70.
10.   Adolygiad ar *Yr Adroddwr Ieuanc* (o gasgliad Carneddog): *Y Beirniad*, Hydref, t.218.
11.   Adolygiad ar *Caniadau* (Wyn Williams): *Y Beirniad*, Hydref, tt.218–20.
12.   Beirniadaeth y fugeilgerdd: *Cofnodion . . . Eisteddfod Genedlaethol Caerfyrddin 1911*, tt.62–4.
13.   Beirniadaeth cyfres o delynegion: ibid., tt.72–5. [Hefyd yn *Y Brython*, 17 Awst, t.5.]

1912

1. 'Pridd y Ddaear': ysgrif: *Cylchgrawn Myfyrwyr y Bala*, Haf, tt.104–12.
2. 'Yr Athraw W.J. Gruffydd': ysgrif: *Yr Ymwelydd Misol*, Gorffennaf, tt.104–6.
3. 'Y Bywyd Crefyddol': ysgrif dan enw Macwy'r Tes: *Y Brython*, 7 Tachwedd, t.5.
4. 'Rhagfarn': ysgrif dan enw Macwy'r Tes: *Y Brython*, 14 Tachwedd, t.5.
5. Beirniadaeth chwe phennill coffa yng Nghylchwyl Lenyddol Tan-rallt: *Y Genedl Gymreig*, 9 Ionawr, t.6.

1914

1. 'Y Mynydd a'r Allor': cerdd: *W. Outlook*, Ionawr, t.18. [*CG*, t.19]
2. 'Rhobat Llwyd': cerdd: *Y Beirniad*, Gwanwyn, t.56. ['Yr Hen Grown' yn *HChE*, VIII]
3. 'Yr Iberiad': cerdd: *W. Outlook*, Tachwedd, t.476. [*HChE*, XXIII]

1915

1. 'Cantre'r Gwaelod': cywydd: *W. Outlook*, Ebrill, t.149. [Gw. 1908.1 uchod a *HChE*, XVII.]
2. 'Tair Delw'r Bala (wedi uniad y colegau)': cerdd: *W. Outlook*, Awst, t.304. [*HChE*, XIII]
3. 'Gohebiaeth Ieithgarwr': llythyrau D. Jones Richards: *Y Beirniad*, Haf, tt.124–8.
4. 'Welsh in the Welsh Colleges': ysgrif: *W. Outlook*, Tachwedd, tt.433–6.

1916

1. 'Y Bedd': cerdd dan enw Llion: *Y Drysorfa*, Chwefror, t.81. [*HChE*, XI]
2. 'Pantycelyn': soned *W. Outlook*, Gorffennaf, t.216. [*HChE*, X][5]
3. Englyn i gyflwyno ffon i Evan Hughes am ei wasanaeth i'r Ysgol Sul yng nghapel Pembroke Terrace, Caerdydd: *Y Goleuad*, 4 Awst, t.7.
4. 'Am Delynegion': ysgrif: *Y Wawr*, 1915–16, tt.25–8.

1917

1. In Memoriam (Lieut. Raymond Jones, M.B., Llanrhaiadr-ym-Mochnant; Naval Instructor Tom Elwyn Jones, B.Sc.; Private Lewis Jones Williams, Pwllheli; Lieut. Richard Jones, R.W.F., Ffestiniog;

Private Tom Jones, Cefnddwysarn)': englynion coffa: *W. Outlook*, Gŵyl Ddewi, tt.96–7. [*HChE*, XLII am rai o'r englynion]

2. 'Gadael Tir': dwy soned: *W. Outlook*, Ebrill, t.130. [*HChE*, XXXVII]
3. Pedwar englyn coffa i Lieut. R.P. Evans, M.A., Melin Llecheiddior, Eifionydd: *Y Goleuad*, 27 Ebrill, t.5. ['Ysgolhaig' yn *HChE*, XLVI]
4. 'Cantre'r Gwaelod Nos y Boddiad (Araith Seithenyn Feddw)': rhan o awdl: *W. Outlook*, Mehefin, t.221. [Gw. 1908.1 uchod a *HChE*, XVIII.]
5. 'Oriau Hiraeth; i. Atgof; ii. Godre Berwyn; iii. Y Gwynt': cerdd: *W. Outlook*, Gorffennaf, t.246. [Rhan iii o'r gerdd hon yw 'Yr Aflonyddwr', *HChE*, XXXVIII.]
6. 'Hedd Wyn': englynion coffa: *W. Outlook*, Hydref, t.336. [*HChE*, XLIII]
7. 'Mae hiraeth yn y môr . . . ': soned ddi-deitl: *Y Goleuad*, 19 Hydref, t.3. [*HChE*, XXI]
8. 'Bu amser pan ddewisais . . . ': soned ddi-deitl: *Y Goleuad*, 26 Hydref, t.3. ['Adref' yn *HChE*, VI]
9. 'Mae mewn ieuenctyd dristwch . . . ': soned ddi-deitl: *Y Goleuad*, 2 Tachwedd, t.3. ['Cysur Henaint' yn *HChE*, II]
10. 'Edward Ffoulkes': soned goffa: *Y Goleuad*, 9 Tachwedd, t.3. [*HChE*, XXVII]
11. 'Picquet': soned: *Y Goleuad*, 23 Tachwedd, t.3. [Gw. eto 1919.1; 'Gwyliadwriaeth y Nos' yn *HChE*, XXXVI.]
12. 'Y Ddrafft': soned: *Y Goleuad*, 30 Tachwedd, t.3. [*HChE*, XXXIX]
13. 'Mater Mea': soned: *Y Goleuad*, 7 Rhagfyr, t.3. [*HChE*, XL]
14. 'Nid oes i mi ddiddanwch . . . ': soned ddi-deitl: *Y Goleuad*, 14 Rhagfyr, t.3. ['Diddanwch' yn *Western Mail*, 18 Ionawr 1923 a *HChE*, XIX.]
15. 'In Memoriam. Mary Roberts, Gwyddfor. 1841–1917': englynion: taflen goffa, d.d. [*HChE*, XXVIII]

1918

1. 'Y Lieut. Llewelyn ap Tomos Shankland': dau englyn: *Y Goleuad*, 4 Ionawr, t.3. ['Mab ei Dad' yn *HChE*, XLVIII]
2. 'Pan nydda'r sêr eu penbleth drwy dy waed': soned: *Y Goleuad*, 11 Ionawr, t.3. ['Dinas Noddfa' yn *HChE*, XXVI]
3. 'Plygain': soned: *W. Outlook*, Awst, t.256. [*HChE*, XXV]
4. 'Darlun Idris. Cyntafanedig fy nghyfaill y Shoeing-smith H. Hughes, Bryn, Nebo, Llanrwst': englynion: *Y Cydymaith*, (cyhoeddiad chwarterol cylchdaith Wesleyaidd Llanrwst), Tachwedd 1918 – Ionawr 1919, tt.2–3. [Ailgyhoeddwyd yn *Yr Eurgrawn*, Mai 1958, t.124.]
5. 'Er Cof am Robert Einion Williams, R.A.M.C., Pen-y-groes (gynt o Dan'rallt)': 6 englyn: *Y Genedl*, 12 Tachwedd, t.2, a'r *Faner*, 28 Rhagfyr, t.4. [*HChE*, XLV]
6. 'Hedd Wyn y Bardd': ysgrif gan Gunner R. Williams Parry: *Y Cymro* (Dolgellau), 6 Chwefror, tt.8–9.

7.   'Cynrychiolydd i Brifysgol Cymru': llythyr at y golygydd oddi wrth Gunner R. Williams Parry yn cefnogi dewis Silyn yn ymgeisydd Seneddol dros Brifysgol Cymru: *Y Cymro*, 20 Mawrth, t.5.

8.   'Taflen Cymanfa Eisteddfod Castell Nedd': llythyr at y golygydd yn condemnio newidwyr emynau: *Y Cymro*, 17 Gorffennaf, t.5.

9.   'Godre Berwyn': cerdd: gol. Annie Ffoulkes, *Telyn y Dydd* (1918).

1919

1.   'Soned – (Picquet)': *Y Geninen*, Ionawr, t.26. [Gw. 1917.11 uchod, a 'Gwyliadwriaeth y Nos' yn *HChE*, XXXVI.]

2.   'Miss Jane a Fröken Iohanne': cerdd, dan y ffugenw 'Z': *W. Outlook*, Mawrth, t.56. [*CG*, t.46]

3.   'In Memoriam (Lieut. Tom Roberts, M.A., Borthygest; Lieut. T.D. Williams, B.A., Barry; Cpl. J.R. Joseph, B.A., Garn Dolbenmaen)': englynion: *W. Outlook*, Ebrill, t.89. ['Dysgedigion' yn *HChE*, XLVII]

4.   'Ar briodas John Evan Thomas a Mary Ivey': englynion: *Y Dinesydd Cymreig*, 30 Ebrill, t.8.

5.   'Yr Hwyaden': awdl: *W. Outlook*, Medi, t.237. [*HChE*, XXXIII]

6.   'Ar briodas Evan Hughes a Morfudd Morris': englynion: *Y Brython*, 9 Hydref, t.2.

1920

1.   'Noson o Wynt': ysgrif, dan y ffugenw 'Rusticus': *Y Brython*, 23 Rhagfyr, t.5.

2.   Beirniadaeth yr awdl: *Cofnodion . . . Eisteddfod Genedlaethol Y Barri 1920*, tt.10–38.

3.   Beirniadaeth y soned: ibid., tt.96–101. [Hefyd yn *Y Brython*, 19 Awst, tt.4–5.]

4.   Beirniadaeth deg cân alawon Cymreig yn Eisteddfod Genedlaethol y Barri 1920: *Y Brython*, 30 Medi, t.3.

5.   Beirniadaeth pryddest y gadair yn Eisteddfod y Cymry, Birkenhead: *Y Brython*, 6 Mai, t.3.

1921

1.   'The Snow (from the Welsh of Dafydd ap Gwilym)': cyfieithiad: *Western Mail*, 2 Rhagfyr 1921, t.6. [Eto yn *Mag. U.C.N.W.*, Rhagfyr 1922, t.5.]

2.   'The Swan (from the Welsh of Dafydd ap Gwilym)': cyfieithiad: *Western Mail*, 2 Rhagfyr 1921, t.6. [Eto yn *Mag. U.C.N.W.*, Rhagfyr 1922, t.9.]

3.   'Y Lloer (o Saesneg W.H. Davies)': cyfieithiad: *Western Mail*, 6 Rhagfyr, 1921, t.4.

4.　Beirniadaeth y fugeilgerdd: *Cofnodion* . . . *Eisteddfod Genedlaethol Caernarfon 1921*, tt.124–5.
5.　Beirniadaeth chwe thelyneg: ibid., tt.138–9.
6.　Beirniadaeth dwy soned: ibid., tt.143–6.
7.　Beirniadaeth dwy soned i'r Parch. Peter Fraser: ibid., tt.148–9.
8.　Beirniadaeth cerdd: ibid., tt.150–2.
9.　Beirniadaeth nifer o ganeuon byrion: ibid., tt.154–6.
10.　Beirniadaeth yr awdl yn Eisteddfod Deirnos Bethesda: *Y Brython*, 27 Ionawr, t.4.
11.　Beirniadaeth cân gynganeddol, ibid.: *Y Brython*, 3 Chwefror, t.4.
12.　Beirniadaeth y delyneg, ibid.: *Y Brython*, 10 Chwefror, t.3.
13.　Beirniadaeth yr englyn, darn adrodd i blant, cywydd, ibid.: *Y Brython*, 17 Chwefror, t.5.
14.　Beirniadaeth darn o farddoniaeth 'Unrhyw gymeriad Ysgrythurol', ibid.: *Y Brython*, 3 Mawrth, t.6.

1922

1.　'Eryri': cywydd: *Western Mail*, 18 Ebrill, t.4. [Rhan o awdl anfuddugol 'Gwlad y Bryniau, 1909.]
2.　'Brynsiencyn': cywydd: *Western Mail*, 22 Ebrill, t.6. [*HChE*, XII]
3.　'Y Llwynog': soned: *Western Mail*, 24 Ebrill, t.6. [*HChE*, V]
4.　'Llewelyn Williams (cyflwynedig i'w gyfaill W. Garmon Jones, Prifysgol Lerpwl)': soned: *Western Mail*, 10 Mai, t.6. [*HChE*, XXIV]
5.　'Merched, Gorffennaf 26, 1966': cywydd: *Western Mail*, Awst 1922, t.4. ['Haf Gwlyb, 1922' yn *HChE*, XXV]
6.　'Glan y Gors (cyflwynedig i R. Alun Roberts, B.Sc.)': cywydd: *Western Mail*, 11 Awst, t.6. [*HChE*, XXV]
7.　'Mab y Mynydd': cerdd: *Western Mail*, 21 Awst, t.4.
8.　'Beddargraffiadau'r Byw (Caerdydd a'r Cylch)': pedwar englyn: *Western Mail*, 3 Hydref, t.6. [*CG*, t.88]
9.　'Beddargraffiadau'r Byw (Y Gwyneddigion, Caerdydd)': pedwar englyn: *Western Mail*, 3 Tachwedd, t.8.
10.　'The Literary Rebels': adolygiad ar *Y Llenor*: *W. Outlook*, Mehefin, tt.136–8.
11.　Beirniadaeth yr englyn yn Eisteddfod Pendleton, Manceinion: *Y Brython*, 9 Mawrth, t.3.
12.　Beirniadaeth y bryddest yn Eisteddfod Pendleton, Manceinion: *Y Brython*, 16 Mawrth, t.3.

1923

1.　'Diddanwch': soned: *Western Mail*, 18 Ionawr, t.6. [Gweler 1917.14 uchod a *HChE*, XIX.]

2. 'Nos o Haf': cyfieithiad o 'Une Nuit de Juin' (unawd i gontralto gan Goring Thomas): *Western Mail*, 10 Chwefror, t.6. [*HChE*, XXXI]

3. 'Tyner y Tardd Fy Serch': cyfieithiad o gân o'r opera 'Samson a Dalilah' (Gounod): *Western Mail*, 23 Chwefror, t.6.

4. 'Marchog yw Cariad': cyfieithiad o 'Love went a-riding' (Frank Bridge): *Western Mail*, 7 Mawrth, t.6.

5. 'Mewn Hafan': cyfieithiad o 'In Haven' (Elgar): *Western Mail*, 7 Mawrth.

6. 'O Fy Nwyfol Brynwr': cyfieithiad o 'Divine Redeemer' (Gounod): *Y Cerddor Newydd*, Ebrill, t.33.

7. 'Gorffwys': cyfieithiad o Saesneg J.S. Arkwright: *Western Mail*, 2 Tachwedd, t.8.

8. Beirniadaeth y soned: *Cofnodion . . . Eisteddfod Genedlaethol Yr Wyddgrug 1923*, tt.102–4.

9. Beirniadaeth y bryddest yn Eisteddfod Dyffryn Madog: *Y Genedl Gymreig*, 13 Mawrth, t.2.

1924

1. 'Eifionydd': telyneg: *Western Mail*, 28 Ebrill. [*CG*, t.2]

2. 'Y Sguthan': cerdd: *Western Mail*, 13 Mehefin, t.6. [*HChE*, IV]

3. 'Y Gylfinhir': cerdd: *Western Mail*, 24 Mehefin, t.6. [*HChE*, III]

4. 'Y Gwynt': cerdd: *Y Geninen*, Gorffennaf, t.202. [*HChE*, XXII]

5. 'Cerddi'r Tymhorau I. Gwanwyn – Cân y Cigydd': *Western Mail*, 9 Gorffennaf, t.6. [*HChE*, XIV]

6. 'Cerddi'r Tymhorau II. Haf – 'Y Glowr': *Western Mail*, 17 Gorffennaf, t.6. [*HChE*, XV]

7. 'Cerddi'r Tymhorau III. Hydref – Yr Hen Weinidog': *Western Mail*, 26 Gorffennaf, t.6. [*HChE*, XVI]

8. *Yr Haf a Cherddi Eraill*: Gwasg y Bala: Awst.

9. 'Cerddi'r Tymhorau. Gaeaf – Y Weddw': *Western Mail*, 6 Awst, t.6. ['Dwy Gymraes' yn *HChE*, I]

10. 'Dwy gân goffa': *Y Faner*, 17 Gorffennaf, t.5. ['Geneth Fach' a 'Dramodydd a Nofelydd' yn *HChE*, XXIX, XXX]

11. 'Y Ceiliog Ffesant': telyneg: *Y Genedl Gymreig*, 18 Awst, t.3. [*HChE*, VII]

12. Englyn ar garreg goffa yn Ysgol Ganol Pen-y-groes: *Western Mail*, 21 Awst, t.6. [Eto yn *Y Dinesydd Cymreig*, 27 Awst, t.4.]

13. Englyn ar glawr copi o *Yr Haf a Cherddi Eraill* a gyflwynwyd i Mr Phylip Thomas, Castell-nedd: *Y Dinesydd Cymreig*, 1 Hydref, t.7.

14. 'Mam Hiraethus': englyn: *Y Dinesydd Cymreig*, 12 Tachwedd, t.8.

15. 'Y Gwyddau': cerdd: *Western Mail*, 6 Rhagfyr. [Eto yn *Y Genedl Gymreig*, 22 Rhagfyr, 1924, t.3; *CG*, t.10.]

16. 'Yr Ieir': cerdd: *Western Mail*, 16 Rhagfyr. [*CG*, t.11]

17. 'Gwaed Ifanc': adolygiad ar *Gwaed Ifanc* (J.T. Jones ac E. Prosser Rhys): *Cymru*, Chwefror, tt.51–3.

18. 'Barddoniaeth Bangor': adolygiad: *Mag. U.C.N.W.*, Mehefin, tt.40–1.
19. 'Cyflwyniad' i *Breuddwydion Mebyd a Chaniadau Eraill gan J. Baldwyn Jones* (gol. Ithel Davies), Caernarfon, 1924, t.iii.
20. Beirniadaeth y soned: *Cofnodion . . . Eisteddfod Genedlaethol Pontypŵl 1924*, tt.85–7.
21. Beirniadaeth yr englyn: ibid.: tt.93–6.

1925

1. '"Gorchestion Beirdd Cymru" 1773': cerdd: *Western Mail*, 21 Gorffennaf. [Hefyd yn *Y Genedl*, 17 Awst, t.3., a *CG*, t.20.]
2. 'Englynion Cyfarch i Thomas Shankland yn ei waeledd': *Seren Cymru*, 7 Awst.
3. 'Yr Hen Ddoctor': cerdd: *Western Mail*, 8 Awst. [Hefyd yn *Y Goleuad*, 26 Awst ac yn *Y Faner*, 3 Medi; *CG*, t.29.]
4. 'Dyffryn Clwyd': soned: *Western Mail*, 19 Awst. [*CG*, t.61]
5. 'Deialog': cerdd: *Western Mail*, 28 Medi.
6. 'Gofuned': cerdd: *Western Mail*, 11 Rhagfyr, t.8. [Hefyd yn *Y Genedl*, 14 Rhagfyr, t.5; *CG*, t.9.]
7–14. 'Beirdd a Barddoniaeth': cyfres o ysgrifau yn trafod llenyddiaeth: *Y Genedl*, 17 Awst, t.5 ('Pryddest y Goron'); 7 Medi, t.5; 14 Medi, t.5 ('Deg Gorchymyn i Feirdd'); 28 Medi, t.5 ('Beth yw telyneg?'); 12 Hydref, t.4; 26 Hydref, t.5; 30 Tachwedd, t.5; 14 Rhagfyr, t.5 ('Yng Ngweithdy'r Saer').
15. Adolygiad ar *Yr Etifedd Coll* (E. Morgan Humphreys) a *Rhwng Rhyfeloedd* (E. Morgan Humphreys): *W. Outlook*, Mai, t.139.
16. Beirniadaeth y cywydd: *Cofnodion . . . Eisteddfod Genedlaethol Pwllheli 1925*, tt.62–3.
17. Beirniadaeth yr englyn: ibid, tt.91–3.
18. Beirniadaeth englyn beddargraff: ibid, tt.94–6.
19. Beirniadaeth hir-a-thoddaid i 'Tudwal': ibid, tt.98–101.
20. Beirniadaeth hir-a-thoddaid i 'Myrddin Fardd': ibid, tt.102–4.
21. Beirniadaeth hir-a-thoddaid i 'Cadfan ': ibid, tt.105–6.
22. Beirniadaeth hir-a-thoddaid i 'Tegfelyn': ibid, tt.108–9.
23. Beirniadaeth hir-a-thoddaid i 'Mrs T.W. Thomas': ibid, t.110.
24. Beirniadaeth yr awdl yn Eisteddfod y Ddraig Goch: *Y Brython*, 23 Ebrill, t.5.
25. Beirniadaeth y bryddest eto: *Y Brython*, 23 Ebrill, tt.5–6.
26. Beirniadaeth y soned eto: *Y Brython*, 30 Ebrill, t.3.
27. Beirniadaeth y darn adrodd eto: *Y Brython*, 7 Mai, t.3.
28. Beirniadaeth yr englyn eto: *Y Brython*, 14 Mai, t.3.
29. Beirniadaeth yr englyn yn Eisteddfod Gadeiriol Sir y Fflint: *Y Brython*, 25 Meh., t.6.
30. Beirniadaeth darn i'w adrodd a soned, eto: *Y Brython*, 2 Gorffennaf, t.3.

1926

1. 'Pa le mae'r Hen Gymry?' (ar fesur Ceiriog yn y gân o'r un enw): cerdd: *Western Mail*, 11 Chwefror.
2. 'Y Steddfod': cerdd: *Western Mail*, 3 Awst.
3. 'Stanzas from the Welsh': cyfieithiad i'r Saesneg o englyn 'Henaint' John Morris-Jones, 'Y Rhosyn a'r Grug' Pedrog, 'Blino' Dewi Dinorwig, 'Beddargraff Meddyg' Alafon: *Western Mail*, 15 Ionawr.
4. 'A Wish (From the Welsh)': cyfieithiad o 'Gofuned': *W. Outlook*, Chwefror, t.47.
5. 'Eifion Wyn': ysgrif deyrnged: *Y Genedl*, 25 Hydref, t.5.
6–10. 'Beirdd a Barddoniaeth': cyfres o ysgrifau yn trafod llenyddiaeth: *Y Genedl*, 25 Ionawr, t.4. ('Cyfnewidwyr Emynau'); 15 Chwefror, t.4; 8 Mawrth, t.4 ('Cymraeg Pendefigaidd'); 6 Medi, t.5; 13 Medi, t.5 ('Cymraeg y Beibl').
11. Beirniadaeth yr awdl: *Cofnodion . . . Eisteddfod Genedlaethol Abertawe 1926*, tt.17–25. [Hefyd yn *Y Genedl*, 9 Awst, t.4, ac yn *Y Darian*, 19 Awst, t.3.]
12–16. Beirniadaeth cerdd mewn tafodiaith leol, soned, hir-a-thoddaid, englyn, dau gywydd digrif: ibid, tt.145–8, 165–70, 171–3, 180–4. [Ymddangosodd beirniadaeth y ddau gywydd digrif hefyd yn *Y Genedl*, 23 Awst, t.3.]
17. Beirniadaeth y cywydd a'r delyneg yn Eisteddfod Caerdydd: *Y Darian*, 28 Ionawr, t.7.
18. Beirniadaeth soned a thri englyn yn Eisteddfod Caerdydd: *Y Darian*, 4 Chwefror, t.7.
19–25. Beirniadaeth yr awdl, cywydd, dwy delyneg, englyn, gwawdodyn hir, soned; arholiad ar un o gywyddau Goronwy Owen yn Eisteddfod Gadeiriol Môn: *Hanes a Chyfansoddiadau . . . Eisteddfod Gadeiriol Môn, Llanfair Pwllgwyngyll 1926*, tt.42–6, 55–8, 60–2, 62–3, 64–6, 32–3. [Ymddangosodd rhai o'r beirniadaethau hefyd yn *Y Genedl*, 31 Mai, t.4; 7 Mehefin, t.5; 15 Mehefin, t.5.]
26–8. Beirniadaeth yr awdl, y soned a'r englyn yn Eisteddfod Llandyfrydog, Môn: *Y Genedl*, 8 Mawrth, t.3.
29. Beirniadaeth chwech o delynegion yn Eisteddfod Goronog Llanllechid: *Y Brython*, 28 Hydref, t.6.
30–1. Beirniadaeth y ddychangerdd a'r englyn yn Eisteddfod Goronog Llanllechid: *Y Brython*, 4 Tachwedd, t.3.
32. 'Y Doldy': adolygiad ar berfformiad o *Tŷ Dol*, Ibsen: *Mag. U.C.N.W.*, Mehefin, tt.104–6.

1927

1. Englyn i rifyn Jiwbili'r *Genedl*: *Y Genedl*, 7 Chwefror. [Eto yn *Y Faner*, 17 Chwefror, t.5.]
2. 'Yr Ieir': cerdd: *Y Faner*, 7 Ebrill. [Gweler 1924.16 a *CG*, t.11.]

3.   'Dafydd Ionawr': ysgrif: *Y Genedl*, 9 Mai.
4–6. Beirniadaeth y bryddest, y soned, yr hir-a-thoddaid: *Cofnodion* . . .
      Eisteddfod Genedlaethol Caergybi 1927, tt.32–40, 93–100, 116–17.
      [Cyhoeddwyd beirniadaeth y bryddest hefyd yn *Y Genedl*, 8 Awst, t.3.]
7.   Beirniadaeth y goron yn Eisteddfod Goronog Jerusalem, Bethesda: *Y
      Genedl*, 19 Rhagfyr, t.4.
8.   Llythyr yn ateb J.A.J. ynghylch dosbarthiadau nos: *Y Dinesydd*, 14
      Rhagfyr, t.3.

1928

1.   'Cyfarch Priodas Prosser Rhys': cerdd: *Y Faner*, 17 Ionawr, t.4.
2.   'Y Prydydd Mud': cerdd: *Western Mail*, 19 Mai. [*CG*, t.44]
3.   'Eifionydd': cerdd: *Y Genedl*, 28 Mai, t.3. [*CG*, t.2]
4.   'Trwy Sbienddrych': cerdd: *Y Llenor*, Haf, t.71. ['Sgyfarnog Trwy
      Sbienddrych' yn *CG*, t.7]
5.   'Richard Gwilym – Boneddwr ac Eisteddfodwr': englynion coffa:
      Western Mail, 6 Awst.
6.   'Tylluanod': cerdd: *Y Llenor*, Hydref, t.133. [*CG*,t.6]
7.   Rhagair: *Byr a Phert* (William Griffith, Hen Barc), tt.3–5.
8–10. Beirniadaeth hir-a-thoddaid, soned a cherdd goffa: *Cofnodion* . . .
      Eisteddfod Genedlaethol Treorci 1928, tt.58–62, 67–70, 95–8. [Ymddangos-
      odd beirniadaeth y gerdd goffa hefyd yn *Y Genedl*, 20 Awst, t.4.]
11.   Adolygiad *Criafol* (Gwilym Davies a David Jones): *Y Faner*, 19 Mehefin
      t.5.

1929

1.   'Angau': cerdd: *Western Mail*, 8 Mehefin. [*CG*, t.23]
2.   'Yr Haf': cerdd: *Yr Efrydydd*, Gorffennaf. [*CG*, t.5]
3.   'Drudwy Branwen': cerdd: *Y Llenor*, Hydref, tt.132–5. [*CG*, t.25]
4.   'The Wind's Lament': cyfieithiad o 'Cwyn y Gwynt' (J. Morris-Jones):
      Omnibus, Rhagfyr, t.27.
5.   'Syr John Morris-Jones': teyrnged: *Y Brython*, 2 Mai, t.4.
6–8. Beirniadaeth yr awdl, y tair telyneg, y delyneg: *Cofnodion* . . .
      Eisteddfod Genedlaethol Lerpwl 1929, tt.8–15, 102–4, 111–14.

1930

1.   'Silyn': cerdd: *Y Genedl*, 18 Awst, t.8. [Eto yn *R. Silyn Roberts* . . .
      Cyfarwydd, ac yn *Cambria*, Gaeaf, t.55; 'Yr Hen Sosialydd' yn *CG*, t.36.]
2.   'Myfyr yn Angladd R. Silyn Roberts': cerdd: *Y Ford Gron*, Tachwedd,
      t.24. ['Yn Angladd Silyn' yn *CG*, t.38]

3. R. *Silyn Roberts 15fed Awst 1950. Cof arwydd*: detholiad o gerddi Silyn, gyda rhagair gan R.W.P.
4. 'Silyn: Atgofion Personol': ysgrif goffa: *Cambria*, Gaeaf, tt.50–2.

1931

1. 'Y Wers Sbelio': cerdd dan enw Llywelyn Fawr: *Y Ford Gron*, Awst, t.10. [*CG*, t.54]
2. 'Yn y Bebis, (1890)': cerdd dan enw R.W.P.: *Y Ford Gron*, Awst, t.22.
3. 'Y Dyrfa': cerdd dan enw Llywelyn: *Y Ford Gron*, Medi, t.8.
4. 'Blwyddyn (Cefnddwysarn 1912–13)': cerdd: *Y Llenor*, Hydref, t.132. [*CG*, t.3]
5. 'Chwilota': cerdd: *Y Ford Gron*, Tachwedd, t.6. [*CG*, t.56]
6. 'Canol Oed': cerdd: *Y Llenor*, Gaeaf, t.195. [*CG*, t.15]
7. 'Hen Eisteddfod': stori: *Y Ford Gron*, Awst, tt.7–8.

1932

1. 'Megis ag yr oedd—': cerdd dan enw Llywelyn: *Y Ford Gron*, Ionawr, t.72.
2. 'Y Capt. Richard Williams': englyn: *Omnibus*, Pasg. [*CG*, t.94]
3. 'Clychau'r Gog': cerdd: *Yr Efrydydd*, Gorffennaf.[*CG*, t.4]
4. 'Gwallter Llyfnwy': cerdd: *Y Ford Gron*, Medi, t.248. ['Yr Hen Gantor' yn *CG*, t.32]
5. 'Barddoniaeth Dau Dramp': sgwrs radio ar Ddafydd ap Gwilym a W.H. Davies: *Y Ford Gron*, Mai, tt.154–5.
6. Rhagymadrodd: *Beirdd Meirion*.

1933

1. 'Blodau'r Gog': telyneg: *Y Ford Gron*, Hydref, t.280.
2. 'Ceiriog, Bardd Heb ei Debyg': sgwrs radio: *Y Ford Gron*, Chwefror, tt.93–4.
3. 'Beirniadaeth Fodern': sgwrs radio am Saunders Lewis, *Y Faner*, 21 Chwefror.
4. Beirniadaeth yr awdl yn Eisteddfod Genedlaethol Wrecsam: *Y Genedl*, 14 Awst, t.5 (ac yn *Y Brython*, 17 Awst, t.6).
5. 'Ateb Mr R. Williams Parry', sef ateb i ysgrif Rolant J. Jones, yn rhifyn 24 Awst, t.5, yn beirniadu'r feirniadaeth uchod: *Y Brython*, 31 Awst, t.5.
6. Llythyr eto ynglyn â beirniadaethau Wrecsam: *Y Brython*, 7 Medi, t.5.

1934

1.   'Tri Physgotwr o Roshirwaun': englyn: *Y Genedl*, 11 Mehefin, t.4. [*CG*, t.96]
2.   'Un o delynegion Eifion Wyn': ysgrif: *Y Ford Gron*, Mehefin, t.174. [Sef ysgrif 'Beth yw telyneg?' a ymddangosodd yn *Y Genedl*, 28 Medi 1925.]

1935

1.   'Neuadd Mynytho': englyn, *Y Genedl*, 9 Rhagfyr, t.3 (yng ngholofn Bob Owen). [Ail-gyh. yn *Y Drysorfa*, Ebrill 1936, t.147; 'Neuadd Goffa Mynytho' yn *CG*, t.87.]
2.   '*pan* (achosol): *porthi angerdd*': nodiadau ieithegol: *Bwletin y Bwrdd Gwybodau Celtaidd*, Mai, tt.362–4.
3.   'Nodiadau ar Lydaweg: *da, moez, don, gueluer, scuillit, gast*': *Bwletin y Bwrdd Gwybodau Celtaidd*, Tachwedd, tt.11–13.
4.   Beirniadaeth y goron yn Eisteddfod Chwilog: *Y Brython*, 3 Ionawr, t.7.
5.   Beirniadaeth y delyneg a'r englyn yn Eisteddfod Chwilog: *Y Brython*, 10 Ionawr, t.5.
6.   Beirniadaeth y gadair yn Eisteddfod Bethesda: *Y Brython*, 24 Ionawr, t.2, a 7 Chwefror, t.5. (Mathonwy Hughes a enillodd am awdl 'Hydref'.)
7.   *Elfennau Barddoniaeth* (T.H. Parry-Williams), yn cynnwys 'Y Ceiliog Ffesant', 'Mae Hiraeth yn y Môr', 'Y Llwynog' o *HChE*, a 'Tylluanod' (1928.6), 'Yn Angladd Silyn' (1930.2) a 'Blodau'r Gog' (1932.3).

1936

1.   'A.E. Housman (1859–1936)': cerdd heb enw awdur wrthi: *Y Llenor*, Haf, tt.69–70. [*CG*, t.40]
2.   'Cyfieithwyr y Dramâu Cernyweg': nodiadau ieithyddol: *Bwletin y Bwrdd Gwybodau Celtaidd*, Mai, tt.127–34.
3.   'Anatiomaros': portread o Llywelyn G. Williams ar ddechrau O. Madog Williams, *Cerddi'r Ddrycin*, Y Drenewydd, tt.ix–xiii.
4.   'Y Darlithydd Newydd' (sef Idris Ll. Foster): *Y Brython*, 26 Mawrth, t.7.
5.   Beirniadaeth ar gynhyrchion Eisteddfod Chwilog: *Y Brython*, 9 Ionawr, t.6.

1937

1.   'Cymru, 1937'; soned dan enw 'Brynfardd'; *Y Llenor*, Gwanwyn, t.1. [*CG*, t.63]
2.   'Mae'r Hogia'n y Jêl': cerdd dan enw 'Yr Hwsmon': *Y Ddraig Goch*, Mawrth, t.3. [Ailgyhoeddwyd hon yn *Coelcerth Rhyddid*, Caernarfon 1937, tt.11–12.]

3. 'Rhyfeddodau'r Wawr': soned dan enw 'Brynfardd': *Y Llenor*, Haf, t.69. [*CG*, t.62]
4. 'Democratiaeth'; cerdd dan enw 'Brynfardd': *Heddiw*, Mehefin, t.161. [Ailgyhoeddwyd yn *Y Llenor*, Gaeaf 1941, t.156.]
5. 'Y Gwrthodedig (John Saunders Lewis)': cerdd dan enw 'Brynfardd': *Heddiw*, Gorffennaf, t.200. [Ail-gyhoeddwyd yn *Y Ddraig Goch*, Awst, t.1; *CG*, t.50.]
6. 'Dau Enaid Rhamantus: Garmon Jones a Tom Hooson': englynion dan enw 'Brynfardd': *Heddiw*, Gorffennaf, t.236.
7. 'Y Dieithryn': soned dan enw R.W. Parry: *Y Llenor*, Hydref, t.129.
8. 'Eisteddfodwr; Beddargraff Gwallter Llyfnwy': englyn heb enw awdur: *Heddiw*, Awst, t.40.
9. 'Celfyddyd y Delyneg': beirniadaeth telyneg y gadair yn Eisteddfod Nebo, Dyffryn Nantlle: *Y Brython*, 17 Mehefin, t.2.
10. 'Mr Saunders Lewis Eto': llythyr yn ateb John Eilian: *Y Cymro*, 14 Awst, t.5.

1938

1. 'Propaganda'r Prydydd': soned: *Heddiw*, Ionawr, t.201. [*CG*, t.68]
2. 'Pererin (Dialog yn null Housman)': cerdd: *Heddiw*, Chwefror, t.241.
3. 'Ymson Ynghylch Amser': soned: *Y Llenor*, Gwanwyn, t.1. [*CG*, t.64]
4. 'Cymry Gŵyl Ddewi': cerdd: *Y Ddraig Goch*, Mawrth. [*CG*, t.58]
5. 'W.J.G.': soned: *Tir Newydd*, Mai, t.19. [*CG*, t.70]
6. 'Angau ar y Ffridd (Ystori-fer yn null O. Henry)': soned: *Y Llenor*, Haf, t.69.
7. 'Ap Eos y Berth': cerdd: *Y Cymro*, 24 Medi, t.8 (ac yn *Yr Herald Cymraeg*, 26 Medi, t.12).
8. 'Heffrod': soned: *Y Llenor*, Hydref, t.132. [*CG*, t.73]
9. 'Pagan': cerdd: *Y Llenor*, Gaeaf, t.197. [*CG*, t.22]
10. 'Hen Gychwr Afon Angau': soned: *Tir Newydd*, Tachwedd. [*CG*, t.74]
11. Adolygiad ar *Barddoniaeth Bangor 1927–37*, yn *Omnibus*, Haf.

1939

1. 'Gair o Brofiad': soned: *Heddiw*, Ionawr. [*CG*, t.71]
2. 'Gwae Awdur Dyddiaduron': soned: *Y Llenor*, Gwanwyn, t.4. [*CG*, t.66]
3. 'Breuddwyd y Bardd': soned: *Y Llenor*, Haf, t.63. [*CG*, t.69]
4. 'Y Band Un Dyn': cerdd: *Y Llenor*, Hydref, t.135. [*CG*, t.12]

1940

1.   'Ple Mae Garth y Glo?': cerdd: *Heddiw*, Ionawr. [*CG*, t.59]
2.   'Y Peilon': soned: *Y Tyst*, 18 Ionawr. [*CG*, t.81]
3.   'Taw, Socrates (Yn amser rhyfel o leiaf)': soned: *Y Llenor*, Hydref, t.109. [*CG*, t.77]
4.   'Gwrthodedigion': cerdd: *Y Faner*, 2 Hydref. [*CG*, t.49]
5.   'Dyffryn Nantlle Ddoe a Heddiw': soned: *Y Llenor*, Hydref, t.109. [*CG*, t.83]
6.   'Atgofion', yn John Pritchard, *Hanes yr Ysgol Sir ym Mrynrefail*, tt.93–4.
7.   Beirniadaeth yr awdl: *Cyfansoddiadau Eisteddfod Genedlaethol Aberpennar 1940*, tt.1–18.

1941

1.   'Hen Gyfaill': englyn: *Yr Herald Cymraeg*, 31 Mawrth (ac yn *Y Faner*, 2 Ebrill). [*CG*, t.93]
2.   'Hen Gymraeg': englyn: *Y Faner*, 2 Ebrill (ac yn *Yr Herald Cymraeg*, 3 Awst).
3.   'Yr Hen Actor: 1 – Dwylan, Caernarfon': cerdd: *Y Faner*, 17 Medi. [*CG*, t.30]
4.   'Y Dychweledig': cerdd: *Y Llenor*, Hydref, t.103. [*CG*, t.51]
5.   'Hitleriaeth (Awgrymwyd gan 'Tywysog Tangnefedd' Gwyndaf, a chynigir yn ostyngedig i Bwyllgor Addysg Sir Gaernarfon)': cerdd dan enw Brynfab[6]: *Y Llenor*, Hydref, t.104. [*CG*, t.60]
6.   'Gwynfor Ddiragrith': englyn: *Yr Herald Cymraeg*, 6 Hydref.
7.   'Democratiaeth': cerdd dan enw Brynfab: *Y Llenor*, Gaeaf, t.156. [Gweler hefyd dan 1937.4.]
8.   'Yr Hen Actor: I. Dwylan (Tŷ Gwynfor yng Nghaernarfon); 2. Llanbeblig (Mynwent Llanbeblig ger Caernarfon); 3. Llanllechid (Cartref R. Williams Parry)': cerdd: *Y Dysgedydd*, Rhagfyr, tt.274–5. [Gweler rhif 3 uchod.]
9.   Beirniadaeth yr englyn, y delyneg yn Eisteddfod Chwilog: *Y Faner*, 8 Ionawr, t.3.
10.   Beirniadaeth yr awdl yn *Cyfansoddiadau . . . Eisteddfod Genedlaethol Aberteifi 1942*, tt.1–9.

1942

1.   'Dwy Galon yn Ysgaru': soned: *Y Faner*, 20 Medi. [*CG*, t.85]
2.   'Cyffes y Bardd': cerdd: *Y Faner*, 16 Tachwedd. [*CG*, t.16]

1943

1. 'Ffeiriau': cerdd: *Y Faner*, 24 Mawrth. [*CG*, t.48]
2. 'Y Steddfod Ddoe a Heddiw': cerdd: *Y Faner*, 4 Awst. [*CG*, t.45]
3. 'Y Faner': englyn: *Y Faner*, 25 Awst.
4. 'Cobler y Coed (Tithau hefyd Natur)': cerdd: *Cofion Cymru*, Hydref, t.1. [*CG*, t.42]
5. 'Y Ffliwtydd': cerdd: *Y Faner*, 20 Hydref. [*CG*, t.43]
6. Beirniadaeth y soned yn Eisteddfod 'Y Cofion': *Cofion Cymru*, Mawrth, t.5.

1944

1. 'Dechrau'r Diwedd': cerdd: *Y Faner*, 30 Awst. [*CG*, t.39]
2. 'Y Barchus Arswydus Swydd': soned: *Y Faner*, 27 Medi. [*CG*, t.80]

1945
1. 'Chwarae Teg Iddynt': englynion: *Y Faner*, 7 Chwefror. [*CG*, t.95]
2. 'Pump Mawr Prosser Rhys': soned: *Y Faner*, 21 Chwefror. ['Y Cyrn Hyrddod' yn *CG*, t.78]
3. 'Major Hamlet (Pen-y-groes, Caerdydd, Llundain a Llanllyfni)': englyn: *Y Faner*, 4 Gorffennaf. [*CG*, t.89]
4. 'Trem yn Ôl (1904–44)': cerdd: *Y Faner*, 25 Gorffennaf. [*CG*, t.21]
5. 'Er Cof am E. Prosser Rhys': ysgrif deyrnged: *Y Faner*, 14 Chwefror, t.2.
6. 'Eglurhad': llythyr am Dr. Thomas Jones: *Y Faner*, 7 Mawrth, t.5.

1946

1. 'Morys T. Williams': englynion coffa: *Y Faner*, 16 Ionawr. [*CG*, t.86]
2. 'Ymson William Jones uwchben ei swydd newydd – gydag ymddiheuriad i T.R.H.': cerdd: *Y Faner*, 6 Mawrth.
3. 'Y Flwyddyn Ryfeddol (1905)': cerdd: *Y Ddraig Goch*, Mai. [Fersiwn wedi ei diwygio o eitem 1926.1.]

1947

1. 'David Hughes, Llanarmon-yn-Iâl': teyrnged fer a dau englyn coffa dan yr enw 'Edmygydd'.
2. 'Ein Didduw Brydyddion': soned: *Y Faner*, 6 Awst. [*CG*, t.67]
3. Englyn yn albwm Ann Gwynn Evans, Bethesda: *Y Cymro*, 15 Awst, t.7.
4. Adolygiad ar *Adar Rhiannon a Cherddi Eraill* (William Jones): *Y Faner*, 17 Rhagfyr, t.7.

1948

1. 'Dau Ysbrydegydd (Er Cof am Osborne Roberts)': englynion: *Y Faner*, 22 Medi. [CG, t.87]
2. 'Dinesydd Deufyd (Beddargraff)': englyn i Osborne Roberts: *Y Faner*, 15 Rhagfyr.
3. 'Bywgraffiad Byr': nodiadau bywgraffyddol: *Gwŷr Llên* (Aneirin Talfan Davies), tt.185–6.

1950

1. 'Cymru a'r B.B.C. (wrth wrando S.L. yn darlledu)': dau englyn: *Saunders Lewis: Ei Feddwl a'i Waith* (Pennar Davies), t.6.

1951

1. 'Eifionydd (Golygydd cyntaf Y GENINEN)': soned: *Y Genhinen*, Gaeaf 1950–1, t.2. [CG, t.75]

Nodiadau

1   1907.2
    Awdl R.W.P. oedd yr orau ym marn y beirniad, ond am iddi dorri un o amodau'r gystadleuaeth fe'i bwriwyd heibio – gw. tt.28–30 uchod; D. Gwenallt Jones, *Y Tyst*, 1 Mawrth 1956, ac O. M. Lloyd, *Y Tyst*, 17 Mai 1956.

2   1908.1
    Cyhoeddodd David Thomas yr awdl yn gyfan yn *Lleufer*, Haf 1956, tt.75–86.

3   1911.3
    Dyfynnwyd y soned hon yn W. Hughes Jones, *At the Foot of Eryri* (1912) t.12, ac yno dywedir iddi gael ei gwrthod gan *Y Geninen*. Arni gw. Bedwyr L. Jones, 'Soned Gynharaf R. Williams Parry', *Y Genhinen*, Hydref 1971, tt.185–7.

4   1911.4
    Tua dechrau Medi 1911, flwyddyn ar ôl yr Eisteddfod, y cyhoeddwyd *Cofnodion a Chyfansoddiadau . . . (Bae Colwyn)*, yn ôl yr arfer y pryd hynny. Oherwydd hyn y cyhoeddodd R.W.P. rannau o'r awdl yn *Mag.U.C.N.W.* – 1910.1 a 1911.1, ac yn *Y Geninen* – 1911.2.

5   1916.2
    'un o'r sonedau cyntaf a nyddais', yn ôl llythyr, 13 Mai 1949, at W. Roberts, Glynebwy.

6   1941.5
    Gwall am 'Brynfardd'. 'Roedd y gerdd wedi ei hanfon at W.J.G. yn 1937.

Mynegai